ひとりで学ぶ会社法

久保 大作・森 まどか・榊 素寛・松中 学

有斐閣
yuhikaku

この本の使い方

　読者に大学（中学・高校も）受験経験があればご存じであろうが，国語にしても数学にしても，実力をつけるためには，文法や公式を教科書で読んで憶えるだけではなく，問題を実際に繰り返し解き，間違いを繰り返しながら，知識の正確性を高めるとともにその使い方を定着させることが必要である。難易度についても，教科書に載っているような基本事項から出発し，次第にステップアップして，受験レベルに到達する。

　このことは，読者が学ぶ法律学においても異ならない。一夜漬けで勉強するようなことが論外であることは当然として，期末試験，法科大学院入試，司法試験などのゴールをクリアするためには，教科書に掲載されているような基礎知識を実際に使い，何度も間違い，その都度考え方を確認して定着させ，ステップアップしていくことが必要となる。他方，大学においては，高校までとは異なり，教室では（一般的に）知識・考え方のインプットを目的とした講義が行われ，アウトプットのトレーニングは学生に委ねられているし，学部レベルの学生に適切な，基礎レベルに焦点を当てた演習書は不足している。それ故に，講義を聴いたり教科書を読むというインプットの量に比べアウトプットが不足し，勉強量のわりに，十分な実力を身につけられていない学生が多い。

　本書は，このような著者陣の問題意識から，講義を聴いたり教科書を読んだ後に，基礎的なトレーニングを積むことを目的として執筆した演習書（問題集）である。本書は，山登りになぞらえ，初級＝Hiking，中級＝Trekking，上級＝Climbing の問題で構成される。本書には，類書に比べて，以下の特徴があり，これを説明することが，本書の使用方法となる。

①　条文中心の「ドリル」に見られる，徹底的な基礎修得

　上記の問題意識からわかるように，判例を中心とした事例問題のような，期末試験クラスの問題だけではなく，そのレベルに至るまでに必要な，よりベーシックな問題を意識的に収録している。また，類書にない特徴として，シュート練習や数学のドリルに相当する，基礎的かつ単純作業に近い問題も複数収録している。このような性質の問題は，主として条文検索・操作に関する問題で

ある。

　たとえば，読者は，教科書に「……責任を負う（429条1項）」と書かれているときに会社法429条1項をチェックすることは，教科書を読みながら行っているだろう。しかし，試験の場では，これとは逆に，条文から思考し，解答を導くことが，特に法科大学院入学以降，司法試験までは欠かせない。そして，条文検索・操作の能力は，何度教科書類を読んでも身につくものではないため，本書は，意図的にこの能力を高めるよう問題を作成している。これらの問題は，主として初級（組織再編など一部は中級）の問題として設定されているが，スポーツにおいてシュートの練習をしたり，数学において公式の知識を繰り返し確認するのと同様に，本書で最も重要な問題であり，知識が定着するまで何度も繰り返し，忘れないように定期的に確認してほしい。そして，本書を卒業し，発展的な演習書に挑戦する段階になっても，定期的に，■■の問題を解き，条文検索・操作能力を維持してほしい。条文は頭で憶えるものではなく，手を使い体が反応するレベルまで反復継続し，結果として六法を皺だらけにする痕跡を残すべきものである。

　もちろん，条文関係の問題以外も複数収録しているが，本書を貫く思想は共通し，判例をベースにする問題にせよ，会社法の仕組みを問う問題にせよ，一種のドリルとして，しつこく繰り返すべきことを繰り返させる。頭の中にある知識で解答が浮かび，簡単であるというレベルで終わらせず，実際に条文を引いて答えを用意してほしい。問に対して正しいことが言えても，条文に依拠したものでなければ，会社法の解答としては正解ではない。

② 『会社法』（LEGAL QUEST）・『商法判例集』との連携

　また，本書の特徴は，読者が『会社法』（LEGAL QUEST，以下 LQ と略す）と『商法判例集』を利用していることを前提に，解説においてこれらとの徹底的な連携を意図していることにある。このことは，該当頁を示すというにとどまらず，問題の解説のうち，LQ を読めば済むところは完全にそちらに委ねる一方，LQ を読むだけでは読者の理解が不十分になりがちと考えるところについて，著者陣は踏み込んだ解説を行っている。

　もちろん，本書は，他の教科書や判例集と併用しても，①で示した教育目的との関係で力を発揮する。いくつかの初級の問題は，どの教科書よりも読者に

わかりやすく基礎を説明している。

③　ゴールを意識した明快な解説

　無難な解説や，著者の独自の考えを開陳する解説では読者の利益にならないと考え，解説はできるだけ通説・判例をベースにした，大勢が依拠できるものとする一方で，著者陣は，必要に応じて，教室では使えても，教科書や論文では使えないような過激な／砕けた表現を使って理解が困難なところを解説したり，学生の実力を評価する側が求める能力とそのポイントを可能な限り言語化したり，試験での戦略を意図して読者が到達すべきゴールを理解できるように解説を執筆した。それゆえに，教科書以上に平易な解説を行ったり，読者の手抜きやミスを見透かした一言を入れたり，現実的な答案作成上の割り切りについても言及している。

　このように，無難かつ正確であるが，奥歯に物が挟まったような解説を行うのではなく，教育上必要と考えることを会社法を学ぶ全ての読者に率直に伝えるよう，何度も協議を重ね，解説を執筆した。

④　実績・経験に基づく要求水準

　これらの踏み込んだ試みは，著者陣の教育経験を存分に反映したものである。著者陣は，現在所属する大学のみならず複数の大学の学部・法科大学院で教育経験があり，様々な層の学生の理想と現実を見ている。これらの大学で，学部生をどのように鍛え上げて法科大学院に進学させ，進学してきた法科大学院生をどのように司法試験レベルに鍛え上げているかは，その実績が示している。

　本書は，これらの大学で，教育の実働部隊である中堅層の教員が，教育効果を高めるためにお互いの考えをすりあわせて執筆したものであり，どのような大学に通う学生にとっても，このレベルはクリアしなければいけないというラインと，このレベルで学生が苦労するというラインを見ることができ，自分の実力を客観視する材料になろう。

　　　　　　　　　　　　　　　それでは，トレーニングを始めよう。

執筆者紹介

久保　大作
<ruby>久<rt>く</rt></ruby><ruby>保<rt>ぼ</rt></ruby><ruby>大<rt>だい</rt></ruby><ruby>作<rt>さく</rt></ruby>

大阪大学大学院高等司法研究科教授

東京大学法学部卒業，東京大学大学院法学政治学研究科博士課程修了（博士（法学）），中央大学法学部専任講師，同准教授，大阪大学大学院法学研究科准教授，同高等司法研究科准教授を経て，2017 年より現職。

森　まどか
<ruby>森<rt>もり</rt></ruby>　まどか

中京大学法学部教授

名古屋大学法学部卒業，名古屋大学大学院法学研究科博士課程前期課程修了，米国 UC バークレー・ロースクール LL. M.（法学修士）課程修了（フルブライト奨学生），神戸学院大学法学部専任講師，同助教授，同准教授，中京大学法学部准教授を経て，2012 年より現職。

榊　素寛
<ruby>榊<rt>さかき</rt></ruby>　<ruby>素<rt>もと</rt></ruby><ruby>寛<rt>ひろ</rt></ruby>

神戸大学大学院法学研究科教授

東京大学法学部卒業，東京大学大学院法学政治学研究科助手，神戸大学大学院法学研究科助教授，同准教授を経て，2015 年より現職。

松中　学
<ruby>松<rt>まつ</rt></ruby><ruby>中<rt>なか</rt></ruby>　<ruby>学<rt>まなぶ</rt></ruby>

名古屋大学大学院法学研究科教授

大阪大学法学部卒業，大阪大学大学院法学研究科博士前期課程修了（法学修士），同博士後期課程中退，同助教，新潟大学法学部准教授，名古屋大学大学院法学研究科准教授を経て，2019 年より現職。

目　次

この本の使い方　　i

Stage 1　Hiking

No.1　　設 立 手 続　　3

No.2　　変態設立事項　　10

No.3　　募 集 設 立　　15

No.4　　株主平等原則・利益供与　　19

No.5　　種 類 株 式　　23

No.6　　株式の譲渡制限・株式の譲渡方法　　31

No.7　　株主総会の招集・株主提案権　　38

No.8　　株主総会の議事・説明義務　　42

No.9　　株主総会決議の瑕疵　　49

No.10　取締役の報酬の変更　　54

No.11　取締役と取締役会の権限　　57

No.12　競 業 取 引　　64

No.13　取締役の会社に対する責任　　69

No.14　監 視 義 務　　75

No.15　株主による監督権限の行使　　79

No.16　監 査 役　　83

No.17　指名委員会等設置会社・監査等委員会設置会社　　89

No.18　計算書類の作成・監査・承認　　101

No.19　資本金・準備金・剰余金の額　　108

No.20　分配可能額の算定，剰余金の配当　　119

No.21　自己の株式の取得手続　　125

No.22　新株発行の仕組みと手続　　132

No.23　新株予約権の仕組みと発行手続　　139

No.24　社債の仕組みと手続　　146

No.25　合併，事業譲渡と会社分割，株式交換・株式移転の
仕組み　　153

Stage 2　Trekking

No.1　　出資の履行の仮装（預合い・見せ金）　　167

No.2　　開業準備行為　　172

No.3　　発起人等の責任　　177

No.4　　利 益 供 与　　181

No.5　　株式の譲渡制限・株式の譲渡方法　　188

No.6　　振 替 株 式　　194

No.7　　議決権の代理行使・書面投票　　204

No.8　　取締役と取締役会の権限　　213

No.9　　利益相反取引　　222

No.10　経営判断と取締役の責任　　230

No.11　内 部 統 制　　238

No.12　会計帳簿閲覧請求権　　244

No.13　剰余金の配当が違法であった場合の責任　　249

No.14　有利発行・不公正発行　　256

No.15　合併の手続　　264

No.16　組織再編の手続（事業譲渡・新設分割）　　272

No.17　組織再編の手続（株式買取請求権と債権者異議手続）　　279

No.18　株主総会決議の瑕疵と組織再編の効力　　286

Stage 3　Climbing

No.1　　株主総会決議の瑕疵　　293

No.2　　違法な自己株式の取得とその効力　　295

No.3　　詐害的会社分割　　297

No.4　　閉鎖会社の内紛　　302

No.5　　全員出席総会，および 429 条の責任　　304

No.6　　利益相反のある組織再編　　308

At the Peak──あるいは，あとがきに代えて　　313

事 項 索 引　　316

判 例 索 引　　320

執 筆 分 担

久保大作　*Stage 1：No.1〜3，18〜21　　Stage 2：No.1〜3，12，13*
　　　　　Stage 3：No.2，5

森まどか　*Stage 1：No.24，25　　Stage 2：No.15〜17*

榊　素寛　この本の使い方
　　　　　Stage 1：No.4，7，9，10，12〜16
　　　　　Stage 2：No.4，9，11，18　　Stage 3：No.1，4

松中　学　*Stage 1：No.5，6，8，11，17，22，23*
　　　　　Stage 2：No.5〜8，10，14　　Stage 3：No.3，6

凡　例

1　法令・判例の記載

　会社法については，原則として条文番号のみを引用し，その他の法令については，引用箇所で法令名またはその略称を示しています。

　民法については原則として平成 29 年改正後の条文を引用しました（施行は 2020 年 4 月 1 日）。

2　文献略語

(1)　判例集

民　録	大審院民事判決録	判　タ	判例タイムズ
民　集	最高裁判所民事判例集	金　判	金融・商事判例
下民集	下級裁判所民事裁判例集	金　法	金融法務事情
判　時	判例時報	資料商事	資料版商事法務

(2)　書籍・雑誌

L　Q	伊藤靖史＝大杉謙一＝田中亘＝松井秀征『会社法』（有斐閣 LEGAL QUEST, 第 4 版，2018 年）
商　判	山下友信＝神田秀樹『商法判例集』（有斐閣，第 7 版，2017 年）
V　M	落合誠一編・中東正文＝久保田安彦＝田中亘＝後藤元＝得津晶著『会社法 Visual Materials』（有斐閣，2011 年）
江　頭	江頭憲治郎『株式会社法』（有斐閣，第 7 版，2017 年）
百　選	岩原紳作＝神作裕之＝藤田友敬編『会社法判例百選』（有斐閣，第 3 版，2016 年）

3　条文がっつりマーク

　六法で条文を引くことが特に重要な問題には，六法マーク　　　　を付しています。このマークがついている問題には，①六法を引くことで条文の位置を確認することが目的の問題，②条文を適切に検索し操作することが解答のカギとなる問題，があります。

Stage 1
Hiking

問1　発起人が設立時発行株式の全部を引き受ける方法により株式会社を設立する場合（「発起設立」）について，次の各行為を行うべき順番に並べなさい。
設立時役員等の選任，設立時発行株式に関する事項の決定，設立時取締役による設立事項の調査，定款の認証，出資の履行，定款の作成，設立の登記

問2　A・B・Cの3人は，株式会社を設立するために，定款を作成したい。

(1)　絶対的記載事項とは何か。また，どのような事項が定められているか。

(2)　相対的記載事項，任意的記載事項とは何か。それぞれ，具体例も挙げよ。

(3)　A・B・Cの3人のうち，定款を実際に作成したのはAとBであるが，定款に署名を行ったのはBとCであり，Aは署名も記名押印もしなかった。この会社の発起人となるのは誰か。

(4)　定款の認証を経た後，設立手続が終わっていない段階で，A・B・Cは商号を変更する旨の定款変更に合意した。この定款変更は有効か。

問3　発起人が引き受ける設立時発行株式について，次の問いに答えなさい。

(1)　発起人が，設立時発行株式を引き受けないでいることはできるか。

(2)　発起人が引き受ける設立時発行株式について，定めなければならない事項は何か。それらを発起人の多数決により決定できるか。

(3)　上記(2)の事項が決まった後，発起人はいつ出資を履行するか。

(4)　発起人が出資として金銭を払い込む場合に，他の発起人に対して金銭を直接手渡しすることで出資の履行とすることができるか。

(5)　発起人が，引き受けた設立時発行株式について，出資の履行をしていない。他の発起人は，どのような措置をとらなければならないか。当該措置をとってもなお出資の履行をしない場合，どうなるか。

問4　A・B・Cの3人は，株式会社設立に際して発起人となり，それぞれ引き受けた設立時発行株式について出資を行った。出資の履行をした設立時発行株式の数は，Aが100株，Bが75株，Cが25株であった。

(1) 設立時の取締役を選任する場合，発起人の多数決により行うことはできるか。その場合，A・B・Cの有する議決権はそれぞれ何個か。なお，この会社の定款には単元株式数の定めはないものとする。

(2) 設立時の取締役を決める話し合いに，Cが欠席した。AとBが話し合いをしたところ，設立時取締役候補者DについてAが選任に賛成したのに対し，Bが反対した。最終的に，Aは賛成多数でDは設立時取締役になったと主張している。この主張は正しいか。

問5 設立時取締役として選任された者は，選任後に，設立手続について調査を行わなければならない。次の問いに答えなさい。

(1) どのような事項について調査をしなければならないか。

(2) 不当な事項を発見した場合，どのような措置をとらねばならないか。

問6 株式会社の成立について，次の問いに答えなさい。

(1) 株式会社が会社として成立するのはいつか。

(2) 会社成立後，Cが「出資したのはAの強迫によるので，株式引受けの意思表示を取り消す」と主張した。Cの請求は認められるか。

🧭 *Hint*

問1：設立に関する会社法の条文は，基本的には設立の手順に従って並んでいる。したがって，発起設立の手続に関する条文（25条〜51条）を順に読んでいけば答えることができる。

問2：(1)条文は27条・37条1項。(2)相対的記載事項・任意的記載事項については29条が規定している。どのような事項がこれに該当するかは，教科書をみれば具体例がある（かもしれない）。(3)発起人となるのは，実質的に設立を企画した者だろうか，それとも定款に発起人として署名・記名押印を行った者だろうか。(4)30条2項。

問3：(1)25条2項。(2)32条。(3)(4)34条。(5)36条。

問4：40条1項2項を参照。

問5：46条。

問6：(2)51条2項。

解　説

1　設立手続の流れ（問1）

　会社の設立の流れを大雑把に説明すると，「定款を作る」→「会社財産を形成する」→「設立時役員等を決定する」，という流れになっている。ロボットの製作にたとえるなら，「設計図（＝定款）を作る」→「ボディ（＝会社財産）を作る」→「操作者（＝設立時役員等）を決定する」，という順番である。*Hint*にも記したとおり，会社法の条文は，この手続の順番に並んでいる。もう少し厳密にいうと，発起設立の手続を順番に一通り規定した後，募集設立に関する特則をこれまた順番に規定しているのである。

　問1は，発起設立の手順を問うものである。選択肢を設立手続順に並べると，定款の作成（26条1項）→定款の認証（30条1項）→設立時発行株式に関する事項の決定（32条1項）→出資の履行（34条1項）→設立時役員等の選任（38条1項）→設立時取締役による設立事項の調査（46条1項）→設立の登記（49条）となる。上記で説明したとおりの流れになっていることを確認してほしい。

2　定款の作成，発起人の意義（問2）

　(1)　絶対的記載事項とは，定款に必ず記載されなければならない事項のことである。設立手続の当初から記載すべき事項は，27条に定めがある（詳細はLQ29〜31頁を参照）。また，37条1項では，株式会社成立の時までに発行可能株式総数についての定めを設けなければならないとされており，これも絶対的記載事項である。発行可能株式総数を定めるのが定款作成時でないのは，定款認証の後に行われる株式発行の状況を勘案しつつ発行可能株式総数を決められるようにするためである。絶対的記載事項が記載すべき時までに記載されない場合，当該定款は無効と解さざるをえない。

　(2)　相対的記載事項とは，定款に定めを置くことではじめてその効力を生じる事項のことである（29条の前半）。すなわち定款に定める以外の方法で当該事項について定めても，法的には何らの効力を生じない。相対的記載事項の例としては，変態設立行為（28条）や種類株式の定め（108条2項），株式会社の機関の設置（326条2項）などがある。

　また任意的記載事項とは，絶対的記載事項や相対的記載事項以外の事項で会

社法の規定に違反しないもののことである（29条の後半）。実際にみられる例としては，商号を日本語で定めている場合の英語表記の方法，株主総会における議長就任予定者の指定などがある。これらの事項を定款で定めなくても，法的には有効である。ただ，会社の最重要文書に定めるという象徴的意味のほか，定款に定めることでその変更を困難にする（定款の変更には株主総会の特別決議が必要。466条・309条2項11号）という意味もある。

(3)　法律上，誰が発起人か。会社法の条文上，発起人が定款を作成し，発起人全員がこれに署名（または記名押印）しなければならないが（26条1項），「誰が発起人か」を正面から定めた規定は存在しない。判例は，定款に発起人として氏名住所を記載し署名した者が発起人であり，署名しない者は実質的に発起人のように行動していても法律上の発起人とはならない，とする（大判明治41年1月29日民録14輯22頁）。これを前提にすれば，本問では定款に発起人として署名を行ったBとCが発起人であり，Aは発起人のような行為をしているものの法律上の発起人ではない，ということになる。

(4)　定款の認証を受けたのち株式会社が成立するまでは，定款のうち変更が認められる事項はごく限られている（30条2項）。内容の明確性を確保し，定款の内容をめぐる紛争を防止するためである。

本問で問題となっている商号は，30条2項で変更が認められる事項には含まれていないから，発起人全員の同意があっても，定款変更は認められない。どうしても定款の内容を変えたければ，最初から設立手続をやり直すか，会社成立後に株主総会を開催して定款を変更することになる。

3　発起人が引き受ける設立時発行株式（問3）

(1)　各発起人は，株式会社の設立に際しては，**設立時発行株式**を1株以上引き受けなければならない（25条2項）。もし株式を引き受けない発起人がいる場合には，会社設立の無効原因となると解されている。

なぜ1株以上の引受けを要求されるのかは必ずしも明確ではないが，発起人に株式の引受けというコミットメントを要求することにより，詐欺的な募集設立行為（例えば，広く出資を募っておいて，財産をもち逃げする，など）の防止に資するため，といったことが考えられる。後にみるように，募集設立の場合には，募集株式の引受けの申込みをしようとする者に対し，発起人の引受け状況を知

らせなければならないとされており（59条1項2号），発起人のコミットメント
について情報が開示されることになる。これも上記の趣旨を補強するものであ
ろう。

(2)　発起人が引き受ける設立時発行株式については，発起人が**割当て**を受け
る数，当該株式と引換えに払い込む金銭の額，成立後の会社の資本金・資本準
備金の額に関する事項を定める必要がある。これらの事項については定款に定
めるか，発起人全員の同意により決定しなければならない（32条1項）。これ
らの事項は，会社が成立後に行う募集株式の発行において決定しなければなら
ない事項（199条1項1号～5号）と，払込期日の点を除いてほぼパラレルであ
る。なお，現物出資を行おうとする場合には，別途定款の定めが必要である
（28条1号→〔Stage 1-3〕も参照）。

(3)　発起人は，設立時発行株式の引受け後遅滞なく，引き受けた設立時発行
株式について，金銭の払込みまたは**現物出資財産の全部の給付**を行わなければ
ならない（34条1項）。発起人が設立時発行株式の引受人となることについて
62条や206条のような明文の規定はないが，28条1号に基づいて現物出資に
ついての定めを定款に置く際，あるいは32条1項で発起人が割当てを受ける
株式を決定する際に発起人全員の同意が必要であるから，この時に引受行為も
成立していると解される。すなわち，32条1項ないし28条1号の決定によっ
て設立時発行株式の引受けがなされたものと解される。

(4)　出資の履行として金銭を払い込む場合，発起人が定めた銀行等（銀行や
信託会社など。定義は34条2項，会社則7条を参照。これを講学上「払込取扱機関」
と呼ぶ）に対して行わなければならない（34条2項）。これは，払込取扱機関を
通すことで払込みが行われたことの証明を容易にし，あわせて払込みの仮装を
困難にするためである。会社の設立の登記を申請する際には，払込みがあった
ことを証する書面を添付することが求められる（商登47条2項5号）。

(5)　発起人による設立時株式の引受けの場合，「遅滞なく」払込みを行うこ
とが求められるのみであり，明確な払込期日が設定されるわけではない（これ
に対して，設立時募集株式の募集の場合〔58条1項3号〕や会社成立後の募集株式の発
行等の場合〔199条1項4号〕には，払込みの期日または期間が設定される）。しかし，
出資の履行が完了しないと，設立手続の次の段階へ進めない（発起設立の場合
38条1項3号，募集設立の場合59条2項）。そのため，出資を履行していない発

7

起人がいる場合には，期日を定めて履行を促さなければならない（36条1項）。それでも当該発起人が期日までに出資を履行しない場合，設立時発行株式の株主となる権利を失うことになる（36条3項）。

4 設立時役員等の選任（問4）

(1) 発起人による出資の履行が完了したら，遅滞なく，設立時取締役をはじめとする設立時役員等を選任しなければならない（38条1項2項3項）。設立時役員等の選任は，発起人の議決権の過半数で行う（40条1項）。このとき，発起人の議決権の数は，出資の履行をした設立時発行株式の数に従って決定される（同条2項。ただし，種類株式発行会社については同条3項も参照）。すなわち，成立後の株主総会と同じように，**資本多数決**によることになる。

(2) 40条1項を読む際に注意が必要なのは，決定要件が「発起人の議決権の過半数」とされていることである。会社成立後の役員の選任については，定足数を満たした株主総会において出席した株主の議決権の過半数が賛成すればよい（341条）。これに対し，設立時役員等の選任には全発起人（居合わせた発起人ではない）の議決権の過半数の賛成が必要だということになる。したがって，本問の場合，Dの選任に対してはAだけが賛成している状態であり，それだけでは全発起人の議決権の過半数（本問では議決権は200個だから，過半数は101個）に達していない。Aの主張は誤りである。

では，Dを設立時取締役に選任したいAは，どうすればよかったのだろうか。実は，発起設立では，設立時役員等を選任するために何らかの特別な会議（例えば設立総会のような）を招集する必要はない。そのことは，40条1項が単純に「発起人の議決権の過半数」という定め方をしていることからもわかる。なので，あらかじめCの賛成を取り付けておけば，Bの反対があっても「発起人の議決権の過半数」を確保できたのである。

5 設立時取締役による調査（問5）

(1) 設立時取締役（設立される会社が監査役設置会社であれば，設立時監査役も）は，選任後遅滞なく，46条1項各号に掲げる事項を調査しなければならない。1号から3号の事項はいずれも出資が適切にされているかに関する事柄であり，4号はこれ以外のことも含む設立手続の適法性全般に関する事項である。具体

的な内容は条文をみて確認してほしい。

(2)　上記(1)の調査により法令・定款違反，または不当な事項があると認められるときには，設立時取締役や設立時監査役は，発起人にその旨を通知しなければならない（46条2項）。設立手続を適正に進めるべき立場にある発起人の対応を促すためである。

　また，設立される会社が指名委員会等設置会社である場合，通知は設立時代表執行役に対してもなされる（46条3項）。成立後の会社において業務執行を担当する代表執行役に対して，事後的な是正を促すものである。

6　株式会社の成立（問6）

(1)　株式会社は，本店の所在地（27条3号）において設立の登記をすることによって成立し（49条），法人格を獲得する。なお，設立の登記を申請する際には，様々な書類を添付することが求められる（商登47条2項）。

(2)　設立時発行株式を引き受ける旨の意思表示も，本来ならば民法の意思表示の瑕疵に関する規定の適用を受けるはずである。しかし，これらの規定の適用が制限されることがある。例えば引受けの意思表示が心裡留保であることについて発起人の悪意重過失（民93条1項ただし書）を主張することや，引受けの意思表示が通謀虚偽表示であり無効であること（民94条1項）は，株式の引受けに関しては主張できない（51条1項）。また，設立の登記がなされ株式会社が成立すると，錯誤や詐欺，強迫を理由とする意思表示の取消しをすることもできなくなる（同条2項）。これは，会社成立後に株式引受行為の法的効力が否定され，株式会社の設立の法的効力や財産的基礎に影響が及ぶことを防止しようとする趣旨である。

　本問の場合，仮にAの強迫が真実であったとしても，51条2項によってCの主張は封じられるから，その請求は認められない。Cとしては，Aに対して不法行為責任（民709条）を追及する，発起人の職務執行が違法であったとしてAやBに対して発起人の第三者に対する損害賠償責任（53条2項）を追及する，といった形で対処することになる。

〔久保大作〕

　A・B・C は発起人として，喫茶店経営を業とする甲株式会社を設立しよう
としている。なお，甲社は種類株式発行会社とはならない予定である。

問1　A は，下の(1)～(5)に示したようなことをしたいと考えている。可能だ
　ろうか。もし可能であるならば，その際に必要な手続も答えること。

(1)　A は，自己が有している駅前の店舗兼事務所の建物を，2000 万円相当
　　の財産として甲社に出資したい。

(2)　A は，仕入れ用に使えるように，自己が有している時価 100 万円のラ
　　イトバンを，甲社成立後に甲社に売却したい。なお，(1)の事実は考慮しな
　　くてよい。また，他に現物出資や財産引受けに該当する行為はないものと
　　仮定する。

(3)　A は，甲社が成立後に甲社の従業員として D を雇用する旨の契約を締
　　結しておきたい。

(4)　甲社成立後，発起人としての労に報いるため，発起人全員に対して成立
　　後の甲社から 1 人あたり 10 万円を支給するようにしたい。

(5)　設立にかかる費用について，かかった額の多少にかかわらず，成立後の
　　甲社に全額を負担させたい。

問2　問1(1)～(5)の行為について，法がなぜ規制を置いているのか，説明しな
　さい。

解　説

1　変態設立事項とは何か

　変態設立事項とは，設立の際に原始定款（26条1項）に記載しておかなければその効力が生じないものとして28条各号に定められている行為のことである。具体的には，現物出資（1号），財産引受け（2号），発起人の特別利益（3号），そして設立費用（4号）である。

　これらの行為は，一方では会社にとって有益である可能性もあるが，他方では成立後の会社に関係する者の利益を損なう可能性のある行為でもある（詳細については，2〜4で説明する）。そのため，28条で定款の定めがなければ効力を発生させないこととするだけでなく，33条において一定の手続を要求している。

　以下(1)〜(5)の各行為について，順次説明する。なお，記述の都合により問1・問2の解答を同時に説明している。わかりにくいかもしれないが，ご容赦願いたい。

2　現物出資，財産引受け＝行為(1)〜(3)

(1)　**現物出資・財産引受けを規制する理由**　　現物出資とは，金銭以外の財産を出資することである。設問でいえば(1)がこれに該当する。現物出資に際して出資財産が過大評価されると，現物出資者が現金を出資した者よりも有利な割合で設立時株式の割当てを受ける可能性がある。例えば，本当は1000万円の価値しかない財産を2000万円と称して出資し，現金2000万円を出資した者と同じだけの株式の割当てを受けるとすれば，株主間の公平が害されることになろう。また，資産が過大な額で計上される結果，会社の資産状況が粉飾されたのと同様の状態になる。伝統的に，会社の初期段階においてこのような粉飾状態が生じることは債権者にとって特に危険が大きいと考えられてきた（設立詐欺のような事態も考えられる）。これら2つの理由から，現物出資は厳しい規制の対象となっている（28条1号）。

　財産引受けとは，株式会社成立後に，成立した株式会社が他者から財産を譲り受けることをあらかじめ約することである。このような行為は，会社が設立直後から事業を始めるのに便利である可能性があるが，他方で現物出資規制を潜脱するために用いられる可能性がある。例えば行為(2)で，ライトバンの本当

の価値は10万円しかないと仮定しよう。このとき，Aが現金100万円を出資する一方で，行為(2)によりライトバンを甲社に100万円で売却することをあらかじめ決めておく。これによって，Aが10万円のライトバンを100万円の価値があると称して現物出資したときと同じ状態が出現する（図を描いて確認してみよう）。それゆえ，財産引受けを規制しないと，現物出資規制を回避されてしまうことになる。そこで，財産引受けも規制される（28条2号）。

(2) 現物出資・財産引受けを行うための手続

(ア) 定款の定め　　現物出資・財産引受けを行うためには，まず原始定款において当該行為を行う旨の定めを置かなければならない（28条柱書）。その際に定款に記載すべき事項は，現物出資については28条1号，財産引受けについては28条2号に規定されているので，条文をみて確認すること。

(イ) 検査役の選任　　さらに，裁判所に対して検査役の選任を申し立てる必要があるのが原則である（33条1項）。選任された検査役は必要な調査を行い，裁判所に報告する（同条4項）。そして報告を受けた裁判所は，現物出資・財産引受けに関する定款の定めの内容が不当であると認めた場合には，その内容を変更する決定をしなければならない（同条7項）。検査役を選任した場合の手続の流れの詳細については，33条1項から9項までを読むとわかる。

もっとも，現物出資や財産引受けであればかならず検査役による調査を経なければならないわけではない。現物出資や財産引受けにかかる財産の額につき(i)合計額が少額である場合，(ii)有価証券であって定款上の評価額が市場価格を下回っている場合，(iii)弁護士等による価格の証明がある場合には，検査役の選任を行う必要はない（33条10項各号を参照）。

(3) 行為(1)〜(3)へのあてはめ　　上述のとおり，行為(1)は現物出資に該当する（28条1号）。したがって，これを実施するためには，まず定款に定めを置く必要がある。定めるべき事項は，(i)出資する者の氏名または名称（ここではA），(ii)出資しようとする財産とその価額（ここでは店舗兼事務所の建物，2000万円），(iii)その者に割り当てる株式の数（種類株式発行会社では株式の種類も）である。

次に33条1項により検査役の選任を申し立てるべきことになるが，33条10項3号による証明を受けることで検査役選任を回避することもできる。この場合，Aが出資しようとしているのは不動産であるから，弁護士や公認会計士などによる価額の相当性の証明のほかに不動産鑑定士による鑑定評価も必要で

あることに注意が必要である（33条10項3号第二かっこ書）。

行為(2)では，会社成立後にライトバンという財産をAから譲り受けることになるので，財産引受けに該当する（28条2号）。そこで原始定款には，(i)譲り受けることを約した財産としてライトバン，(ii)その価額として100万円，(iii)譲渡人の氏名としてAを記載することになる。そして検査役の選任……となりそうだが，小問(2)で現物出資・財産引受けの対象とされているのはこのライトバンのみであり少額であるため，検査役選任は必要ない（33条10項1号）。

行為(3)は，注意が必要である。ここで問題となっている行為は雇用契約の締結であって，「財産の譲受け」ではない。このような行為を28条2号に基づく財産引受けとして実行できるかについては，判例は明らかではない。学説上は，28条2号は「財産の譲受け」のみを対象としており，それ以外の行為に類推適用することはできないと解するのが多数説である。これに従うと，そもそも行為(3)は実行できない，という結論になる。これに対して，開業を容易にするために財産の譲受け以外の開業準備行為にも28条2号の類推適用が可能だとする解釈を採用するなら，28条2号所定の事項を記載した上で実行することが可能となる（なお，LQ51頁も参照）。

3　発起人の特別利益＝行為(4)

(1)　**特別利益の意義と規制理由**　　株式会社を成立させたことに対して，発起人に報酬を支払うなどの特別な利益を供与する場合を指して，特別利益の供与と呼ぶ。特別利益を供与するには，定款に定めを置かなければならない（28条3号）。発起人の特別利益を自由に決めることを認めれば，会社財産を不当に発起人に流出させる可能性を生み出すからである。定款に定めるべき事項については，28条3号に定めがある。

その後，当該事項を調査させるために，**検査役の選任**を申し立てなければならない（33条1項）。発起人の特別利益については，現物出資などの場合のように選任を回避することができない（33条10項には28条3号についての適用除外規定がない）。

(2)　**行為(4)へのあてはめ**　　行為(4)は，発起人に対して功労金を支給する行為であり，報酬の支払であるといえる。すなわち28条3号に該当するので，原始定款には，(i)支給を受ける発起人の氏名または名称（本問の場合は全員であ

13

るから，A・B・C）および(ii)発起人が受ける利益の内容（本問の場合，各自につき金10万円）を記載することになる。

4　設立費用＝行為(5)

(1)　**設立費用の意義と規制理由**　ここでいう設立費用とは，設立に関する費用のうち，成立後の株式会社が負担する額のことである（28条4号）。これを規制しているのは，設立に際して過大な，あるいは不必要な支出を会社に負担させ，これによって会社の財政基盤を悪化させることを防止するためであると解されている（なお，設立に関する行為の債務負担者が誰なのか，という問題については，〔Stage 2-2〕を参照）。

その後，当該事項を調査させるため，**検査役選任**の申立てをしなければならない（33条1項）。設立費用についても発起人の特別利益と同様，選任を回避できないことに留意しなければならない。なお，設立費用の額を多めに設定した場合，検査役の報告内容次第では裁判所によってその額を変更される可能性がある（同条7項）。

(2)　**行為(5)へのあてはめ**　行為(5)では，設立にかかる費用の全額を成立後の会社に負担させたいと考えている。そのためには定款に定めを置かなければならないが，問題は企図するように無制限に負担させるような決め方ができるか，である。28条4号では「設立に関する費用」とされており，「費用の額」とはされていない。しかし，上記のような規制理由からすれば，何らかの形で上限額を設定しなければならないと解釈すべきであろう。この考え方を採ると，「費用の全額」といったあいまいな記載は許されない，ということになる。もしAの意図を達成しようと考えるなら，予想される設立費用よりも多めの額を定款に定めることになろう。

〔久保大作〕

— *Column*　現物出資の利用頻度 —

現物出資は，実際には稀にしか利用されないといわれている。検査役による調査を嫌うことに加えて，出資する財産の帳簿価額と時価との差額について現物出資者に対して課税される可能性があるためである（江頭憲治郎『株式会社法〔第7版〕』72頁注9）。

No.3　　　　　　　　　　　　　　　　　　　募集設立

問1　　発起人のほかに設立時発行株式を引き受ける者の募集をする方法により
　　株式会社を設立する場合（つまり「募集設立」の場合），発起設立の手続と比べ
　　てどの点に違いがあるか。

問2　　A・B・Cの3人は，発起人として株式会社を設立しようとしている。3
　　人は，自分たち以外に設立時株式を引き受ける人を募集しようとしている。

　(1)　設立時募集株式に関して，決定すべき事項は何か。また，その決定を発
　　起人の多数決により行うことができるか。

　(2)　Dは，Aの紹介で，設立時募集株式の引受けの申込みをしようとしてい
　　る。発起人はDに対してどのような事項を知らせなければならないか。

　(3)　実は，発起人Bは出資を履行していないが，失権はしていない。この
　　とき，発起人はDから設立時募集株式の引受けの申込みを受けられるか。

　(4)　Dが設立時募集株式の引受けを申し込むには，どうすればよいか。

問3　　創立総会について，次の問いに答えなさい。

　(1)　創立総会で決議することができるのは，どのような事項か。例えば，
　　「会社の設立をやめる」という決議をすることは可能か。

　(2)　招集を決定するのは誰か。また，招集に際して決定すべき事項は何か。

　(3)　創立総会で議決権を有するのは誰か。議決権の数はどのようにして決ま
　　るか。また，決議要件はどうか。

Hint

問1：募集設立では，発起設立に関する条文の一部が適用されず，代わりに募
　　集設立に関する条文（57条～103条）が適用される（適用関係について25
　　条1項1号2号）。それゆえ，それらの条文をみれば，どのような行為が，
　　どのタイミングで必要かを知ることができる。

問2：(1)58条。(2)(3)(4)59条。

問3：(1)66条・88条。(2)67条。(3)72条。

1　募集設立に特有の手続（問1）

　募集設立の手続面における発起設立との大きな違いは2点ある。第1に発起人以外の者からの出資手続が加わること，第2に設立時役員等など会社成立後の運営体制についての決定が，発起人ではなく創立総会（＝設立時に株主となる者によって構成される会議体）によって行われることである。

　これら募集設立特有の手順も，〔Stage 1-1〕の解説*1*で説明した「設計図の作成→ボディの形成→操作者の決定」という流れの中に位置付けられる。すなわち，発起人以外の者からの出資に関するもの（設立時募集株式に関する事項の決定，申込み・割当て，払込み）は，ボディ（＝会社財産）の形成に該当する。これは，発起人による出資の履行がなされた後に行われる（出資の募集において重要となる通知行為は，発起人の出資が終了した後でなければ行えない。解説*2*(2)(3)を参照）。また，創立総会は，そこで設立時役員等の選任が行われる（88条）ため，上記の流れでいえば「操作者の決定」に該当する。それゆえ，「ボディの形成」，すなわち発起人以外の者からの払込みが終了した後に招集されることになる（65条1項）。

2　募集設立における設立時募集株式の引受人の募集（問2）

　解説*1*でも述べたとおり，募集設立の場合，発起人が株式を引き受けるほかに，設立時発行株式を引き受ける者を募集することになる。そのようにして引き受けられる株式のことを「設立時募集株式」と呼ぶ（定義は58条1項）。

　設立を発起設立で行うか，募集設立にするかを，定款に記す必要はない（27条各号を参照）。しかし，募集設立を行うことの決定は，発起人の全員の同意がなければならない（57条2項）。

　(1)　募集設立を行うときには，設立時募集株式に関する事項を定めなければならない（58条1項）。具体的には，募集しようとする株式の種類および数，払込金額，払込期日または払込期間，引受けの取消しに関する事項である。現物出資に関する規定がないこと（58条1項と32条1項・28条を対比すること），および募集により引き受けられた株式の払込みについては金銭払込みについての規定しかないこと（63条1項を34条1項と対比すること）から，募集設立にお

ける募集による株式の発行の場合には，現物出資は認められていないと解されている。なお，設立時発行株式の一部を発起人が引き受け，一部が設立時募集株式に回るという関係であるため，すでに設立時発行株式に関してなされた決定事項（資本金および資本準備金に関する事項〔32条1項3号〕など）について決定し直す必要はない。

　設立時募集株式に関する事項も，発起人全員の同意がなければ決定できない（58条2項）。

　(2)　設立時募集株式を引き受ける者の募集に応じようとする者に対しては，一定の情報を通知しなければならない（59条1項）。具体的には，会社の定款に関する情報や株式に関する情報，発起人による出資状況の情報などが求められる。条文では「申込みをしようとする者」に対して通知しなければならないと規定されているから，この通知は申込みに先行して行われている必要がある。

　(3)　発起人による出資の履行が完了していないうちは，失権の期日（36条1項の期日）が経過するまで，すなわち失権手続が完了するまでは，上記(2)の通知を行うことができない（59条2項）。ということは，その先の手続にも進めない，と考えるのが自然であろう。つまり，Dからの申込みを受けることはできない，ということになる。

　発起人による出資の履行の完了を求めるのは，おそらく設立詐欺のような行為を防止するためであろうと考えられる（発起人による出資の履行状況の通知を求めるのと同様の趣旨であろう）。

　(4)　設立時募集株式の引受けを申し込む者は，申込者の氏名または名称と住所，引き受けようとする株式の数を記載した書面を発起人に交付しなければならない（59条3項）。発起人の承諾があれば電磁的方法でもよいが（同条4項），条文の文言上，口頭による申込みは認められない。書面による申込みが必要なのは，成立後の株式会社が行う募集株式の発行等と同じである（203条2項）。

3　創立総会 (問3)

　募集設立を行った場合，創立総会を招集する必要がある。創立総会の手続は，一部異なるところもあるものの（例えば創立総会には議題提案権の規定がない），基本的には株主総会と類似の手続となっている。

　創立総会は，設立時募集株式に対する払込期日の最終日以降，遅滞なく，招

集されなければならない（65条1項）。設立時募集株式の募集が複数回なされることも考えられるが（58条1項に「その都度」という文言があるから），その場合にはそれらのうち最も遅い日以後ということになる。

(1) 創立総会で決議することができるのは，株式会社の設立に関する事項である（66条）。会社法に規定がある事項（例えば設立時取締役等の選任〔88条〕，定款の変更〔96条〕など）のほか，設立の廃止（株式会社を設立しないこととすること）なども決議可能である。

(2) 招集を決定するのは，発起人である。決定の方法について「発起人全員の同意」など特定の方法が明記されてはいない。したがって，発起人が複数いる場合，その過半数による決定でよいと考えられる。招集の決定に際しては，67条1項各号に規定されている事項を定めなければならない（株主総会に関する298条1項各号とほぼパラレルである）。

(3) 創立総会で議決権を有するのは，「設立時株主」である（72条1項）。「設立時株主」の定義は65条1項にあり，要するに出資の履行をした発起人と払込みを行った設立時募集株式引受人である。議決権の数は，引き受けた株式1株につき1個（単元株制度の定めが定款にある場合には1単元につき1個）である。資本多数決の原則によっているのである。

また，創立総会の決議要件は，議決権を行使できる株主の議決権の過半数であって出席議決権の3分の2以上の賛成があることが原則である（73条1項。なお例外として，同条2項3項，89条）。通常の株主総会における普通決議・特別決議（309条1項2項）とは異なる要件になっていることに注意が必要である。

〔久保大作〕

Column 募集設立は残った

実務上，募集設立手続はほとんど使われていないといわれており，会社法を制定する際には廃止も検討されていた。しかし，発起人としての責任を負わずに出資者になりたい者のニーズを満たすことができること，外国人が発起人となった場合に生じる煩瑣な手続（定款認証時の意思確認や同一性確認など）を回避できること，定款変更を要する場合に創立総会での変更が可能であることなどから，手続を残しておくことが決定された経緯がある。（学ぶ立場からすれば，恨み言のひとつも言いたいところかもしれないが…）

問1　　株主平等原則の定義と根拠条文を述べよ。

問2　　以下の権利について，株式の数と内容に応じた平等取扱いが貫徹されているか，検討しなさい。

　①剰余金の配当，②議決権，③株主代表訴訟の提起権，④帳簿閲覧請求権

問3　　甲株式会社は，普通株式であるA株式と，A株式に先立って1株あたり100円の配当優先を受け取る権利を伴うB種類株式を発行している。PはA株式を100株，B株式を100株保有しており，QはA株式を200株，RはB株式を200株保有している。甲社定款に109条2項の定めはない。

①　甲社がB株式にのみ配当をするとして，Pに1株あたり300円，Rに1株あたり200円の配当を払うという株主総会決議をすることはできるか。

②　ⓐA株式には1株あたり100円，B株式には1株あたり200円を配当するという株主総会決議をすることはできるか。

　　ⓑA株式には1株あたり100円，B株式には1株あたり300円の配当をするという株主総会決議をすることはできるか。

　　ⓒ甲社を解散し，B株式にはA株式の2倍の残余財産を支払うという株主総会決議をすることはできるか。

③　甲社取締役は，B株式への配当が滞り，解任の動きをちらつかせるRを懐柔するため，Rに対し，本来の優先配当額である300万円を贈与する代わりに，解任の提案をしないように要求した。このような取締役の行為に問題はあるか。

問4　　109条2項の趣旨を説明せよ。

1　株主平等原則の意義（問1）

　株主平等原則とは，株主は，株主たる資格に基づく法律関係においては，所有する株式の種類と数に応じて平等の取扱いを受ける原則をいう。根拠条文は，株主平等原則を一般的に定める109条1項に加え，308条1項本文，454条3項のように，個別の場面で具体的な平等を定める場合がある。

　概念の理解の上で注意が必要なのは，現行法では，株式の内容および数に応じた平等な取扱いが要求されることであり，株式の種類が異なれば，内容に応じた異なる取扱いをすることが株主平等原則の内容になることである。

2　会社法における株主権と平等取扱いの貫徹（問2）

　問2の各問は，いくつかの株主権を例として，株主平等原則の現れ方や例外を確認するものである。

　①配当について。剰余金の配当に関する454条3項では，株式の内容が同じである限り，株主平等は貫徹されている（配当優先・劣後を内容とする種類株式については，その内容どおりに異なる取扱いをすることが株主平等原則の内容である）。

　参考までに，他の自益権について検討しよう。**残余財産の分配**についても，配当同様に株主平等は貫徹されている（504条3項・2項2号）。会社による出資の払戻しである**自己株式の取得**についても，合意による取得の場合は，株主全員の合意により定められた定款規定（164条1項2項）がない限りは，特定の株主のみならずすべての株主に買取りの対象とすることを請求できる権利が与えられる（160条2項3項）ため，取得機会の平等が貫徹されており，かつ，取得価格についても等しいことが要求されている（157条3項）。**価格決定**の場面では，その機会が平等に与えられているという意味では，株主平等は貫徹されている（もっとも，価格決定の申立てにより，会社と株主との間に売買契約が成立するため，基準日は価格決定を申し立てた日になり，金額が株主ごとに異なる可能性はある〔最判平成23年4月19日民集65巻3号1311頁［商判Ⅰ-171］［百選86］など〕）。

　このように，投下資本の回収においては，株主平等は，場面によって金額の面か機会の面かという違いはあるが，貫徹されていると考えてよい。

　②議決権について，308条1項ただし書は，単元株制度を採用している場合

に，一単元につき一議決権とする旨を定める。明文で単元未満株式の株主の議決権は制限されており（189条1項），同じ株式を持っているにもかかわらず，単元未満の株式については，配当等の自益権は得られるが，議決権とこれを前提とする権利は有さないことになる（同条2項各号）。また，配当と同様に，議決権に関する内容の異なる株主の間では，違う扱いをすることが株主平等原則の求めるところとなる。

　単元の倍数を持っているか否かで，自益権とは異なり議決権の制限がなされるが，会社法は，投資金額の引上げのためにこのような取扱いを認めている。したがって，単元未満株式に関するルールは，株主平等原則とは整合的ではないが，法の認めた例外という位置付けになる。

　③**株主代表訴訟**の提起権は単独権であり，④**帳簿閲覧請求権**は少数株主権であることから，いずれも株式の数と権利の内容が比例していない。すなわち，単独株主権については，持株数に関わりなくすべての株主が平等であるし，少数株主権については，一定の持株数により権利の有無が分かれる段階的な権利である。さらに，保有期間により権利の有無が分かれる例もある。このように，自益権とは異なり，共益権では，株主平等は貫徹されていない（株主平等とは異なる理由によりルールが決まっている）。

3　具体例の検討（問3）

　問3の各問は，配当の場面における基本的な設例である。

　①は，剰余金の配当の場面で，同種の株式を有する株主に対して，異なる取扱いをすることの可否を問う問題である。これは，同種の株式を有する株主は持株数に応じた取扱いをしなければならないという一般的な株主平等原則にも反することに加え，配当の支払の場面で明示的に禁じられているものである（454条3項）。したがって，このような株主総会決議をすることはできない。仮にこのような決議がなされた場合は，決議内容の法令違反となり，無効事由（830条2項）があることになる。

　②は，剰余金の配当の場面で，異なる種類の株式を有する株主に対して，異なる取扱いをするものである。109条1項，454条3項・2項2号の求める株主平等の内容は，株式の内容に応じて平等に取り扱うことであるから，ⓐB株式に配当優先条項に従ってA株式よりも100円多い1株あたり200円を配当

することは，株式の内容に応じた取扱いがなされることになるので，株主平等原則の制度趣旨に即した扱いとなる。

これに対し，ⓑB株式にA株式よりも200円の優先配当をすることは，株式の内容に応じた取扱いではないので，株主平等原則に反することになる（ただし，B株式が累積型ならば可能になる場合がある。LQ78頁Column3-4参照）。B株式が持つ優先権の内容は，1株あたり100円であり，それを超えた部分については，内容に差がないため，平等に扱わなければならないからである。

ⓒA株式とB株式には，残余財産に関する定めはないため，この点に関する両株式の内容は同じである。したがって，株主平等原則に反する決議となる。

③は，甲社がB株式の株主全員に優先配当を支払う代わりに，Rにのみ優先配当に相当する金額を支払っている事案である。このような贈与契約は，B株式に平等に配当しなければならないというルール（454条3項）を潜脱するためになされるものであり，株主平等原則に反するものと評価される。

加えて，この贈与契約はRによる議決権の行使を止めるために甲社の計算で財産上の利益を与えるものであるから，利益供与（120条1項）にも該当する。

4　非公開会社における属人的な定め（問4）

問4は，非公開会社における株主平等原則に関する設問である。109条2項は，旧有限会社法の制度を引き継いだものであり，閉鎖型の会社においては，株主の持株数の増減に関わらない属人的な権利配分を行うニーズがありうるから，これを認めるものである。

例えば，甲社の創業者Aが，他の株主への配当とは別に，確実に25%の利益を受け取りたいとする。このとき，Aに対して，他の株主とは異なる種類株式を発行し，配当優先条項を設けるによっても，同種のアレンジは可能である。しかし，仮にAに与えた種類株式の数が増え，他の株主がこの種類株式を保有するに至った場合，Aが保有する種類株式の種類株主全体に対しては25%の利益を配当するのだとしても，A個人に同様の利益を与え続けることができなくなる。これに対し，109条2項を使えば，Aが確実に25%の配当を受け取る定款規定を設けることができる。このような点が，種類株式を使ったアレンジと，109条2項を使ったアレンジの違いである。

〔榊　素寛〕

問1 株主になろうとする者が次のような目的を達成したいと思う場合，どのような株式を使うのが適切だろうか。また，株式の内容として，主にどのような事項を定めることになるか。条文を示して答えよ。

(1) A・B・Cの3人が出資して，非公開会社を作ろうとしている。

(2) A・Bが出資して，株式会社を作ろうとしている。どちらかが望む場合に，株式を会社に売却できるようにしたい。

(3) (2)で，Aの株式だけ会社に売却できるようにしたい場合はどうか。

(4) (2)で，Aの株式だけ株主側から株式の売却を求めるのではなく，会社から株主に売り渡すよう求められるようにしたい。また，具体的な出来事が起きた時ではなく，将来，会社（取締役会設置会社）が必要と判断したタイミングで取得したいと考えている。

(5) 普通株式のみを発行している会社が，新しく役員の選解任についてのみ株主総会で議決権を行使できない株式を発行したいと考えている。

(6) アイデアと技術は持っているがお金のないAと，反対にお金はあるがアイデアなどは持っていないBが，株式会社（非公開会社，取締役会設置会社，監査役設置会社）を設立して，新しい事業を始めようとしている。Aは100万円，Bは1000万円を出資する。Aは確実に自分が取締役になりたいと考えており，BもAの考えには同意しているが，A以外の取締役は自らが選びたいと考えている。

(7) P社は普通株式のみを発行しているが，新たに新株発行による資金調達を計画している。投資家を引きつけるために，普通株式と同じ配当に加えて，普通株式に先立って1株あたり10円の配当を受け，清算時には普通株式の株主より先に残余財産の分配を受けられる株式を発行したい。

(8) (7)の株式について，通常は株主総会で議決権行使が全くできず，普通株式に先立って受けられる配当を2事業年度連続で受けられなかったときはすべての事項について議決権行使が可能なものとしたい。

23

問 2　次の各問いに条文を示して答えよ。

(1)　A・B・C が株主である株式会社（公開会社，譲渡制限のない普通株式のみ発行）を非公開会社にするには，どのような手続が必要か。

(2)　問 1(4)で，設立時ではなく，すでに A・B に普通株式を発行している場合に，それを会社が取得できる株式とするには，どのような手続が必要か。

(3)　普通株式のみを発行している P 社（10 株の株主が 10 人，300 株の株主が 1 人〔取締役でもある A〕いる）では，短期的には損失が生じる改革を行うために，10 株の株主を確実に排除して，A が一度すべての株式を保有することにしたいと考えている。種類株式を用いてこれを達成するには，どうすればよいか。なお，公開買付けは考えなくてよい。

(4)　問 1(7)で，P 社が問題文のとおりの株式（以下，甲種株式）を従来の普通株式（以下，乙種株式）に加えて発行した後に，さらに甲種株式に先立って配当を受けられる株式（丙種株式）を発行したいと考えている。甲種株式の株主の利益を保護するための手続として，何が求められるか。また，この手続を回避することはできるか。

解　説

1　株式の内容（問1）

　株式は様々な経済的権利とコントロールに関する権利をいわば「束」にした上で（105条1項参照），それを均等に分けたものである。株式の原則的な内容は会社法で定められており，どの1株にも配当や残余財産の分配を受け取る権利（454条3項・504条3項参照），議決権（308条1項参照）などが同じように付され，譲渡が可能（127条）である。

　他方，この原則的な内容から相当程度離れた内容の株式を設計することも可能である。これを定めるのが107条および108条である。これらの条文の構造として，次の点に注意しよう。第1に，107条がすべての株式に一律に譲渡制限などを付すための規定であるのに対して，108条は107条と同じ内容を定めているようにみえても，例えば譲渡制限がある株式とない株式のように複数の異なる内容の株式（種類株式）を発行するための規定となっている（107条1項柱書・108条1項柱書前段対照）。第2に，両条とも，1項で発行できる株式の内容を規定し，2項でそれぞれの内容に関して定款に何を定めなければならないのか・定められるのかを規定するという構造となっている（面倒でも必ず両条の2項以下もみること）。なお，種類株式については，定款変更の時点では要綱だけを定め，実際に発行するまでに株主総会（取締役会設置会社では取締役会でもよい）が詳細を決める旨を定めることもできる（108条3項，会社則20条）〔以下，この点については省略〕。

　(1)　**非公開会社**（公開会社でない株式会社）は，発行する（現実に発行している株式ではなく，定款に発行できる旨を定めている株式）すべての株式に譲渡制限を付している必要がある（**2条5号**の反対解釈）。このため，小問(1)の株式は107条1項1号に該当し，定款に同条2項1号の事項を定める。いわゆる閉鎖会社では，普通株式＋譲渡制限というアレンジがよく用いられる。

　(2)　小問(2)では，株主が会社に対して株式を取得するように求められる権利（**取得請求権**）を与えることになる。すべての株式に一律に付すので，**107条1項2号**に当たり，取得対価など同条2項2号の事項を定める。

　(3)　小問(3)ではAには取得請求権のある株式，Bには取得請求権がない株式を割り当てるので，108条1項5号に当たり，Aの株式について同条2項5

号の事項を定める。Aが取得を望む場合，取得してほしい株式の種類と数を示した上で（166条2項），会社に取得の請求をする（同条1項）。この請求があると，請求日にAの株式は会社に取得され（167条1項），Aは定められた対価を受け取る（同条2項各号は，対価が会社の「**株式等**」〔107条2項2号ホかっこ書で，株式，社債，新株予約権と定義〕または，新株予約権付社債の場合に，請求日にその保有者となる旨を定める）。なお，対価が会社の他の種類の株式（108条2項5号ロ）以外であり，かつその帳簿価額が請求日の分配可能額を超える場合は，取得できない（166条1項ただし書）。要は，取得によって会社から財産が流出する場合には，配当と同じ規制をかけている。

(4) 取得請求権付株式と反対に，会社が株主から取得できる権利を持つのが**取得条項付株式**である。すべての株式に取得条項をつけることもできるが，小問(4)の場合はAに割り当てる株式のみに取得条項をつけるので種類株式を用いる（**108条1項6号・2項6号**）。具体的な取得事由を定めずに，会社が別に定める日（＝168条1項の「同号ロの日」〔取得する日〕の決定参照）に取得すると定めることも可能であり，小問(4)ではこの旨を定める（108条2項6号イ・107条2項3号ロ）。

小問(4)の会社がAの株式を取得するには，取締役会決議によって取得する日を決め（168条1項），取得する日の2週間前までにAにこれを通知する（同条2項。公告も可能。同条3項）。つまり，取得する日の2週間以上前に決める必要がある。すると，その日に会社がAの株式を取得する（170条1項）。170条1項は少し読みにくいが，会社が取得する日を定める場合はその日の到来が「107条2項3号イの事由」（**取得事由**）となり（107条2項3号ロ），結局，170条1項の「107条2項3号イの事由が生じた日」とは，168条に従って定めた取得する日を意味する。170条2項は取得請求権付株式の167条2項と同様の規定である。また，規定の建て付けは異なるが，対価が他の種類の株式以外の場合については，やはり取得請求権付株式の取得と同様の財源規制がある（170条5項）。

(5) コントロールに関する権利にも一定の制限をつけられる。**議決権制限株式**は，すべてまたは一部の総会決議事項について議決権を行使できない（**108条1項3号・2項3号**）。小問(5)では，108条2項3号イの事項として，役員の選解任以外の事項を定める。なお，濫用の危険があるため，公開会社については

発行済株式総数の2分の1までしか議決権制限株式を発行できないという制限がある（115条）。

(6)　小問(6)では，AだけでなくBも取締役の選任に関して議決権を求めているので，議決権制限株式を用いることはできない。A・Bの望みを叶える最も単純な方法は，両者に**役員選任のための種類株式**（108条1項9号・2項9号，会社則19条〔社外役員に関する事項〕）を与えることである。種類（＝クラス）ごとに役員を選任するので，クラスボーティングと呼ばれる。なお，この種類株式を用いる場合は，非公開会社でなければならない（指名委員会等設置会社であってもならない）ため，譲渡制限も必要となることに注意が必要である（108条1項ただし書）。小問(6)では，具体的には次のような内容の定め方が考えられる。

第1に，Aに「取締役1名を選任できる」旨を定めた株式（108条2項9号イ）を与え，Bにはそのような権利がない（普通）株式を与える。この場合，Aが種類株主総会で取締役を1名選任し，残りの役員は株主総会で選任する。後者の株主総会では，A・Bの出資額からBが過半数の議決権を持つことになるため，結局Bが残りの役員を選任できる。

第2に，Aに第1の方法で述べた内容の株式を割り当て，かつ，Bにも（Aが選任する）1名以外の役員の選任を可能とする種類株式を与えることが考えられる。この場合，Aが種類株主総会で取締役を1名，残りはBが種類株主総会で選任する。

(7)　小問(7)のように配当・残余財産分配に関して普通株式よりも優先する株式を**優先株式**という（108条1項1号2号参照。反対に**劣後株式**もある）。小問(7)の場合は参加的優先株式と呼ばれる（LQ78頁Column 3-4）。問題文で示した内容を108条2項1号2号の事項として定める。

(8)　多くの場合，優先株式には議決権がないか，制限されている（上場会社で小問(8)のような株式が用いられることがある。VM36頁参照〔伊藤園の例〕）。すなわち，配当・残余財産に関する種類株式（108条1項1号2号）であると同時に議決権制限株式（同条1項3号・2項3号）でもある株式となる。小問(8)の場合は，議決権行使ができる条件を108条2項3号ロの事項として定める。

2　株式の内容の変更などと株主の利益保護（問2）

問2は，事後的に株式の内容を変更するなど，既存株主の利害に大きな影響

を与える場面を扱っている。株式の内容についての特別の定めを置くことや新たな種類株式の発行，内容の変更は，一般的に定款変更を伴うため，既存株主全体としては株主総会の特別決議を通じてコントロールできる（466条・309条2項11号）。ここでは，主に利益を害される可能性のある（一部の）株主のために設けられた追加的な保護手段を取り上げている。

(1) 小問(1)は新たに設立する会社ではなく，既存の公開会社が発行する株式全部に譲渡制限を付すものである。譲渡が原則として自由である株式に譲渡制限を付すことは，投下資本の回収の途を大きく制約するものであるため，通常の定款変更（309条2項柱書）より手続が厳しい特殊決議が必要となる（定足数として議決権を行使できる株主の半数〔人数ベース〕以上の出席，出席株主の議決権の3分の2以上の賛成が必要。同条3項1号）。また，反対株主（単に総会で反対した株主ではないので，定義に注意。116条2項）には株式買取請求権が与えられる（同条1項1号）。

(2) 小問(2)のようにすでに発行されている株式に取得条項を付す場合は，さらに厳しく，株主全員の同意が必要である（110条。種類株式についても当該種類株式の株主全員の同意が必要。111条1項）。全株主の同意が必要なため，実現する場合には反対株主は存在せず，株式買取請求権はない。

(3) **全部取得条項付種類株式**（171条1項）は種類株式の1つであり，最初からある種類の株式に付すこともできるが，少数株主の締出しなど，事後的な株主の権利の変更に用いられてきた。なお，特別支配株主による株式売渡請求（179条）を用いることを考えた者もいるかもしれないが，このためにはAがP社の議決権の90%以上を保有している必要があるため（同条1項），小問(3)では使えない（略式組織再編も同様）。他方，種類株式を用いた手段ではないが，株式併合（180条）を用いることはできる。

小問(3)では，①P社は問1(7)によれば種類株式を発行していないので，まず定款変更により新しい種類の株式（乙種株式とする）を発行する旨を定める。次に，②反対株主が株式買取請求権を行使できるようにするため，定款変更の効力発生日の20日前までに通知または公告を行った上で（116条3項4項），定款変更を行い，すでに発行している普通株式（上記①によってこれも1つの種類株式になる）に全部取得条項を付す（108条1項7号・2項7号）〔以下，従来の普通株式を甲種株式とする〕。全部取得条項を付ける定款変更の際には，株主総会決議に

加えて，甲種株式の**種類株主総会決議**も必要である（111条2項1号・324条2項1号。ただし，この時点では，実質的には株主総会と同じ構成員である）。③②では，取得対価として甲種株式1株に乙種株式0.01株（比率は甲種株式1株に乙種株式300分の1株以上10分の1株未満であればよい）を交付する旨を定める。④下記⑥の株主総会の日の2週間前の日か，下記⑤の通知・公告の日のいずれか早い方までに，対価の相当性などを含む事前開示を行う（171条の2第1項）。⑤株主が価格決定申立てを行えるように，取得日の20日前までに，会社は取得する旨を通知または公告する（172条2項3項）。④と⑤のどちらが先になるかは，下記⑥の取得のための総会の日から取得日までの期間による。⑥上記③の対価で取得するための株主総会決議を行う（171条1項・309条2項3号）という順で手続を踏む（上記③の対価については取得のための決議でも詳細を決める〔171条1項1号参照。定款変更と取得が近接している場合は同じ内容〕）。

　P社の甲種株式の取得日を迎えると，乙種株式を1株（以上）割り当てられるAは乙種株式の株主となり（173条1項・2項1号），甲種株式を10株ずつ保有する残りの株主は割り当てられる乙種株式が1株未満になるので，端数処理により乙種株式0.1株相当額の金銭を受け取る（234条1項2号）。こうして，A以外の（かつての）株主は金銭を受け取り，P社の株主ではなくなる。

　不当に低い対価による締出しがなされる危険性があるため，他の株主総会決議が必要な締出しに使える手段と同様の少数株主保護の手段が定められている（LQ380頁以下参照）。まず，上記④の事前開示で対価が十分かどうかなどを判断できるようにする。次に，②の定款変更の反対株主には株式買取請求権があり（116条1項2号），⑥の取得のための決議によって定められた対価に不満がある一定の株主（反対株主と同じ要件）は，裁判所に価格決定を申し立てることができる（172条）。価格決定申立ては実質的に株式買取請求の場合と同様である（具体例として，最決平成21年5月29日金判1326号35頁［商判I-39]）。さらに，取得が法令・定款に違反し，株主が不利益を受ける場合には差止めも可能である（171条の3）。

　(4)　すでに種類株式を発行している場合，新たな種類株式の追加によって既存の種類株主の利益が害される可能性もあるので，会社法は一定の場合に種類株主総会の決議を求めている。322条1項各号にはそのような場面が列挙されており，小問(4)で問題となっている新たな株式の種類の追加も含まれている

（322条1項1号。特別決議〔324条2項4号〕）。このため，甲種の種類株主の利益を守るために甲種株式の種類株主総会決議が必要になる。これに加えて，従来の普通株式である乙種株式の種類株主総会決議も必要となる点に注意が必要である。また，前述のとおり定款変更を行うので，全体（甲種＋乙種の株主）の株主総会決議が必要であることも忘れてはならない。

多くの行為については種類株主総会を定款で排除できるが（322条2項3項），小問(4)の場面を含む322条1項1号に列挙されている行為については排除できない（同条3項ただし書。なおかっこ書に注意）。

〔松中　学〕

── *Column*　ニーズを満たす法的な道具立てを探す・設計するという視点 ──

本問では，法制度を利用する者が何らかのニーズを満たすためにどのような法的な道具立てを使うことができるか，どのように設計すればよいかという視点に立つことが求められる。これは，ある程度法律を勉強した，あるいは得意な人にとっても苦手に感じられることが多いようである。もしかしたら，何らかの紛争が起きてからどのように解決するのかという一般的な事例問題とも，説明問題とも違う頭の使い方を求められるからかもしれない。もっとも，本問のような問題も紛争解決と無縁ではない。例えば，問1(6)では，あらかじめ取締役選任について種類株式という形で明確に権利を分配することで，取締役選任をめぐる紛争を防ぐものともいえる（その意味で契約の設計と同じである。実際，株式の内容をアレンジするのは，株主間契約の条項に会社法上の強力な効力を与えるものといえる）。

また，当事者の求める道具立てとその設計という視点は，株式の内容だけではなく，資金調達の手段やM&Aの場面でも必要になる。同じような目的を達成できるとしても，要件や使うための手続が違うことも多く，これらも含めて当事者のニーズを満たすものとする必要がある。そして，以上の視点は濫用への対策を考える際にも不可欠である。例えば，詐害的会社分割のような制度の濫用は，歪んだニーズを満たすために形式的には「正しく」法制度を利用しているため，それに対処するためにも法制度の使い方を考えるという発想が必要なのである。

No.6　株式の譲渡制限・株式の譲渡方法

必要な条文を示した上で，次の問いに答えよ。

問1　甲株式会社（株券発行会社〔実際に株券を発行している。215条4項参照〕，非公開会社，非取締役会設置会社，種類株式は発行していない）の株主Aは，持株を売却したいと考えている。現在のところ，買手候補はBしか見つからないが，Aはとにかく甲株式を換金したいと考えている。

(1)　AがBに甲株式を譲渡する際の手続を説明せよ。

(2)　Aがお金に困って，(1)の手続をとらずにBに株券を交付し，BはAに代金を交付したとする。Bは甲社に譲渡承認を求めることができるか。できるとしたら，どのようにして求めるのか。

(3)　甲社がAによるBへの株式譲渡を承認を拒むにはどのような手続が必要か説明せよ。なお，甲社がこの株式を買い取るものとする。

(4)　(3)で，Aと甲社が買取価格について折り合わない場合は，どうすればよいか。

(5)　(3)で，甲社ではなく，甲社の株主CがAの持株をすべて買い取ることにしたい場合は，手続はどのように変わるか。

(6)　甲社が譲渡を承認しなくても，Aによる譲渡等承認請求が承認されたとみなされるのはどのような場合か。

問2　Aは甲株式会社（公開会社，種類株式は発行していない）の株主である。Aは甲株式をBに譲渡しようとしている。甲社が非株券発行会社（ただし，甲社の株式は振替株式ではない）である場合と株券発行会社（実際に株券を発行している）である場合のそれぞれについて，下記の点について説明せよ。

(1)　当事者間で有効に譲渡をなすために必要な行為

(2)　Aの債権者Cがこの株式を差し押さえようとしている場合に，Cに対してBが自分のものであると主張するために会社法上，必要な行為

(3)　Bが甲社に対して株主総会に出席する権利を主張するのに必要な行為

問3　甲社は株式会社，Aは甲社の株主名簿上の株主である。次の各ケース

でBが甲社に名義書換を求めるにはどのような行為が必要か。

(1) 甲社は非株券発行会社であり，発行する株式に譲渡制限は付されていない。A・Bは，Aの有する甲株式を代金100万円でBに売却することを合意し，Bは代金を支払った。

(2) (1)のケースで，甲社が株券発行会社であり，AはBに株券を交付した場合はどうか。

(3) 甲社は非株券発行会社であり，発行する株式に譲渡制限は付されていない。Bは，「Aの保有する甲株式を代金100万円でBに譲渡するとA・Bで合意し，代金を支払った」と主張するが，Aはそれを否定している。

(4) 甲社は非株券発行会社であり，発行する株式に譲渡制限は付されていない。Aが死亡し，BはAの唯一の相続人である。

(5) (1)のケースで，甲社が非公開会社である場合はどうか。

(6) (5)のケースで，BがAから譲渡によって取得したのではなく，相続によって取得した場合はどうか。

解　説

1　譲渡制限（問1）

　問1では，甲社は**非公開会社**なので，その発行する株式はすべて（現に発行している株式だけではなく，発行しうる株式すべて）譲渡制限株式である（2条5号の反対解釈）。そして，**譲渡制限株式**とは，譲渡による取得につき，会社の承認が必要である旨を定款に定めている株式である（2条17号）。そこで，AがBに株式を譲渡し，Bが甲社に対して株主であることを主張するには，136条以下の手続に従い，会社の承認を受ける必要がある。また，会社が譲渡を承認しない場合でも，譲渡の当事者は，会社自身か買取人と指定された者（**指定買取人**。140条4項かっこ書）に株式を買い取るように求めることができる。これは，譲渡制限株式の株主でも退出することを可能にするためである。

　なお，譲渡制限株式を会社の承認なく譲渡した場合でも，当事者間では有効である（最判昭和48年6月15日民集27巻6号700頁［商判I-35］［百選18］）。譲渡制限が意味を持つのは会社との関係であり，承認がない限り議決権などの権利を会社に主張できない状態を作り出しているといえる。

　(1)　**手続の流れ**　　以下では，譲渡承認の手続の流れを説明する。

　①　Aは136条・138条1号に基づいて，甲社に対して譲渡を承認するように請求する。小問(1)では，売却する株式の数（138条1号イ），Bの氏名（同号ロ），および承認しない場合は会社または指定買取人が買い取ることを請求する旨（同号ハ）を会社に示す（VM42頁【資料Ⅲ-12】参照）。なお，AがBに株式を譲渡する際には，株券を交付する必要がある（128条1項）。

　②　**譲渡等承認請求**（譲渡人だけでなく譲受人からの承認請求も含む概念。138条柱書かっこ書）は，譲り受けた者から行うこともできる（137条1項）。この場合，株式を譲り受けたと称する者が勝手に譲渡等承認請求を行うことがないように，株主名簿上の株主（またはその一般承継人。ここではA）と譲受人（B）が共同して行うのが原則であるが，株券発行会社の場合は，Bは株券を甲社に提示して，単独で譲渡等承認請求を行うこともできる（同条2項，会社則24条2項1号）（小問(2)）。

　③　次に，会社が承認するかどうかを決定し，譲渡等承認請求者に通知する（139条1項2項）。会社による承認は，原則として，非取締役会設置会社では株

主総会，取締役会設置会社では取締役会の決議による（同条1項）。甲社は非取締役会設置会社なので，株主総会で承認しないことを決め，Aに通知する（小問(3)）。

④ また，甲社は，Aの買取先指定請求に対応する必要がある。会社が買い取るには，株主総会でその旨および株式数を決定する（140条1項ないし3項。特別決議。309条2項1号）（指定買取人が買い取る場合は140条5項。詳細は後述(2)参照）。次に，買い取る者（会社か指定買取人か）および買取数を譲渡等承認請求者に通知する（141条1項・142条1項）。この際，会社・指定買取人は1株あたりの純資産額×株式数を供託し，供託を証する書面を譲渡等承認請求者に交付しなければならない（141条2項・142条2項）。

小問(3)では，甲社が買い取るため，Aの議決権行使を排除した上で，甲社が買い取る旨および株式数を決定する旨を株主総会で決議する（140条1項2項）。そして，甲社がAに，甲社が買い取る旨，および株式数（ここではAの譲渡したい株式全部）を通知し（141条1項），供託を証する書面を交付する（同条2項）。他方，甲社は株券発行会社なので，Aは譲渡等承認請求にかかる株券を供託し，その旨を甲社に通知する（同条3項）。これを怠った場合は，甲社は買取りの通知によって一度成立した売買契約でも解除できる（同条4項）。

⑤ 甲社の買取りの通知によって，甲社・Aの間に売買契約が成立し，その後はAは甲社の承諾がないと請求を撤回できない（143条）。この時点では未定の売買価格は，当事者の協議によって決められる（144条1項）が，当事者は買取りの通知があった日から20日以内に裁判所に価格決定を申し立てることもできる（同条2項）（小問(4)）。裁判所は，甲社の資産状態を含む一切の事情を考慮して価格を決定する（同条3項）が，恣意的に行うのではなく，合理的な裁量に基づいて，様々な閉鎖会社株式の評価手法から，当該事案に即した手法を採用することになる（具体例として，例えば，東京高決平成元年5月23日判時1318号125頁，東京高決平成20年4月4日判タ1284号273頁）。

当事者の協議にしろ，裁判所の決定にしろ，売買価格は供託された純資産価格を超えることもありうる。会社または指定買取人が超過分を支払わない場合には，譲渡等承認請求者は売買契約を解除することができる（民541条本文）。

なお，会社による買取りは自己株式の取得の一種であり，財源規制に服する（461条1項1号）。これに違反する買取りの効果には議論があるが，対価を交付

された株主および買取りの職務を行った業務執行者は，対価全額に相当する金銭を会社に支払う義務を負う（462条1項柱書）。また，業務執行者については欠損塡補責任も定められている（465条1項1号）。

(2)　**指定買取人による買取り**(小問(5))　　譲渡等承認請求を承認しない場合，会社ではなく指定買取人が買い取ることもできる（140条4項）。指定買取人による買取りには財源規制がかからず，支配権を持つ株主に株式を集められるなど会社による買取りとは異なるニーズに応えられる側面がある。会社が買い取る場合と基本的には同様の規律がなされているが，重要な差異もあるので注意が必要である。

　指定買取人が買い取る場合，買取人と買い取る株式数は取締役会設置会社であれば取締役会，非取締役会設置会社であれば株主総会で決める（140条5項）。小問(5)の甲社は非取締役会設置会社であるため，株主総会で決める。なお，会社が一部を，残りを指定買取人が買い取ることもできるし，全部を指定買取人が買い取ることもできる（ただし，合計が譲渡承認にかかる株式数を下回ることは認められないと解される）。決定がなされたら，指定買取人（C）は譲渡不承認の通知から10日以内に，指定買取人として指定された旨および買い取る株式の種類・数（Aの持株すべて）を譲渡等承認請求者（A）に通知する（142条1項・145条2号）。

(3)　**承認をしたとみなされる場合**　　会社や指定買取人が，一定期間内に譲渡等承認請求者に対する法定の通知（ひいてはそのための判断）をしない場合――例えば，ずるずると引き延ばしている場合――や，株式を買い取ると決めたにもかかわらず対価を支払わない場合は，譲渡等承認請求が承認されたものとみなすのが145条である。

　まず，会社が承認しないにもかかわらず，譲渡等承認請求の日から2週間以内にその旨の通知（139条2項）をしないときである（145条1号）。次に，会社が株式を買い取るのであれば，この不承認の通知から40日以内に買取りの通知（141条1項）をしないと，譲渡を承認したとみなされる（145条2号）。指定買取人が買い取る場合，不承認の通知から（40日ではなく）10日以内である（同号かっこ書）。会社による買取りについては常に株主総会決議が必要なため，期間が長く設定されている（LQ96頁参照。非取締役会設置会社では指定買取人による買取りでも株主総会決議が必要なため，取締役会設置会社のみで意味のある違いであ

る）。また，これらの通知に際して，会社または指定買取人が供託を証する書面を交付しない場合も同様である（145条3号，会社則26条1号2号）。さらに，会社・指定買取人が，対価のうち供託した純資産価格を超える部分を支払わず，売買契約が解除された場合も，承認があったものとみなされる（145条3号，会社則26条3号）。

2　株式の譲渡方法（問2）

(1)　当事者間で必要な行為　　株券を発行していない会社の株式は，形がない権利である。株券がある場合と異なり，当事者間の譲渡について会社法は特に定めを置いていないため，振替株式以外の非株券発行会社の株式は，民法の一般原則に従って意思表示のみで譲渡することになる（振替株式については社債，株式等の振替に関する法律によって規律される。「振替株式〔Stage 2-6〕」参照）。他方，小問(1)で甲社が株券発行会社の場合，Aが株券をBに交付することは，甲社との関係だけではなく，A・B間の有効な譲渡にも必要となる（128条1項）。

(2)　第三者に対する対抗要件　　非株券発行会社の場合は，株券という手がかりがない。そこで，株主名簿への記載が，会社だけではなく第三者に対抗する要件となっている（130条1項）。そのため，小問(2)で甲社が非株券発行会社の場合，BがCに対抗するには，甲社に名義書換を請求する必要がある。

　　他方，株券発行会社の場合は，第三者に対抗するのに株主名簿への記載は必要ない（130条2項）。そのため，小問(2)で甲社が株券発行会社であれば，BはCに対して自らが甲社の株主であることを主張するには，Aから株券の交付を受け，占有していれば十分である。

(3)　会社に対する対抗要件　　小問(3)では，いずれのタイプの会社でも，Bが甲社に対して自分が株主であることを主張するには，株主名簿への記載，すなわち，AからBへの名義書換が必要になる（130条1項2項）。なお，甲社が株主総会の基準日（124条1項）を定める場合には，当該基準日までに名義書換を行う必要がある。

3　名義書換（問3）

　　株式を発行会社以外の者から譲り受けたり，相続などの一般承継によって取得した者（**株式取得者**。133条1項かっこ書）は，会社に**名義書換**を請求できる

（同項）。原則として，名義書換の請求は株式取得者と名簿上の株主（またはその一般承継人）の共同で行う（同条2項）。例外は，会社法施行規則22条に定められている（1項が非株券発行会社，2項が株券発行会社の順）。重要な例外もあるため，必ず会社法施行規則も参照する必要がある。

　この原則どおりにしなければならないのが，小問(1)の場合である。他方，株券発行会社についての小問(2)では，株券の所持人が適法な権利者と推定されるため（131条1項），Bは甲社に株券を提示して単独で名義書換を請求できる（133条2項，会社則22条2項1号）。

　また，一度合意がなされても，譲渡人が名義書換に協力しなくなったり，そもそも合意の存在が争われることもある。このようなケースである小問(3)では，BはAに対する名義書換の意思表示を行うべきことを命じる確定判決を得て，それを添付して甲社に単独で名義書換を請求できる（133条2項，会社則22条1項1号）。

　Bが譲渡ではなく，一般承継である相続によってAから甲株式を取得したケースである小問(4)でも，やはり名義書換は必要である。譲渡制限の場合と違い，133条1項は，譲渡だけではなく一般承継による取得も含む文言になっていることに注意が必要である。しかし，Aはすでにいない。そこで，Bは相続を証する書面（相続関係がわかる戸籍謄本）を添付して，甲社に名義書換を単独で請求する（133条2項，会社則22条1項4号）。

　最後に，小問(5)の譲渡制限株式を譲渡によって取得した場合は，名義書換より先に甲社から譲渡承認を受ける必要がある（134条1号2号）。他方，小問(6)では相続により株式を取得しているため，譲渡承認は不要である。譲渡制限株式が会社の承認を求めているのは譲渡による取得（2条17号）だからである。この場合，譲渡承認を経ることなく名義書換を行うことができる（134条4号）。相続による取得の場合も，権利行使には名義書換が必要であり，小問(4)と同様の手続による（133条2項，会社則22条1項4号）。

〔松中　学〕

No.7 　株主総会の招集・株主提案権

問1　取締役会設置会社における株主総会の招集について，以下の問いに答えよ。

(1)　株主総会の招集を決定する機関と，招集を行う機関は何か。少数株主が招集する場合はどうか。

(2)　株主総会の招集通知はいつまでに発送されなければならないか。

(3)　株主が議題提案権・議案要領通知請求権を行使するためには，いつまでに権利行使をしなければならないか。

(4)　株主・会社が検査役を選任することを希望する場合，いつまでに裁判所に申立てを行う必要があるか。

問2　書面投票・電子投票を導入した場合，導入しない場合と比べてどのような違いが生じるか。株主の権利行使と株式会社の招集手続の両面から説明せよ。

問3　定時株主総会の招集に際して，招集通知・株主総会参考書類・議決権行使書面以外に株主に交付されるものは何か。

問4　株主総会の適法な招集がなされないまま，株主総会が開催された。この瑕疵は法的にはどのように評価されるか，以下の場合について考えよ。

①　招集手続自体が行われていない。

②　一部の者に対してのみ招集通知が発送された。

③　招集通知が発送されたが，株主総会の会日の10日前に発送されたものであった。

④　参考書類の内容に誤りがあったが会社のウェブサイトで訂正されていた。

⑤　代表取締役ではなく平取締役が取締役会決議に基づかずに招集していた。

問5

(1)　株主提案権の行使要件を説明せよ。

(2)　議題と議案の違いは何か。

(3)　304条と305条の異同を説明せよ。

解　説

1　株主総会の招集手続について（問1）

（1）　株主総会の招集（「召集」との誤字に注意）を決定する機関は取締役会であり（298条4項・1項），取締役会の決定に基づいて代表取締役が招集するのが一般である（296条3項は単に取締役と規定する）。例外として，議決権の3%を有する少数株主が招集する場合や（297条），裁判所の命令により（代表）取締役が招集する場合（307条1項1号）がある。

（2）　招集通知は，総会の会日の2週間前までに発する必要がある（299条1項）。株主の準備の時間を確保するためである。

（3）　株主提案権は，株主総会の会日の8週間前までに行使しなければならない（303条2項・305条1項）。招集通知の発送期限から逆算して設けられた制限である。

（4）　検査役の選任請求は，株主よる申立てと会社による申立ての双方で特に期限は設けられていない（306条1項）。実際には，双方とも証拠の保全のため，必要と判断すれば可能な限り早く**検査役**選任の申立てを行うことになろう。

2　書面投票・電子投票について（問2）

　株主の権利行使の側面において重要なことは，①株主や代理人が株主総会に出席しなくとも，書面（書面投票の場合）またはウェブサイト（電子投票の場合）で議決権を行使できることである。そして，権利行使を可能にするために，招集通知に際して，書面（電子投票の場合は書面ではなく電磁的方法＝メールなど）により，②株主総会参考書類（電子招集通知を承諾した株主に対しては電磁的方法も可）を交付して必要な情報を提供するとともに，③議決権行使書面を交付して，書面で議決権を行使できるようにすることが必要となる（②③につき，301条1項。電子投票の場合は，通常は議決権行使用のウェブサイトのURL，ID，パスワードを伝えることでウェブサイト上で行使する）。さらに，書面投票や電子投票を採用している会社は一般に規模が大きい会社であるので，これらを導入している会社は④株主全員の同意による招集手続の省略を行うことができない（300条ただし書）。株主総会の場で話し合って議決権を行使するだけではなく，送られてきた書類を読んで，賛否の意思表示ができるための環境を確保する義務が生

じるようになる，と考えればよい。

3　招集に際し株主に交付される書類について（問3）

　計算書類（435条2項で定義され，貸借対照表，損益計算書のほか，会社則116条，会社計算72条以下により株主資本等変動計算書も含まれる。また，連結の場合は単体だけではなく連結についても作成しなければならない）および**事業報告**である（437条）。**附属明細書**は不要である（435条2項で会社が作成し，4項で保存し，442条1項1号で本店に備え置くことは要求されるが，437条により株主に提供することは求められていない）。

4　株主総会の招集手続の瑕疵について（問4）

　株主総会決議に瑕疵がある場合，831条の取消し，830条の無効・不存在を考えることになる。本問では，株主総会の招集手続に法令違反がある場合であるから，決議の取消しが問題となるとともに，場合によってはそれが不存在と評価されるかが問題となる。決議内容に法令違反があるわけではないので，無効の問題とはならないことに注意（ここで間違っている答案は，その時点で低い評価にとどまることが決まるので，決議内容の法令違反と絶対に間違えないこと）。

　①　招集手続自体が行われていない。この場合，株主全員の同意により招集手続を省略した場合はそもそも適法であるし（300条本文），全員出席総会であれば瑕疵は治癒される。そうでなければ，会社法の要求する手続をふまえずに株主総会が招集されたことになるので，不存在と評価される。同様に，招集手続の法令違反を理由とする取消事由があるものとも評価されよう（訴訟では，主位的請求として不存在確認を，予備的請求として取消しを求めることになろうか）。

　②　一部の者に対してのみ招集通知が発送された。この場合は，いわゆる招集通知漏れであり，全員出席総会となる場合を別にすると，やはり招集手続の法令違反を理由とする取消事由がある。株主の議決権行使の機会を奪っていることから，裁量棄却が認められる可能性は低い。不存在となるか否かは招集通知漏れの程度による（たとえば，8割の株主に対する招集通知漏れは不存在と評価されよう）。

　③　招集通知が発送されたが，株主総会の会日の10日前に発送されたものであった。この場合は，招集通知が発送されたが，会日の2週間前までに発送

しなければならない（299条1項）ところ，これに遅れているため，やはり招集手続の法令違反となる。もっとも，招集通知はなされており，不存在とは評価されないと思われる。なお，判例は，2日遅れた事例で**裁量棄却**を認めていない（最判昭和46年3月18日民集25巻2号183頁［商判Ⅰ-86］［百選40］）。

④　参考書類の内容に誤りがあったが，会社のウェブサイトにおいて訂正されていた。これはいわゆる**ウェブ修正**であり，招集通知とあわせて修正方法を通知しておけば，ウェブサイト上で参考書類を訂正することが明文で認められている（会社則65条3項）。したがって，この修正方法を通知していた場合には，招集手続に瑕疵はない。

⑤　代表取締役ではなく，平取締役が取締役会決議に基づかずに招集していた。この場合は，招集手続の法令違反であり取消事由があるが，それ以上に，招集権限のない者による招集であり不存在と考えるのが一般的である。

5　株主提案権について（問5）

⑴　303条と305条の要件は共通であり，①1％以上または300個以上の議決権を，②6か月以上有していることである。また，議案については，③提案内容が法令・定款に違反しておらず，また，過去3年以内に実質的に同一の議案が1割以上の賛成を得られずに否決されていないこと（305条4項）も求められる。

⑵　議論するテーマが**議題**であり，その議論で何を決議しようとしているかが**議案**である。例えば，「取締役3名選任の件」が議題，「候補者Aを取締役に選任する件」が議案である。取締役の選任というテーマで議論を行い，その議題に出された提案である議案，例えばAを取締役に選任すること，について決議を行う。

⑶　304条は議案の提案権を，305条は議案の要領を招集通知に記載する権利を定める。議案要領通知請求権の最大の効果は，書面投票・電子投票の対象となるため，議場での提案に比べ，賛成票を集めやすいことにある。

〔榊　素寛〕

問1 甲株式会社の株主総会で，質問をしていた株主Ａが「配当ゼロとはどういうことや！ そんな経営陣いらんわ，やめてまえ！ だいたい，Ｂみたいなんが役員やっとるからあかんのや，奥歯ガタガタいわすぞコラ」と激高し，壇上の取締役Ｂにつかみかかった。甲社側はこの総会の場でどのような対応をとることができるか。

問2 Ａは甲株式会社（上場会社）の株主である。Ａは，甲社第130回定時株主総会において，取締役候補者Ｂ（これまでも甲社の取締役であった）に関する以下の事項について質問した。なお，役員の候補者となっているのはＢのみであった。質問事項は，㈎5年前甲社に損失を出して終了したＰ国への進出について，その損害の細目（不動産の売買による最終的な損失額および詐欺を働いた現地エージェントに対する裁判を通じて回収した損害賠償の額）およびＢの関与，㈏Ｂが開発の中心となっている新技術のアイデア（未公表），㈐取締役Ｃには隠し子がいるとの噂があるが真実かどうか，というものであった。

⑴ 甲社取締役は㈎について説明を拒むことができるか。

⑵ Ａが総会の相当期間前に甲社に質問状を送った上で質問をしていたら，甲社の取締役は㈎について説明しなければならないか。また，Ａは事前に質問状を送り，総会に出席したものの質問しなかった場合，甲社取締役が㈎について説明しなければならないか。

⑶ 甲社取締役が，Ａや他の株主から質問状があったことから，㈎についてＡの質問を待たずに冒頭で具体的な数字とＢの関与の態様について説明を行った。Ａの質問に対しては，「冒頭でご説明したとおりです」とのみ回答した。これは説明義務違反となるか。

⑷ 甲社取締役は㈏㈐について説明を拒絶できるか。

問3 甲社は東京証券取引所一部に上場する株式会社である。甲社のある年度の定時株主総会では，取締役3名の選任が議題となった。会社側の提案（2号議案）では候補者Ａ・Ｂ・Ｃの3人が提案されていた。他方，甲社の株主

Dは株主提案権（正確には，305条に基づく議案要領通知請求権）を行使して，候補者E・F・Gを提案していた（4号議案）。

　この定時株主総会では，議長H（甲社代表取締役）は，1号議案の審議の後，取締役3名選任の議題を審議するとして，2号議案の説明を行い，4号議案について概略を述べた後，Dに説明を促した。Dが説明した後，Hは質問を募り，3人の株主から質問が出され，回答がなされた。その後，Hは4号議案について「賛成の方は拍手をお願いします」と採決を行い，Dと数名の個人株主が拍手を行い，Hが否決を宣言した。続いて2号議案についても同様に採決が行われ，大株主の委任状を保有するI（甲社取締役法務部長）や他の株主の大多数の拍手と「異議なし」の発声がなされ，Hが可決を宣言した。

　Dは，この後すぐに挙手し，Hの指名を受けて「採決は投票によるべきである。これでは本当に私の提案が否決されて，会社の提案が可決されたのかわからない」と発言した。Hは「大株主様からの委任状および開会までにいただいた書面投票，電子投票により，2号議案につきご出席の株主様の70％の賛成，4号議案につき同数の反対をいただいているため，2号議案の可決と4号議案の否決はすでに明らかであります。このような状況では，投票は必要ではありません」と述べ，これを拒否した。実際，甲社では，Hの説明のとおり，現実に株主総会に出席した株主（委任状を交付した者を除く）がすべて反対しても2号議案が可決（4号議案は同様に否決）されることが明らかな状況であった（定足数も満たされているものとする）。

(1)　Dは，このような採決方法は違法または不公正であるとして取締役選任決議について，株主総会決議取消訴訟を提起した。認められるか。

(2)　甲社は，金融商品取引法上，臨時報告書において，各取締役候補の獲得した賛成票の数も含めて，総会決議の結果を開示しなければならない。金商法および企業内容等の開示に関する内閣府令（以下，開示令）から，該当する条文を探せ。また，金商法上の開示義務を考慮しても，この採決方法は違法とならないか。

Hint

問3(2)：まず，臨時報告書の記載事項を定める金商法の条文を探そう。持っている六法に開示府令が所収されていなければ，法令データベースを使ってみよう。

1　株主総会の議長の権限（問1）

　株主総会の議長には，当該株主総会の秩序維持と議事整理の権限がある（315条1項）。また，315条2項は，議長の命令に従わない者その他株主総会の秩序を乱す者を退場させる権限を議長に与えている。本問では，Aが取締役Bにつかみかかっているため，甲社株主総会の議長は，同項に基づきAに退場を命じることができる。

2　説明義務（問2）

　取締役，会計参与，監査役および執行役（以下では取締役についてのみ言及する）は，株主総会で株主から特定の事項について説明を求められた場合，当該事項について必要な説明をする義務がある（314条）。これを**説明義務**という。「質問があれば説明する」というのは，一見すると当たり前のことのように思える（そして，実際にほとんどの場合は法的な問題を生じさせずに説明がなされる）が，説明義務違反は株主総会決議取消事由となる（831条1項1号）ため，説明義務をめぐるルールを適確に理解する必要がある。すなわち，①どのような場合に説明義務が生じるのか，②説明義務の範囲・対象と拒絶事由，③説明義務の程度（どこまで説明すればよいのか）を理解する必要がある。

　上記の分類に従って，簡単に説明義務をめぐるルールをみておこう。まず，①説明義務は株主が実際に株主総会の場で質問してはじめて生じる。これは，314条が「株主から特定の事項について説明を求められた場合には」とするところに反映されている（また，東京高判昭和61年2月19日判時1207号120頁［商判I-76］［百選35］参照）。

　次に，②質問されたからといってすべてに答えなければならないわけではない。株主総会という会議の目的（議題）に関連しない事項は説明する必要がない（314条ただし書）。これ以外にも，説明することにより株主共同の利益を損ねる場合（同条ただし書）とともに，会社法施行規則71条が(i)調査が必要な場合（同条1号），(ii)説明することにより当該株式会社その他の者（質問をした株主を除く）の権利を侵害することになる場合（同条2号），(iii)実質的に同一の事項について質問が反復されている場合（同条3号），(iv)その他正当な理由のある場

合（同条 4 号）を定めている。なお，(i)は，調査に時間がかかるために定められている。そのため，株主（質問した株主と同一でなければならないかどうかは争いがある）が株主総会の相当期間前に会社に対して質問を通知した場合（同条 1 号イ），必要な調査が著しく容易な場合（同号ロ）は説明を拒絶できない。

　最後に，③説明義務の程度は，「株主が会議の目的事項を合理的に判断するのに客観的に必要な範囲」の説明であれば足りる（前掲東京高判昭和 61 年 2 月 19 日）。そして，これは「平均的な株主」を基準として判断する（東京地判平成 16 年 5 月 13 日金判 1198 号 18 頁［商判 I-77]）。

　以上の一般的な基準だけをみると，どのように判断するのかよくわからないかもしれないが，何を考慮しないのかを考えるとわかりやすくなる。まず，実際に質問をした株主や決議取消しを争っている特定の株主が理解しうる説明であったかどうかではなく，「平均的な株主」を想定する。そして，その株主が実際に理解したかどうかではなく（＝主観的にではなく），客観的にみて当該議題について合理的な判断を下すのに必要な説明がなされていれば足りる。おおざっぱにいえば，特定の株主が実際に理解・納得したかどうかを基準とするわけではない，ということである。こうした客観的な線引きが必要になるのは，異様に物わかりの悪い（あるいは，そのように振る舞う）株主がいた場合に，この株主が理解するまで延々と説明しなければならないとしたら，明らかに不合理な結果になる（説明義務違反は総会決議取消事由になり，再度決議を行う必要がある）ことを考えれば理解できるだろう。株主総会決議取消訴訟自体が，特定の株主（の利益）のためではなく，株主に共通する利益のためにあるのと整合的である（裏表の関係にあるのが，他の株主に対する瑕疵についても決議取消しを求めることができる点である。最判昭和 42 年 9 月 28 日民集 21 巻 7 号 1970 頁［商判 I-80]［百選 36]）。

　以上を前提に，各設問についてみていこう。

　(1)　**小問(1)**　(ア)の質問事項は取締役選任という議題には関係する。このうち，具体的な数字は調査が必要な事項といえ（Bの関与については，概括的な説明は可能であろう），質問を受けてすぐに調査できるものでもない（会社則 71 条 1 号ロに該当しない）。しかし，Aは事前通知なしにこの(ア)について質問している。したがって，会社法施行規則 71 条 1 号に基づき，取締役は説明を拒絶できる。

　(2)　**小問(2)**　次に，(2)ではAは相当期間前に事前通知をしているため，

甲社取締役は調査が必要なことを理由に説明を拒絶できない（会社則71条1号イ。上記②参照）。契約相手方と内容を秘密にする合意などがあれば，同条2号を理由に拒絶できるが，ここではそうした事情はないので，説明を拒絶できない。他方，Aが質問状を送付していても，実際に質問をしなければ甲社取締役に説明義務は生じない（上記①参照）。

　(3)　**小問(3)**　(3)では，甲社取締役はAの質問を受けてそれに答える一問一答の形をとらずに，一括してAや他の株主が質問しそうな内容について説明・回答している（一括回答，一括説明といわれる）。こうした方法でも，上記③でみた必要な程度の説明がなされている限り，説明義務は履行されたことになる（前掲東京高判昭和61年2月19日）。必要な情報は提供されているからである。なお，Aが繰り返し質問をしても，反復質問として説明を拒絶できる（会社則71条3号）。

　(4)　**小問(4)**　最後に，(4)は調査が必要となるもの以外の拒絶事由への該当性を問うものである。まず，(イ)は未公表の新技術をめぐるものであるため，これを説明しては会社ひいては株主全体に不利益が及ぶ。具体的な会社の権利を侵害しているといえれば会社法施行規則71条2号に該当し，そうでなくても会社の利益を損ねることから，314条ただし書の「株主の共同の利益を著しく害する」場合に該当する（両者はオーバーラップする部分がある）。また，(ウ)は議題に関係ないもの（314条ただし書），あるいはCのプライバシー権を侵害するため会社法施行規則71条2号（「会社その他の者（当該株主を除く。）の権利」の侵害）に当たるとして説明を拒むことができるだろう。

3　採決の方法 (問3)

　株主総会決議の採決方法の基本的なルールは，可決要件を満たしているかどうかがわかればよいというものである。これは実際に出席した株主による投票を行えば確実に判明するが，投票を行わないとわからないとは限らない。

　特に，上場会社では原則として書面投票を採用しなければならない。会社法上，当該株主総会における決議事項のすべてについて議決権行使ができない株主を除き，株主数が1000人以上となる場合には書面投票が強制される（298条2項。会社により全株主に対して委任状勧誘が行われる場合は不要。同項ただし書，会社則64条）。また，これに該当しなくても（株主数1000人未満の上場会社自体は存

在しうる。例えば，東証有価証券上場規程501条1項1号a参照），証券取引所の自主規制で原則として書面投票を行うよう求められる（同規程435条）。これに加えて電子投票を実施したり，大株主から包括委任状を受けることも多い。そのため，実際には，出席している株主のすべての意向を把握しなくても，会社側提案が可決されることがはっきりしていることは珍しくない。

以上のように投票しなくても可決・否決がわかる場面では，投票を行わず，挙手や拍手で採決を行っても違法ではない（東京地判平成14年2月21日判時1789号157頁〔挙手の事例〕）。他方，大株主の間で意見が分かれている，書面投票なども賛否が分かれているなど，議場で投票してみなければわからない場面で投票を行わないと，可決・否決が判明せず，違法または著しく不公正な決議の方法（831条1項1号）として決議取消事由となる。過半数の賛成がない（可決していない）ことが証明された場合には決議の方法が違法となり，それは証明できないものの可決・否決が明確ではないことを証明できた場合には，著しく不公正な決議の方法となる。

(1)　**小問(1)**　本問は，2号議案の可決・4号議案の否決がすでに明らかになっている状況である。そのため，Dが求めた投票を行う必要はない。

(2)　**小問(2)**　本問は，会社法を超えて金商法に基づく開示について尋ねるものである。議案の可決・否決を含む議決権行使の結果は株主・投資家にとって重要な情報になる。また，決議の成否だけでなく，仮に取締役として選任されても特定の候補は反対が多い（実際にこうした事例はある。例えば，独立性の低い社外取締役・監査役や，業績が悪い場合，機関投資家がガバナンスに不満を持っている場合には経営トップに反対票が集まることもある。具体例としてVM66〜67頁）などの情報は有用となる。

そこで，金融商品取引法24条の5第4項および開示府令19条2項9号の2は，上場会社（正確には金商法24条1項1号または2号の有価証券報告書提出会社）において総会決議がなされた場合に，**臨時報告書**の提出を義務付けている（内国会社の提出する臨時報告書の様式は，開示府令5号の3様式。同19条2項）。そして，この臨時報告書では，総会の開催年月日（開示府令19条2項9号の2イ），決議内容（同号ロ）に加えて，決議にかかる賛否・棄権の数，決議要件と決議結果（同号ハ）を開示しなければならない。

これをみると，事前に判明している議決権行使結果だけでなく，投票を行っ

て総会当日の議決権行使も反映すべきであるようにみえる。実際，その方が情報としては完全なものになる。他方で，多数（必ずしも多くの議決権を持っているとは限らない）の現実に株主総会に出席した株主の意思を確認・集計するのは時間と費用がかかる。そのため，臨時報告書では，出席株主（代理行使，書面投票，電子投票分も含む）の議決権の一部を加えないこともでき，その場合には理由の開示が求められる（開示府令19条2項9号の2ニ）。したがって，この規定があるからといって，甲社の株主総会において投票が義務付けられるわけでもない。

なお，臨時報告書（だけでなく，有価証券報告書なども）はEDINET（http://disclosure2.edinet-fsa.go.jp）でインターネットを通じて広く開示されている。任意の会社の株主総会後の臨時報告書を閲覧してみると，上記の開示事項の具体的なイメージを持つことができるだろう。

〔松中　学〕

--- *Column* 条文はきちんと特定しよう ---

条文を示す場合，必要な程度まで特定しなければならない。本問でとりあげた説明義務でいえば，議題に関連しないため説明を拒絶できることの根拠として条文を示す場合，会社法314条ただし書と特定する。より一般的には，条だけでなく，項・号，ただし書・本文，前段・後段，柱書か列挙部分（号）の区別まで示す必要があるのに，「〇〇条」とだけ書いてはいけない。実際にはこのような横着な書き方をする者が非常に多い。面倒なのかもしれないし，条文の摘示を教科書などの説明の添え物程度にしか考えていないのかもしれない。しかし，実定法上の根拠を問われている問題で，条文が示されていなければ意味がない。なお，本文と柱書の混同，前段・後段の誤用，枝番がある場合の項・号の示し方を間違えるなど，恥ずかしい間違いも実は少なくない（自信がない者は，道垣内弘人『プレップ法学を学ぶ前に（第2版）』（弘文堂，2017）を読もう）。

法律が命令に委任している場合，必ず命令も確認し，摘示する必要がある。例えば，反復質問を理由に説明を拒絶する場合，「会社法314条ただし書，会社法施行規則71条3号」と条文を示す必要がある。委任先が分からなければ，六法の参照条文を活用しよう。また，命令の規定は（基本的には）授権規定である法律の条の順番に並んでいるので，困った場合は授権規定の条文を確認して，順番に探せば見つかる。

No.9 株主総会決議の瑕疵

次の問いに解答せよ。解答の際には，条文を確認すること。

問1 株主総会決議の瑕疵について，(1)決議取消事由，(2)決議無効事由，(3)決議不存在事由がどのように定められているか説明し，あわせて，それぞれの具体例を複数説明しなさい。

問2 株主総会決議の瑕疵を争う訴訟について，各類型ごとに，(1)原告，(2)被告，(3)出訴期間，(4)管轄，(5)複数の株主が訴訟を提起した場合の裁判所の審理，のそれぞれについて会社法がどのような規定を設けているかを説明し，あわせて，その規定が民事訴訟一般の原則と異なる場合，なぜ異なるのかを説明しなさい（後半部分については，紙幅の都合で解説は用意していないが，各自で考えること）。

問3 株主総会決議の瑕疵を争う訴訟において，裁判所による判決が下された。以下の問いに解答しなさい。

(1) 甲社株主Ａが提起した甲社株主総会決議無効確認訴訟において，請求が認容された。このとき，甲社株主Ｂとの関係で，判決の効力は及ぶか。請求が棄却された場合はどうか。仮に請求が棄却された場合，甲社株主Ｂは，自ら決議無効確認訴訟を提起できるか。

(2) 平成29年2月9日に行われた株主総会決議の取消訴訟が提起され，同年10月29日に決議を取り消す旨の判決が確定した。総会決議は，いつから効力を失うことになるか。

(3) 平成29年2月9日に行われた株主総会決議の不存在確認を求める訴訟が提起され，同年10月29日に不存在を確認する旨の判決が確定した。総会決議は，いつから効力を失うことになるか。

本問は，会社法が，株主総会の決議の効力を争う訴えについてどのようなルールを設けているかを確認する問題である。全般について，LQ162〜168頁参照。

1 決議の瑕疵の具体例（問1）

⑴ **決議取消事由**　株主総会決議の取消事由は，(a)株主総会の招集手続・決議方法の法令・定款違反，著しい不公正（831条1項1号），(b)決議内容の定款違反（同項2号），(c)特別利害関係人の議決権行使による著しく不当な決議（同項3号）に分けて規定されている。

(a)の具体例は，①**招集通知漏れ**や発送の遅れ（**招集手続の法令違反**，最判昭和42年9月28日民集21巻7号1970頁［商判Ⅰ-80］［百選36］，最判昭和46年3月18日民集25巻2号183頁［商判Ⅰ-86］［百選40］），②**取締役の説明義務違反**（決議方法の法令違反，東京高判昭和61年2月19日判時1207号120頁［商判Ⅰ-76］［百選35］，東京地判平成16年5月13日金判1198号18頁［商判Ⅰ-77］），③議長の議事運営における裁量逸脱（**決議方法の法令違反**，東京地判平成14年2月21日判時1789号157頁），④利益供与による現経営陣への投票勧誘（決議方法の法令違反，東京地判平成19年12月6日判タ1258号69頁［商判Ⅰ-79］［百選34］），⑤**定足数不足**（決議方法の法令違反），⑥行使できない議決権の行使（決議方法の法令違反）や行使可能な議決権の（代理）行使の拒否（決議方法の法令違反，最判昭和43年11月1日民集22巻12号2402頁［商判Ⅰ-74］［百選32］，神戸地尼崎支判平成12年3月28日判タ1028号288頁［商判Ⅰ-75］），⑦監査役会の同意を欠く監査役選任決議（招集手続または決議方法の法令違反，東京地判平成24年9月11日金判1404号52頁［商判Ⅰ-87］［百選A28］），⑧多くの株主が参加できない場所での株主総会の開催（招集手続の著しい不公正）などである。

(b)の具体例は，取締役の員数や資格を定款で定めていた場合に，定款規定に違反して取締役を選任した場合である。**決議内容の定款違反**（取消事由）であり，**決議内容の法令違反**（無効事由）とは間違えないようにされたい。

(c)の具体例は，甲社から乙社に対する事業譲渡の承認決議において，乙社が甲社の大株主であり，乙社の議決権行使により，乙社に極めて有利な条件（甲社の他の株主には極めて不利な条件）で事業譲渡が可決された場合などが考えら

れる。取締役会とは異なり，株主総会では，**特別利害関係人**は決議に参加できるが，著しく不当な決議が成立したら取消事由とされている点に注意。

(2)　**決議無効事由**　　**株主総会決議の無効事由**は，株主総会決議の内容が法令に違反する場合である（830条2項）。例えば，①公開会社において，株主間の配当金額に差をつけた剰余金処分決議は株主平等原則（109条1項）に違反するので，無効となる。他に②欠格事由（331条1項）に該当する者を取締役に選任する決議も顕著な例である。近時の裁判例で認められたものとして，③会社債権者が請求する債権があるにもかかわらず，清算会社がその留保を行わないで会社財産の分配を行う決議（東京高判平成28年2月10日金判1492号55頁）が挙げられる。

(3)　**決議不存在事由**　　どのような場合に株主総会決議が不存在となるかは明文で規定されておらず，解釈問題となる。一般には，物理的に株主総会が開催されていない場合（文字どおりの不存在）のほか，総会の瑕疵が著しい場合（取消事由にも該当しうるが，それが極端な場合は，そもそも不存在と評価される。1％の株主への招集通知漏れは取消事由にすぎないが，80％の株主への招集通知漏れは不存在と評価される）が典型例である。

　裁判例で認められたものとしては，①株主総会開催禁止の仮処分に違反して株主総会が開催され決議がなされた場合（浦和地判平成11年8月6日判タ1032号238頁［商判Ⅰ-72]）や，②代表取締役ではない者が招集した株主総会における決議（最判平成2年4月17日民集44巻3号526頁［商判Ⅰ-89]［百選41]）が挙げられる。

2　会社訴訟の特徴（問2）

　会社訴訟においては，一般の民事訴訟とは異なるルールが採用されている。条文を丁寧に確認しておこう。

(1)　**原告適格**　　株主総会決議取消しの訴えの原告適格は，①831条の「株主等」である（「株主等」の定義規定は828条2項1号にある。あちこちに「株主」「株主等」と似たような規定があるため，いますぐ確認すること）。また，②株主総会決議を取り消すことにより株主や取締役となる者，③株主総会決議を取り消すことにより権利義務役員になる者，も含まれている（②③は831条1項柱書第2文。盲点になりやすい）。規定は単純だが，いくつか留意すべき点がある。

　②の典型例は，キャッシュアウトされた株主であり，株主総会決議により株主の地位を奪われた者は，決議が取り消されることにより株主の地位を回復す

るため，原告適格を有する（831条1項柱書第2文の「当該決議の取消しにより株主……となる者」に該当する）し，株式交換等の組織再編で，子会社の株主だった者が親会社の株主となった場合，子会社株主の地位は失うことになるが，原告適格は認められている。責任追及訴訟（847条・847条の2・851条）とは異なるので，区別して理解すること。また，株主総会決議で解任された，任期を残す取締役もこの例となる。

③の具体例は，取締役会設置会社である甲社の取締役が従前はP・Q・Rの3人であったところ，任期満了に伴う株主総会でP・Q・Sの選任決議がなされた場合である。仮にSの選任決議が取り消されれば，員数不足によりRは3人目の取締役が選任されるまで引き続き取締役としての権利義務を有することになる（346条1項）ため，Rにも原告適格を認める趣旨である。

このように，株主総会決議取消しの訴えの原告適格を制限するのは，取消事由が会社内部の手続違反など，瑕疵の程度が相対的に低いものであるため，法的安定性を重視し，強い利害関係を有する者にのみ原告適格を認める趣旨である。

これに対し，株主総会決議無効・不存在確認の訴えについては，原告適格は法定されていない（830条）。したがって，会社法上の制約はなく，確認訴訟の一般原則に従うことになる。無効・不存在は，決議内容が法令違反であったり，決議がそもそも存在しないなど，瑕疵の程度が相対的に高いため，原告適格を制限していないのである。

(2) **被告適格・管轄・弁論の必要的併合**　被告はいずれも会社である（834条16号17号）。会社の本店所在地を管轄する地方裁判所が専属管轄を有する（835条1項）。また，同一の請求を目的とする決議取消し・無効確認・不存在確認訴訟が数個同時に係属した場合，弁論は必要的に併合される（837条）。

(3) **出訴期間**　株主総会決議取消しの訴えは決議の日から3か月であり（831条1項柱書），株主総会決議無効・不存在確認の訴えは法定されていない（830条）。決議取消しの訴えにおける出訴期間制限の理由は，決議の効力を早期に確定して，法的安定性を確保するとともに，決議の有効性について会社に予測可能性を与えるためである。

出訴期間については，重要な判例が2件ある。1件目は，訴え自体は株主総会決議の日から3か月以内に提起されていたが，3か月を経過してから当初の取消事由とは異なる新たな取消事由を追加した事例であり（最判昭和51年12月

24 日民集 30 巻 11 号 1076 頁［商判 I -82］［百選 37］），2 件目は，株主総会決議の日から 3 か月以内に決議無効確認の訴えを提起していたところ，無効事由として主張していた事由が取消事由に該当するとして，3 か月を経過した後に決議取消しの主張をした事例である（最判昭和 54 年 11 月 16 日民集 33 巻 7 号 709 頁［商判 I -90]）。

最高裁は，前者については取消事由の追加を認めず，後者については取消しの主張を認めた。この最高裁の違いは，先行する訴訟が無効の訴えか取消しの訴えかにあるのではなく，3 か月以内に主張されていた決議の瑕疵と，3 か月を経過してから追加された決議の瑕疵の関係が，無関係なものであるか，当初の主張に含まれているかにある。すなわち，出訴期間制限の趣旨は，軽微な瑕疵は 3 か月以内に争われない限り瑕疵を治癒するとともに，争われたとして取消しが認められるかの予測可能性を確保し，決議の執行を安定させるところにあるため，無関係な取消事由の追加は 3 か月経過後は認めないが，既に争われている瑕疵を，取消事由と位置付け直すことには問題はない。

3 判決の効力（問 3）

株主総会決議の瑕疵を争う訴訟については，判決の効力についても，一般の民事訴訟とは異なる規律が設けられている。

(1) **対世効の有無**（小問(1)） 対世効については，請求認容判決については対世効があるが，請求棄却判決には対世効はない（片面的対世効，838 条）。

小問(1)において，請求が認容された場合，B にも効力が及ぶ。これに対し，請求が棄却された場合，B には効力が及ばないため，B との関係では，決議の瑕疵があるともないとも確定されていないことになる（既判力は及ばない）。したがって，A の提起した無効確認訴訟は，B との関係では既判力を有さず，B は，自ら無効確認訴訟を提起することができる（これは取消し・不存在でも同じ）。

(2) **遡及効の有無**（小問(2)(3)） 遡及効の有無は 839 条に規定され，被告適格を定める 834 条 1 号から 12 号まで，18 号・19 号に規定される訴えについては将来効，13 号から 17 号までに規定される訴えについては遡及効となる。

決議取消訴訟は，834 条 17 号，不存在確認訴訟は同 16 号に規定されているため，いずれも，将来効ではなく，遡及効がある。したがって，小問(2)(3)いずれも平成 29 年 2 月 9 日から効力を失うことになる。　　　　〔榊　素寛〕

　甲株式会社においては，取締役の報酬として，年額合計5000万円以内を支払うが，その配分は取締役会の決議に一任する旨の株主総会の決議に基づき，取締役の報酬が支払われていた。従来は，代表者の一存ですべての取締役の報酬額が定められており，平成29年度のFの報酬は，月額50万円だった。また，週2回程度の勤務が前提の「非常勤取締役」には，月額30万円の報酬を払うこととなっていた。この非常勤取締役であることは，通常，選任の際に株主総会で開示されていた。

　甲社取締役Fは，平成28年6月の株主総会で取締役に選任され，毎月50万円の報酬を受け取っていたが，平成29年3月ごろから，代表取締役との路線対立が深刻化し，平成29年5月の取締役会で，5月末日をもって常務取締役から非常勤取締役に降格させられた。平成29年8月の取締役会では，同月末日をもってFへの報酬の打ち切りが決議され，平成29年11月の臨時株主総会では，Fの同意を得ることなく，翌月以降Fを無報酬とすることが決議され，平成30年1月末日に，Fは正当な理由なく臨時株主総会で解任された。Fは，解任されなくとも平成30年6月末日に任期切れとなり，通常であれば，再任される予定であった。

　Fは，平成29年4月以降，甲社より報酬が支払われていないことから，報酬または損害賠償の支払を求めたい。Fは，いかなる金額を請求できるか。

　判例法理に基づき，以下の期間に分けて報酬（相当額）を検討せよ。

⑴　平成29年4月～5月

⑵　平成29年6月

⑶　平成29年7月～8月

⑷　平成29年9月～11月

⑸　平成29年12月～平成30年1月

⑹　平成30年2月～6月

⑺　平成30年7月～9月

解　説

1　報酬に関する問題

　取締役の報酬の法的問題は，①報酬規制の制度趣旨（伝統的な説明はお手盛りの防止だが，現在は取締役のパフォーマンスに対する評価の側面が強まりつつある），②報酬請求権の発生の適法性，③定款・株主総会決議に基づかない報酬支払の可否，④同意のない報酬の減額・不支給，⑤退職慰労金に関する①〜④と同様の問題，⑥退職慰労金の不支給に対する救済（不法行為責任），に大別できる。本問は，このうち，③④に関する論点をまとめたものである。(1)の平成29年4月から5月の月額報酬は50万円であり，これは難しくない。

2　判例の現状

　Fは，平成29年5月末日をもって，非常勤取締役に降格している。このとき考えなければならないのは，Fの地位（非常勤取締役への降格の有効性）と，報酬額の問題である。仮にFの降格の効力が有効でなければ，当然ながらこの期間の報酬額は50万円である。

　ここでは，降格の効力を否定すべき事情がないことから，降格自体は有効である前提で考えよう。判例（最判平成4年12月18日民集46巻9号3006頁［商判Ⅰ-110］［百選62]）によると，定款または株主総会決議（取締役会での配分決議）によって取締役の報酬額が具体的に定められた場合には，その報酬額は，会社と取締役間の契約内容となり，契約当事者である会社と取締役の双方を拘束するから，その後株主総会が当該取締役の報酬について無報酬とする旨を決議した場合であっても，取締役の職務内容に著しい変更があり，それを前提に株主総会決議がなされた場合であっても，取締役の同意なく報酬請求権を失うことはない。

　また，この事案においては，取締役会で報酬の打ち切りが決議されていたのであるが（商法判例集の【事実の概要】参照），第1審では常勤取締役から非常勤取締役に変更になった場合のように職務内容に変更が生じたときは，例外的に報酬を変更することも許されると判断したのに対し，控訴審は，この判断に対して，地位の変更による報酬の変更は認めつつも，営業年度の中途で無報酬とすることは特段の事情のない限り許されないとした。そして，特段の事情とし

55

て，取締役の報酬が職務執行の対価であることから，職務内容に著しい変更があれば報酬もそれに応じた変更を加える必要があるし，定款に定めがないときは，株主総会が取締役の報酬金額を決める権限があるから，任期途中の取締役の職務内容に著しい変更があり，かつ，それを前提として株主総会が報酬の減額・不支給の決議をしたときは，例外的に，取締役の同意を得ることなく一方的に報酬を将来に向かって減額ないし無報酬とできる旨を判示した。

　これに対し，上告審である前掲平成4年最判は，取締役の同意がない限り任期中の報酬請求権を失うものではないと判断し，控訴審判決の判断を否定している（控訴審は，昭和59年7月13日の株主総会決議で無報酬とすることが決まり，その翌日から無報酬とする判断をしたのに対し，最高裁が昭和60年6月14日までの間の報酬請求権を認めているのは，任期満了までの報酬請求権を認めている趣旨である）。

3　本問の分析

　上記の判例法理を前提に，(2)から(7)に分けて考えてみよう。

　(2)については，控訴審・最高裁とも，同意のない報酬減額は認めておらず，50万円となる。

　(3)については，控訴審では次年度の報酬変更は認めていたが，最高裁は，年度単位ではなく，任期単位で報酬額が契約内容になる旨を判示し，控訴審の判断を改めている。したがって，最高裁判決を前提にする限り，50万円となる。

　(4)については，取締役会で報酬の打ち切りが決議されていたのであるが，控訴審・最高裁のいずれにおいても，取締役会決議で無報酬とすることは認められず，50万円となる。

　(5)については，臨時株主総会で無報酬とすることが決議されたが，最高裁に従うと，報酬月額50万円は，会社と株主を拘束する契約内容となっており，株主総会決議でも報酬請求権を失わせることはできず，50万円となる。

　(6)については，正当な理由なく解任されており，解任が適法になされても，Fは損害賠償を請求することができるが（339条2項），損害の内容は残存任期の報酬額となり（LQ171頁），損害賠償の形で月額50万円の請求が認められる。

　(7)については，任期満了で退任したはずであり，再任の期待は法的に保護されないから，報酬（相当額）の請求は認められない。

〔榊　素寛〕

56

No.11 取締役と取締役会の権限

問1　甲株式会社（取締役会設置会社・監査役設置会社）は，新しく進出する事業の工場用地を乙社から譲り受けようとしている。この土地の価格は甲社の資産の半額に相当するものであり，購入するとしたら甲社にとって重要な資産となる。甲社の代表取締役はA，代表権のない取締役はB・Cであり，Bは選定業務執行取締役，Cは社外取締役である。これに加えて，監査役D，これまで契約交渉などに携わってきた従業員Eがいる。

(1)　甲社が乙社とこの取引を行う場合，どのようにして決定しなければならないか。

(2)　甲社が乙社と契約を締結する行為は，会社法の原則では誰が行うことになるか。また，他の者に行わせることはできるか。

(3)　甲社が社内でこの土地の売買契約に必要な書類を整えるなどの行為は誰が行うことになるか。

(4)　(1)の手続がなされないままAが乙社と売買契約を締結した場合，甲社は乙社に対してどのような主張ができるか。乙社の主観的事情について場合分けを行って検討せよ。

(5)　甲社が指名委員会等設置会社の場合，(1)の判断を執行役に委任できるか。また，(2)の行為はどのような立場の者が行うことになるか。

問2　甲株式会社は取締役会を設置していない非公開会社である。甲社には2人の取締役A・Bがいる。いずれかが代表取締役であるとは定めていない。

(1)　甲社が新しく支店を開設する場合，どのようにして決定するのか。

(2)　甲社が(1)の支店を開設することを適法に決定したものとする。支店開設のための事務所の賃貸契約を締結するのは，AとBのどちらか。また，定款でAが代表取締役であると定めた場合はどうか。

問3　甲株式会社（取締役会設置会社）の代表取締役Aは，乙社から自動車を購入する契約を締結した。Aは乙社の担当者に「今度からうちの社用車として使うことになってね」などと伝えていたが，実際には，Aの自宅に置

いて，家族とともに私用に使うためであった。甲社は乙社に対して，この取引の効果が帰属しないと主張できるか。

問4　甲株式会社（取締役会設置会社）には代表取締役 A，代表権のない取締役 B・C がいる。B は「副社長」を名乗り，対外的に用いる名刺には「取締役副社長 B」と記載され，甲社内部でも A・C を含む役員・従業員の全員が B を「副社長」と呼んでいた。ある日，B は A に無断で甲社を代表して，乙社との間で甲社が乙社に貸付けを行うという契約を締結した。乙社の担当者は，B が「副社長」と呼ばれ，B から「財務的な面は私がすべて担当している」と説明され，これまでも同様の取引を繰り返してきた（ただし，甲社が B に代理権を授与したことはないものとする）ことから，代表権があるものと信じていた。そのため，A に確認するといったことはしていない。甲社はこの契約を履行しなければならないか。

解　説

1　業務執行の決定と執行（問1）

　会社は法人であり，目にみえる体があるわけではない。そのため，どのように意思決定を行い，どのようにそれを現実に行う（執行する）のかを決めるルールが必要となる。換言すると，具体的にどのような立場の者がどのようにして意思決定を行い，実行に移すと，会社の意思決定や行為となるのかを決めるルールが必要になる。そうでないと，会社の「誰か」（例えば，取締役や従業員）が何らかの意思決定や行為を行っても，それが会社の行為となるのか，それとも単に「勝手に（個人として）行っただけ」なのか判然としない。

　会社の機関に関する法ルールには，こうした役割を持ったものが多く存在する。例えば，株主総会の招集や決議，取締役会や取締役の権限に関するものである。ここでは，後者について，具体例を用いて，条文を中心に基本的な法ルールの理解を確認していく。こうした形で進めるのは，教科書などの「業務執行の決定は取締役会が行い，一定の範囲で代表取締役に委任できる」といった記述を理解したつもりでも，事実を前にして，誰が何を決める，実行するのかを示せ，といわれると適切に答えられないことがよくあるからである。

　(1)　まず，小問(1)で問題となっているのは，乙社との取引を行うという業務執行の決定である。取締役会設置会社では，原則として取締役会が**業務執行の決定**を行う（362条2項1号）。代表取締役をはじめ個々の取締役や従業員に委任することもできるが，重要な事項は委任できない。ここでは，乙社からの土地の購入は重要な財産の譲受けに該当するので，この取引を行う場合には甲社の取締役会が決定する必要がある（同条4項1号）。なお，取締役が6人以上かつそのうち1人が社外取締役である取締役会設置会社（指名委員会等設置会社および取締役に重要な業務執行の決定を委任できる監査等委員会設置会社を除く）では，特別取締役による決議の制度を用いることもできる（373条1項2項）。

　(2)　次に，小問(2)の乙社との契約の締結は，業務執行の決定に基づいて行う行為という**業務の執行**に当たる。乙社との契約の締結という業務の執行は，対外的な行為であるため，甲社を代表する権限または代理権が必要となる。そのため，包括的な代表権を有する代表取締役であるAが行う（349条4項）。もっとも，代表取締役ではない取締役Bや，従業員Eに個別に代理権を授与する

こともできる。他方，監査役は業務執行ができないので，Dに行わせることはできない（小問(3)も同様。なお，取引を対象とした監査はできる）。また，社外取締役は業務執行取締役であってはならないため（2条15号イ），Cに行わせることもできない。**社外取締役は2条15号を満たす必要があり，同号イの「業務執行取締役」には，選定業務執行取締役のみならず，「当該株式会社の業務を執行したその他の取締役」も含まれている。そのため，本問の契約の締結を行わせた場合，業務執行をしたことになり，社外性を失う。**

(3) 業務の執行の中でも，対外的なものではないもの，すなわち対内的な業務執行には代表権・代理権は必要がない。これらの権限はあくまで，第三者と会社の間の法律関係を生じさせるためのものである。

小問(3)で登場するのは，対外的なものではなく，会社内にとどまる業務執行である。こうした対内的な業務執行は，業務執行の権限さえあれば行える。そのため，小問(3)の行為は，代表取締役Aに加えて，取締役会決議によって業務を執行する取締役として選定されているB（**選定業務執行取締役。363条1項2号**）も，行うことができる。また，対外的な業務執行と同様に，従業員Eに行わせることもできる（C・Dに行わせることはできない。上記(2)参照）。

(4) 小問(1)で必要となる取締役会決議を経ずに，Aが乙社との間でこの土地の売買契約を締結した場合，有効なのかが小問(4)の問題である。無効であれば，甲社は代金の支払義務を負わない（支払っていれば，返還を請求できる）。

法定の手続を経ていないために無効となりそうであるが，甲社の取締役会決議を経ているかどうかは甲社内部の手続の問題である。代表権のあるAと取引を行った乙社からすると，後になって取締役会決議がないことを持ち出されては，いちいち他社の手続の履践の必要性と有無を確認しなければならないことになる。そのため，代表取締役が必要な取締役会決議を経ずに対外的な取引を行った場合でも，内部的な意思決定を欠くにとどまり，原則として有効である。ただし，相手方（乙社）が決議を経ていないことにつき知っている場合または知りうべき場合（知らないことにつき，過失がある場合）には会社（甲社）は無効を主張できる（最判昭和40年9月22日民集19巻6号1656頁［商判I-99］［百選64］）。なお，「重要な財産」に該当するかどうかは，単に金額の多少をみるのではなく，会社の規模や従来の扱いもふまえて判断する（最判平成6年1月20日民集48巻1号1頁［商判I-113］［百選63］。〔Stage 2-8〕の解説参照）。

(5)　最後に，小問(5)では指名委員会等設置会社について扱っている（〔Stage 1-17〕も参照）。指名委員会等設置会社は，業務執行（決定と執行）とモニタリングの分離を図るタイプの機関設計である。そのため，取締役会は業務執行を担当する執行役のモニタリングや基本的な方針の策定に活動を絞り，業務執行の決定の多くは執行役に委任できるという制度を採用している。すなわち，指名委員会等設置会社でも取締役会が業務執行の決定を行うものとされている（416条1項1号）ものの，416条4項各号に列挙された事項以外の業務執行の決定は，取締役会決議により執行役に委任できる（同条4項）。そして，同項各号には重要な財産の処分・譲受けという362条4項1号の事項は含まれていない。したがって，取締役会決議により委任していれば，乙社との取引を行うという決定も執行役に委任できる（執行役を兼任せず取締役のみの資格の者には委任できない。415条）。

　また，対外的な行為である乙社との契約締結は，包括的な代表権を有する代表執行役が行うのが原則である（420条3項・349条4項）。もちろん，他の執行役や従業員に委任することも可能である。

2　非取締役会設置会社の業務執行の決定と執行（問2）

　非取締役会設置会社では，定款に別段の定めがない限り，取締役が業務を執行する（348条1項）。1人だけの場合には1人ですべて決めるが，複数の取締役がいる場合には原則として過半数により決定する（同条2項）。このため，小問(1)では，A・Bの過半数（すなわち2人ともの賛成）により支店の開設について決定を行う。なお，これはAまたはBに委任することはできず，必ず両者で決めることになる（同条3項2号）。

　次に，対外的な業務執行の権限については取締役会設置会社と異なり，注意が必要である。まず，取締役が複数の場合，A・Bのいずれか（あるいは両方）を定款の定め，定款の定めに基づく取締役の互選または総会決議によって代表取締役として定めたときは（349条3項），その者が甲社を代表する（同条1項ただし書）。甲社がこのようにしてAを代表取締役として定めたのであれば，Aのみが甲社を代表する。

　他方，こうした定めがない場合には，A・Bのそれぞれが甲社を代表する権限がある（同条2項）。なお，取締役会設置会社と同様に，代表権のない取締役

や使用人に個々に委任することも可能である。

3 権限濫用の基本 (問3)

問3のAは，甲社の代表取締役であるため，甲社を代表して乙社と取引を行う権限を有している (349条4項)。しかし，そのような権限はA自身や第三者の利益を図るために与えられているわけではない。このように，形式的には権限の範囲内の行為ではあるが，自己または第三者の利益のためにその権限を用いることを**代表権の濫用**という。

外形的にみると，代表権を持った者による権限内 (形式的には) の行為であるため，取引相手 (ここでは乙社) にとっては，こうした取引の効力が常に否定されると，代表者の意図という形のないものを探らなければならない。そのため，平成29年民法改正前の判例は，代表取締役による権限の濫用に当たる行為について，相手方が代表取締役の真意 (自己または第三者の利益のために権限を用いていること) を知りまたは知りうべきものである (知らないことにつき，過失がある) 場合に限って，民法93条1項ただし書を類推適用して，当該行為の効力を否定する (最判昭和38年9月5日民集17巻8号909頁)。平成29年民法改正では，代理権濫用についての民法107条が定められた。判例を踏まえると，代表権濫用にも同条が適用されると考えられる (LQ188頁)。そのため，取引相手が濫用をした者の目的を知り，または知ることができた (過失により知らない) 場合は無権代理となり，そうでなければ会社に効果が帰属する。会社に効果が帰属する要件は従来の判例と同じである。他方，無権代理となる場合，無効となるのではなく，会社の追認がなければ無権代理人 (代表権濫用をした者) が履行または損害賠償の責任を負う (民117条1項。追認がなくても無権代理人が責任を負わない場合については同条2項)。

本問では，Aの行為は権限濫用に当たるが，乙社がこの車を社用車ではなく私用に用いることを知っていたわけではない。また，知らなかったことに過失があるといえる事情もうかがわれない。このため，甲社は乙社にこの取引の効果が帰属しないと主張できない。

4 表見代表取締役の基本 (問4)

Bは甲社の代表取締役ではなく，個別に問題の契約締結を委任されていたわ

けでもない。そのため，Ｂには甲社のために乙社と契約を締結する権限はなく，甲社にこの契約の効果は及ばないはずである。しかし，「副社長」という紛らわしい名称が用いられている。こうした代表権がないにもかかわらず，それがあるかのような名称を付された取締役を**表見代表取締役**という。

　表見代表取締役の行為について，**354 条**に基づいて会社に対する効果帰属を主張するには，①代表権を有すると認められる名称を使用しており，②会社がそれを付したと評価できる必要がある。また，相手方の信頼を保護するためのものなので，③代表権がないことについて第三者が悪意または重過失ではないという要件を満たす必要がある（最判昭和 52 年 10 月 14 日民集 31 巻 6 号 825 頁［商判 I-100］［百選 48］）。なお，取締役ではない者に代表取締役であるかのような名称を付した場合への類推適用については，〔Stage 2-8〕参照。

　本問の「副社長」という名称は，354 条に例示されており①を満たしている。また，代表取締役 A（自らも「副社長」の名称の使用を認めている）をはじめとする甲社内の対応から②も満たす。③については，乙社に重過失があるかどうかが問題となりうるが，単に A に B の代表権を確認していないというだけでは，重過失があるとはいいがたい。重過失がある，すなわち B の代表権について調査義務があり，それを履行していないといえるためには，名称にもかかわらず B に代表権があるかどうか疑うべき事情が必要となる。そのため，本問の事情のみからでは，重過失があるとはいえない。　　　　　　　　〔松中　学〕

── *Column*　会社法総則も忘れずに ──

　本問でとりあげた，代理権・代表権は第三者が会社に対して取引などの効果帰属を主張する際に使われる概念である。このような問題については，会社法総則も忘れてはならない。第 1 に，使用人のうち支配人に当たれば，担当する支店という制限はあるが，代表取締役と類似のルールがある（11 条・13 条）。第 2 に，支配人でなくとも，ある種または特定の事項の委任を受けた使用人についての規定もある（14 条）。第 3 に，事実関係によっては商業登記の効力（908 条）が問題となることもある。なお，会社が当事者の場合，これらの条文は商法総則ではなく会社法総則を引く必要がある（商法 11 条 1 項かっこ書参照）。「会社法」の授業で扱われなくても（「商法総則・商行為法」などで扱われることも多い），無関係ではないのである。

問1 競業取引に関する以下の問いに答えなさい。

(1) 356条1項1号の「自己又は第三者のために」「会社の事業の部類に属する取引」の意味を説明せよ。

(2) 取締役会設置会社である甲製麺所（うどんの製造・販売・うどん屋の経営を行っている）の取締役Aが，甲製麺所の隣町で自らそば屋を営むためには，甲社との関係で，何を行う必要があるか。

(3) Aが，(2)の手続を行わずにそば屋を開店し，1000万円の利益を得たが，甲社がいくら損害を被ったかはわからない。甲社がAに対して責任追及するための要件と，認められる損害賠償額について説明せよ。

(4) (3)において，甲社に1500万円の損害が発生していた。この場合，甲社はAにいくらの損害賠償請求をすることができるか。また，法定の手続をふまえていた場合，どのような違いが生じるか。

(5) (3)・(4)の責任を甲社は免除することができるか。

問2 甲株式会社は，隣県からの客や観光客で行列ができるほどに有名な，雑誌等で取り上げられる，兵庫県でケーキの製造・販売を営む株式会社である。甲社は，大阪府への進出を企図していたところ，甲代表取締役Aは，甲社取締役会に対し，大阪府でパンケーキ屋を営むことの承認を求め，甲社取締役会は，パンケーキ屋が営まれるだけならば甲社に影響がないと考え，これを承認した。Aは，パンケーキ屋を営むことは伝えたが，扱う商品やその価格に関する情報は伝えていない。

Aは，大阪府において，パンケーキ屋を開業して甲社の製品に近いケーキの販売を開始し，5000万円の利益をあげた。

甲社は，Aの大阪店の人気の影響により大阪からの観光客による購買が減少するとともに，大阪への進出をあきらめることとなった。これによる損害額は少なくとも2000万円であることはわかるが，正確にはわからない。

以上の設例において，甲社はAにいかなる請求をすることができるか。

解　説

1　競業取引に対する規整の基本（問1）

本問は，利益相反取引のうち，競業取引に関する基本を確認する問題である（直接取引・間接取引については〔Stage 2-9〕で扱う）。

(1)　直接取引・間接取引とは異なり，競業取引においては，「ために」は「計算で」を意味し，取引の実質的な利益が取締役自身または第三者（典型的には，取締役が代表取締役を兼ねている競業他社）に帰属することを意味すると考えるのが通説である。

また，「会社の事業の部類に属する取引」とは，会社がその事業において行っている取引と，目的物と市場が競合する取引を意味する。

競業取引に関する規整は，取締役の競業取引により，会社のノウハウや顧客を奪う形で事業を営まれたり（人気商品と似た商品を販売したり，優良顧客のリストを使って営業をかけることを考えよ），競業する会社（取締役個人）の利益を優先する形で会社の意思決定を行い，会社に損害を与えたりする可能性があることから，このような行為を行うためには取締役会の承認を必要とするという形をとっている（LQ223〜225頁を参照）。

(2)　最初に，Aが自らそば屋を営むことが，甲製麺所との関係で競業取引に該当するかを確認しよう。甲製麺所は，うどんの製造・販売・うどん屋を営んでおり，そば屋が競業に該当するかは，目的物と市場が競合するかによる。一般には，うどんとそばの市場は比較的に安価な外食かつ麺類で商品が類似であり，目的物は競合すると考えてよい。また，隣町で開業するのであれば，顧客である住人は競合する。したがって，競業取引に該当すると考えてよい。

これを前提にすると，Aが自らそば屋を営むためには，取締役会において，当該取引につき重要な事実を開示して，その承認を受けなければならないことになる（365条・356条1項1号）。

(3)　Aは，取締役会の承認を得ずに競業を行っている。このことは，法令違反（手続違反）という任務懈怠を構成する。

取締役の任務懈怠責任の要件は，取締役の地位のほか，①任務懈怠，②損害，③因果関係であり（423条1項），本問は，①は充足するが，②が明らかではない事例である。民事法の原則からは，損害賠償を請求する原告が損害を特定で

きなければ請求自体認められないことになりそうである（なお，民訴248条）。

　競業の場合，取締役の任務懈怠がどの範囲の損害を生じさせたかを特定することは極めて困難である。例えば，うどん屋の隣にそば屋が開店し，うどん屋の売上げが落ちたとしても，その原因としては，隣にそば屋が開店したため（麺類を食べたい客を奪われる形で）売上げが減少した，商品であるうどんの味が落ちたため隣のそば屋とは関係なく（客が離れる形で）売上げが減少した，うどんブームが終わったため（市場が縮小する形で）売上げが減少した，など，様々な要因が考えられる。このうち，競業による損害（競業と因果関係のある損害）を特定することは極めて難しい（これが，特定の取引から特定の損害が生じることになる利益相反取引との違いである）。そのため，423条2項は，取締役等が手続違反（「356条……の規定に違反して」）の競業で得た利益の額を会社の**損害額と推定**している。

　したがって，甲社は，①'手続違反で競業取引を行ったこと，②'（競業により）Aが得た利益の額，③'利益が競業取引から生じたこと，を立証すれば，①手続違反の競業が任務懈怠であり，②・③Aが競業によって得た利益の額が競業取引による会社の損害額である，という推定を得ることができ，損害賠償を請求することができる。

　(4)　(3)の損害額の推定は，あくまで推定にすぎない。したがって，当事者のいずれかが実際の損害額を証明できれば，原則どおり損害額が取締役が負う責任の金額となる。本問では，甲社は，推定される1000万円以上の損害額である1500万円の損害があることを立証できれば1500万円の損害賠償を請求することができ，1500万円の損害があることを立証できなければ，推定される1000万円の損害賠償ができるにとどまることになる（逆に，仮に実際の損害額が500万円だとすれば，Aが，損害額が500万円であることを立証できれば，責任額を減額できることになる）。

　損害額の推定が及ぶのは，356条1項の規定に違反して取引をしたときであるから，適切な手続をふまえて競業取引を行った場合には，損害額の推定は及ばず，通常の任務懈怠責任の問題となる（423条2項の「356条1項の規定〔注：開示と承認〕に違反して」競業取引をしたときという表現と，423条3項の「356条1項2号3号の取引によって」の表現の違いから，3項の利益相反取引における任務懈怠の推定については，手続違反と任務懈怠の推定が関連付けられていないのに対し，2項

の競業取引の損害額の推定においては，手続違反を要件としている点に注意）。そのため，原告が損害額の立証を行うことが必要となる。

(5)　競業による責任は，任務懈怠責任（423条1項）の一類型である。したがって，総株主の同意による責任免除（424条）も，責任の軽減（425条～427条）も可能である（なお，利益相反取引も同様であるが，自己取引のみ例外がある。428条）。このことは，損害額の推定を受けるかどうかに関わらない。

2　事例の検討（問2）

(1)　まず，本問の取引が競業に該当するかを検討しよう。パンケーキとケーキで一般に商品が競合するかは明らかとはいえない。しかし，競業取引の規制が，市場が競合する，会社の利益を損ねる危険性の高い類型の行為に対して事前にコントロールを及ぼすためのものであり，そこでは，個々の取引において全く同じモノを扱わなければ競業にならないというような狭い考え方をとるべきではない。パンケーキとケーキは，市場が競合するかもしれないし，しないかもしれないが，扱う商品によっては競合する以上は，会社に損害を与える危険がある取引に該当し，承認を得る対象になると考えることが適切である。また，大阪府と兵庫県は隣接しており，甲社のケーキは観光客や隣県の住人も買い求めるような商品であるため，兵庫と大阪の市場もまた競合すると考えてよい（参考までに，大阪の中心の梅田と神戸の中心の三宮は，電車で30分程度の距離である）。

以上より，商品の性質も市場も競合するため，Aの行った取引は，競業取引に該当する。また，A自身がパンケーキ屋を営んでいるので，自己のために行った競業取引となる。

(2)　競業取引を行うためには，Aは，重要な事実を開示して取締役会の承認を得ることが必要である。

本問では，Aは，パンケーキ屋を営むことは開示しているが，甲社の扱う商品であるケーキを扱うかは開示していない。競業となるか否かや，甲社への影響の大きさを測る上で，甲社の商品であるケーキを扱うか否かは重要な情報である。そこで，Aは，重要な事実を開示せずに承認を求めたと評価されることになり，356条1項で要求される重要な事実の開示を前提とした承認は得ていない（取締役による重要な事実の開示がないことを「356条1項の規定に違反し

て」とする理解も，情報開示を受けずに行った取締役会の承認の効果が否定される結果，取締役会〔株主総会〕の適法な承認がないことを「356条1項の規定に違反して」とする理解も，いずれも可能であろう）ことになる。したがって，本問で，Aは，356条1項の規定に違反して競業を営んだと評価される。

(3) そうすると，356条1項の承認を得ずに競業を営んだという任務懈怠，少なくとも2000万円の損害，そして両者の因果関係があるため，Aは損害賠償責任を負う。損害額は明らかではないが，推定規定により，Aが得た利益の額である5000万円が損害の額と推定されるが，Aが，実損額を立証できれば，その金額まで賠償額が減少することになる。

(4) なお，仮に，競業には該当しないとの立場をとった場合，あるいは，甲社による競業の承認を有効とする解釈をとった場合，Aの責任を追及するためには，任務懈怠があることの証明と，損害額の特定（少なくとも2000万円以上の損害があることが事例で示されているので，2000万円は請求できるにしても，それ以上の実際の損害額を請求する場合）が必要になる。

この場合，何を任務懈怠と位置付けるかは難しい問題である。パンケーキ屋を始めたこと自体を任務懈怠とするのか，類似商品を扱ったことを任務懈怠とするのか。そのあたりを考え，具体的に論述する必要がある。

(5) (4)の「何を任務懈怠とするか」は，競業に該当するという立場をとった場合でも，具体的に論述する必要がある。上に書いたように，手続違反を任務懈怠と考えれば，任務懈怠の論述は単純である（もっとも，競業以外の場面では，因果関係の論述は容易ではないかもしれない）が，手続違反以外の任務懈怠を考えれば，事例に応じて具体的に論述することが求められる。

〔榊　素寛〕

68

問1　取締役の任務懈怠責任の要件と責任追及の主体を説明せよ。

問2　取締役の任務懈怠責任と，以下の各責任の関係を説明せよ。①競業取引を行った取締役の責任，②利益相反取引を行った取締役の責任，③利益供与を行った取締役の責任，④違法配当を行った取締役の責任，⑤仮装払込みや現物出資財産の過大評価があった場合の取締役の責任。

問3　取締役が業務に関する意思決定を行い，これを執行したところ，結果として会社に損害が発生した。この場合に，経営判断原則により，取締役が免責される余地はあるか。この場合において，取締役が法令に違反する行為を行った結果，会社に損害が発生したのだとすれば，経営判断原則により，取締役が免責される余地はあるか。その理由は。

問4　他の取締役が行った違法行為により，取締役が会社に対する責任を負うことがあるか。その理由は。

問5　取締役が負うことになった会社に対する責任を免除することはできるか。できるとすれば，どのような場合に，どのような要件で，どのような限度で認められるか。423条の責任と問2の各責任について検討せよ。

1　任務懈怠責任の主体と要件（問1）

　取締役の**任務懈怠責任**は423条に規定されている。要件は，①役員等に該当すること，②**任務懈怠**，③損害の発生，④　②と③の因果関係である。

　取締役の責任追及の主体は，原則は会社である。この会社を代表する者は，機関設計によって異なり，(ⅰ)監査役・監査等委員・監査委員が設置されている場合はこれらの者（監査役設置会社については，386条1項1号。委員会型の場合は，委員会が指名した者〔399条の7第1項2号・408条1項2号〕），(ⅱ)(ⅰ)の立場の者が設置されない機関設計の場合は，株主総会決議がない限り取締役会が決定する者（353条・364条）である。

　また，株主は，**株主代表訴訟を提起して責任追及の主体となることができる**（847条3項）。これは，被告となる役員に対する同僚意識に基づくかばい合いなどの理由から，現職経営陣が責任追及をしないことが考えられるため，株主の監督権の1つとして，株主による責任追及を認めたものである。単独株主権とされているのは，**責任の全部免除に総株主の同意が必要**とされている（424条）ことと平仄を合わせたものである。

2　取締役の責任相互の関係（問2）

　会社法には各種の責任が規定されているが，責任相互間の関係や損害（に相当するもの）との対応関係は，初学者が誤解しやすいポイントである。

　まず，423条の**任務懈怠責任**は，すべての場合に，役員等が会社に対して責任を負う法理として機能する。①から⑤が，任務懈怠責任と同じ性質を有し一定の場合の特則を定めているのか，別の責任を定めているのかに注意しよう。

(1)　競業取引と利益相反取引——取引の特性と類型的な危険性の高さゆえの推定規定　①**競業取引**を行った取締役の責任は，あくまで任務懈怠責任の一類型であるが，競業取引という会社に対して損害を与える危険性が高く，かつ，損害を特定しにくい取引類型（飲食店の売上げが下がった原因が，競業相手に客を取られたからか，自店舗の味が落ちて客に逃げられたのか，その業態の人気が落ちたからかの立証は困難）において，手続違反で行われた場合に損害額の推定を認めるという特則となる（423条2項。〔Stage1-12〕66頁参照）。競業は，手続違反の場

合にはそれ自体が承認を得るべき取締役の任務懈怠となるが（356条1項1号・365条1項），承認を得ている場合の利益相反取締役（一般的な意味での任務懈怠責任）や，手続違反の場合を含む他の取締役の責任（監視義務違反の責任）を追及するためには，423条2項の推定が及ばないため，423条1項の任務懈怠の要件を原告が立証する必要があるし，損害額の立証も必要となる。

　②**利益相反取引**が行われた場合，利益相反状態にあり承認を得るべき取締役，意思決定をした取締役，取締役会決議がある場合にこれに賛成した取締役は任務懈怠が推定される（423条3項）。たとえ適法な取締役会の承認を得た場合であっても，任務懈怠の推定は及ぶ。役員等が責任を免れるためには，（原告が損害・因果関係を証明できたならば），任務懈怠がなかったことを立証する必要がある。利益相反状況における取引は類型的に危険性が高いため，慎重な取引を提案したり，内容の適切さを承認の際に慎重に判断することを求める趣旨であり，適法な承認が行われた場合は，たとえ結果的に損害が発生しても，上記の取締役が問答無用で責任を負うことになるわけではない点には注意されたい。

　以上のように，①②については，会社と取締役の利益が対立する競業取引と利益相反取引について，類型的に危険性が高いことから，任務懈怠責任の要件論の一部に修正を加えている。競業取引，直接取引，間接取引の意義と具体例，各々の条文の違いを押さえることは，この問題の理解の第一歩となる。

　(2)　**各種の法定責任——法で禁止される行為と原状回復類似の構造**　③④は，任務懈怠責任とは別個の責任として規定され，両責任が併存する。

　③の利益供与責任と，任務懈怠責任との違いは，以下のとおりである。

　(a)　**利益供与責任**では，実際の損害額とは関わりなく，供与した利益の価額について責任が課される。任務懈怠責任は，実際に発生した損害額について責任が課される。例えば，3000万円の利益供与により，刑事罰が科されたり，行政からの取引停止処分がなされることでさらに1億円の損害が発生したならば，利益供与責任として追及できるのは供与額の3000万円であり，任務懈怠責任として追及できるのは，利益供与それ自体から発生した損害である3000万円と，利益供与から発生した損害である1億円の双方となる。共通する3000万円部分については，利益供与責任の方が，追及は容易になっている。

　(b)　利益供与責任では，任務懈怠の推定と無過失責任が規定されている。

　㋐利益の供与に関する職務を行った取締役，㋑利益供与が取締役会決議に基

づく場合は，利益供与を決定した取締役会決議に賛成した取締役，利益供与議案を提供した取締役・執行役，(ウ)利益供与が株主総会決議に基づく場合は，株主総会に利益供与議案を提案した取締役，利益供与議案を提案する取締役会決議に賛成した取締役（取締役会設置会社でない場合は，議案提案に賛成した取締役），株主総会において，利益供与について説明した取締役・執行役については，任務懈怠が推定される（120条4項，会社則21条。(ア)は会社則21条1号，(イ)は同2号，(ウ)は同3号に定められる内容であり，会社則21条を見ないと，どのような取締役が「関与した」かはわからない条文の構造になっているが，読者は規則を引いただろうか？　しつこく規則を引く習慣をつけよう。「関与した」の解釈論を考えた読者は，「関与した取締役（中略）として法務省令で定める者」という120条4項の条文構造を理解せよ）。これらの者は，注意を怠らなかったことを立証しなければ，責任を免れない。

　利益供与を行った取締役は，反証が認められず（120条4項ただし書のかっこ書により，免責を主張する資格を与えられていない），無過失責任を負う。

　(c)　利益供与責任は，総株主の同意がなければ免除できない（120条5項）。これに対し，任務懈怠責任は，完全な免責は総株主の同意が必要であるが（424条），報酬の一定年数分までは，特別決議や責任限定契約により免責することができる（425条～427条）。利益供与責任としての性質を帯びる部分については免責困難であり，この点でも，利益供与責任は責任主体に対して厳しい内容となっている。

　④の違法配当責任と，任務懈怠責任との違いは，以下のとおりである。

　(a)　**違法配当責任**においては，実際の損害額（や分配可能額）とは関わりなく，交付した金銭等の帳簿価額に相当する金額について責任が課される（462条1項柱書）。会社が支払った額全額を賠償する責任があるわけであり，損害が拡大した場合や，配当額が分配可能額をわずかに上回ったにすぎない場合であっても，責任額は会社が支払った額である（この点で利益供与責任と共通する。いずれも，会社財産を支払う前の状態に戻すことを求めるものであり，いわば原状回復類似の構造である）。これに対し，任務懈怠責任は，実際に支払ったことから発生した損害額や，違法行為を行ったことから生じた損害額があればそれを含みうる。

　(b)　違法配当責任においては，一定の取締役については，任務懈怠が推定される（462条1項2項。条文を読み，構造を理解しよう）。

　(c)　違法配当責任は債権者保護の要素があるため，分配可能額を超えた違法配当額については免責が認められず，分配可能額内についても，免責には総株主の同意が必要である（462条3項）。

　(3)　**会社の資本充実のための法定責任**　⑤について，仮装払込みや現物出資財産の過大評価があった場合に，会社に損害が存在するかは自明ではない（会社に入ってくるはずの資金が入ってこなかったからといって直ちに損害と評価できるとは限らない）。そこで，このような場合に，取締役には**現物出資財産価額の不足額や仮装払込額を支払う責任**が課されている（設立につき52条・52条の2，募集株式の発行につき213条・213条の2，募集新株予約権の発行につき286条・286条の2。「の2」が仮装払込みで，平成26年改正による）。

3　経営判断原則（問3）

　前段部分については，経営判断原則はまさにこのような場合に取締役に責任を負わせない法理である（LQ232〜234頁）。

　後段部分については，取締役には法令遵守義務が課されており，取締役が無過失でない限りは免責されない（LQ237〜238頁，東京地判昭和56年3月26日判時1015号27頁［商判Ⅰ-101］［百選55］）。取締役には違法行為を行う裁量がなく，故意の法令違反であれば，免責の余地はない。

4　監視義務（問4）

　監視義務の典型例である（LQ234〜235頁）。取締役会設置会社において，取締役会は取締役の職務の執行を監督する立場にある（362条2項2号）から，その構成員である個々の取締役は監視義務を負う（最判昭和48年5月22日民集27巻5号655頁［商判Ⅰ-144］［百選71］）。

5　取締役の責任の免除（問5）

　423条の任務懈怠責任は，総株主の同意があれば免責できるが（424条），それ以外の責任の一部免除の方法には3類型ある。免除できる範囲は共通であり，代表取締役（・代表執行役）は報酬の6年分，業務執行取締役（・執行役）は4年分，それ以外は2年分である（会社代表，業務執行，それ以外の役員で分けると理解しやすい）。また，免除対象となる取締役（・執行役）が，職務を行う上で

善意無重過失であることが要求されるのも共通する。

(a) 責任が発生した後，株主総会の特別決議により免除する（425条）。

(b) 定款により，取締役会決議で責任免除する旨を規定する（426条）。

(c) 定款により，業務執行取締役等以外の役員と，責任限定契約を締結できる旨を規定し，役員と責任限定契約を締結する（427条）。

いずれであっても，監査役・監査等委員・監査委員全員の同意と株主総会の特別決議が（個別の免除の時か，定款変更の時かは別にして）必要になる。

競業取引と利益相反取引に基づく責任は423条の責任の一類型であり，上記の記述が妥当するが，423条とは別個の責任については，これらの免責は認められず，各々の責任における定めによる（**2**(2)の③(c)④(c)を参照）。

〔榊　素寛〕

　甲株式会社は，取締役会設置会社であり，監査役設置会社である。甲社の代表取締役であるＡは，自社の従業員であるＢと不倫関係にあり，Ｂを1人だけ高額の給料で雇用し，会社の財産を流用してＢを高級マンションに住まわせ，多額の現金を貢ぐなどしていた。

　甲社の長老であり取締役であるＣは，甲社の社長三代にわたって仕えてきたが，普段は物静かで何も口を挟まない。上記の一連のＡの不倫の事実を知っても，何も行動しなかった。

　甲社の取締役であるＤは，営業担当であり，常時甲社の商品を売るために走り回っているが，ＡとＢのことについては何も知らないし，会社財産の流用についても，取締役会に上がってくる報告に特段おかしな数字はなく，疑いを差し挟むことはできないものであった。

　Ａは，誰も諫言しないのをいいことに，会社財産をさんざんＢに貢いでいたが，この事実を表に出さないようにするために，他の取締役には秘して粉飾決算に手を染めた。そして，粉飾を数年繰り返した結果，甲社は倒産し，甲社の財務状態に問題がないと誤信して取引に入った債権者Ｐに対する債務を弁済することができなくなった。

(1)　Ｃは，取締役会に上程されない事項についても監視義務を負うか。

(2)　Ｃは，Ａの違法行為に対し，監視義務を負う。具体的に，どのようなことを行う必要があったか考えてみよ。

(3)　債権者Ｐは，Ｃの責任を追及することができるか。

(4)　債権者Ｐは，Ｄの責任を追及することができるか。

(5)　(3)と(4)で結論が同じである場合，2人がどのような義務を負っていたのかを対比して説明せよ。結論が異なる場合，なぜ異なるのかを説明せよ。

(1)　判例によると，「株式会社の取締役会は会社の業務執行につき監査する地位にあるから，取締役会を構成する取締役は，会社に対し，取締役会に上程された事柄についてだけ監視するにとどまらず，代表取締役の業務執行一般につき，これを監視し，必要があれば，取締役会を自ら招集し，あるいは招集することを求め，取締役会を通じて業務執行が適正に行なわれるようにする職務を有する」（最判昭和48年5月22日民集27巻5号655頁［商判Ⅰ-144］［百選71]，362条2項2号）。したがって，**監視義務**を負う，が解答となる。

(2)　考えられる監督手段は2つある。1つは，上記判例が述べるように，取締役会を招集し，取締役会を通じて監督を行う方法である。原則はこの方法であり，取締役会は**代表取締役の選定・解職権限を有している**（362条2項3号）ので，Aの代表権を剥奪したり，その権限を縮小することが考えられる。Aの取締役としての任期が満了すれば，再任議案を株主総会に提出しないことで，会社との関わりを絶つことができるだろう。なお，代表取締役の地位の前提にある取締役の地位を失わせるためには，取締役会ではなく，株主総会での解任決議が必要となる（339条1項）。

　もう1つは，Aの行為が会社に著しい損害を及ぼすおそれがあるのであれば，監査役（会）に報告をすることで，**監査役が差止権限を行使**（385条1項）することが可能である。これを実効的にするため，監査役が取締役会への出席義務を負う（383条1項）だけではなく，取締役には監査役に対する報告義務が課されている（357条1項）。会社法においては，不正行為を発見した場合の様々な報告義務が用意されているが，これは，監督権限を持つ者に情報を供給し，その行使を実効的にするためのものである（取締役の報告義務につき357条，会計参与の報告義務につき375条，監査役の報告義務につき382条・384条，会計監査人の報告義務につき397条，監査等委員の報告義務につき399条の4・399条の5，監査委員の報告義務につき406条，執行役の報告義務につき419条）。特に，上場企業のように機関設計が複雑で，監督権限を有する者が不正に関する情報を把握することが困難な会社においては，情報のフローが監督の実効性の面から重要になる。

　このように，Cは，取締役会を通じた監督を行ったり，監査役への報告を行

う必要があったことになる。

(3)　(2)でみたように，Ｃは，Ａの違法行為を知っていたため，自らの有する監督権限を行使し，この違法行為をやめさせる必要がその任務に含まれており，これを行っていないため，会社に対する責任の要件である任務懈怠がある。そして，第三者との関係では，任務懈怠に関する悪意・重過失があれば429条の悪意・重過失要件は充足される。

また，本問では，Ａは直接にＰに対して損害を与えているわけではなく，会社財産の流用を行ったにすぎない。そして，Ｃは，これを黙認した結果，甲社が倒産し，Ｐは弁済を受けられなかった。このような，いわゆる**間接損害**も429条により責任追及できるというのが判例である（最大判昭和44年11月26日民集23巻11号2150頁［商判Ⅰ-142］［百選70］）。

その他の429条の要件についても，取締役であること，重過失と損害との間に因果関係があること，また，Ｐが第三者に該当することについて問題はない。したがって，ＰはＣの責任を追及することができる。

(4)・(5)　(3)との最大の違いは，ＣとＤの置かれている状況の違いにある。両者はいずれも取締役であり，監視義務の一般論について違いはない。しかし，監視義務違反は，果たすべき監視義務を果たさなかった責任であり，主として不作為の責任が問われる類型となる。そして，民事法一般の原則として，不作為の責任が肯定されるのは，作為義務があるにもかかわらずこれに違反した場合であり，単に結果責任が問われるわけではない。このような基本原則は，会社法においても変わりがない。そこで，この事例で，Ｄは具体的に何をすることができ，する必要があったのか，考えてみよう。

Ｃは，実際にＡの違法行為を知っていたのであり，取締役会を招集し，繰り返さないよう監督を行う義務があり，また，監査役に報告する義務があった。これに対し，Ｄは，Ａの違法行為を知っていたわけではないので，能動的に取締役会を招集したり，監査役に報告することはできない状況にあった。また，報告に上がってきた数字についても，粉飾されていたこともあって，特段疑うべき点はなかった。この数字についても，監視の対象となることは当然であるが，一見しておかしな数字であるとか，あるいは，経理を担当する取締役で数

字の整合性等の具体的な検証がその義務にあるような取締役であればともかく，営業を担当し，このような数字に関係していない取締役がすべての財務情報の検証を行うことまで義務付けられるとは考えづらい（だからこそ，取締役は複数選任され，職務分掌が定められるのである）。監視義務違反は結果責任ではないのだから，問題を見逃したことについて，事後的な立場から安直に悪意・重過失を認定することは適切ではない。

　参考までに，どのような事情があれば，Ｄの責任が肯定されうるか考えてみよう。本問と会社の規模は異なるが，東京高判平成 20 年 5 月 21 日判タ 1281 号 274 頁・大阪地判平成 12 年 9 月 20 日判時 1721 号 3 頁［商判Ⅰ-128］によれば，担当取締役の職務執行等が違法であることをうかがわせる特段の事情が存在する場合に，職務執行を信頼したことが重過失になりうることになる。最判平成 21 年 7 月 9 日判時 2055 号 147 頁［商判Ⅰ-129］［百選 52］によれば，同事案はリスク管理体制の問題であり本問とは状況が違うが，本件以前にＡが同様の手法で不正行為を行っていたなどの事情があり本件の不正行為の発生を予期すべきであったという特別な事情があれば重過失が肯定されうることになる。他方，名目的取締役の責任追及がなされている裁判例においては，実際に何らの監視も行っていなかったことをもって，重過失と評価する裁判例もみられる。

　このようにみると，裁判例においては，名目的取締役が全く監視を行っていなかったような場合は別にして（古い閉鎖会社の判例では，このような場合が多い），上場企業で取締役の責任が争われる事例において，自己の担当する職務についての監視義務はともかく，それ以外の事項の監視については，注意義務の水準を跳ね上げる何かしらの事由が存在しない場合には，容易には見逃しによる監視義務違反の責任を認めていないことがうかがえる（学生はよく答案に，「代表取締役の不正を発見する義務があるにもかかわらず，取締役は漫然と見過ごした」というような記述で責任を肯定するが，監視義務違反が結果責任ではないことを考えれば，このような記述では全く足りないことがわかるだろう。漫然と，「漫然と見過ごした」というようなフレーズで責任を肯定する姿勢はいただけない）。本問は上場企業の例ではないが，基本的な発想は，上記の例と共通である。

　以上より，本問に現れている事情だけからは，Ｄは，対会社責任であれば任務懈怠がないことになるし，対第三者責任であれば，任務懈怠も職務に関する悪意・重過失もないと判断するのが素直であると思われる。　　　〔榊　素寛〕

　取締役会設置会社である甲株式会社には，取締役 A・B・C と監査役 D がおり，また，P は甲社の株主である。A は，平成 29 年 10 月 1 日，法令により禁止されている中毒性の物質を含むメニューを売りにする喫茶店を，五郎の名で営むことを取締役会において提案し，取締役会においてこれが承認された。平成 30 年 1 月 4 日，五郎は開店し，一時期評判となったが，虜となった学生が成分分析をしたところ，法の禁じる中毒性物質が検出され，これが報道されたことにより，営業停止命令と罰金処分が下され，平成 31 年 2 月 28 日時点で，甲社は 1 億円の損害を被った。

問1　株主 P が，平成 29 年 10 月 10 日，平成 30 年 1 月 11 日，平成 31 年 3 月 31 日時点で行使できる監督是正権は何か。それぞれ検討せよ。

問2　違法行為の差止めについて，以下の小問に解答せよ。

(1)　株主 P は，取締役 A の法令違反行為を差し止めることができるか。

(2)　監査役 D は，取締役 A の法令違反行為を差し止めることができるか。

(3)　株主・監査役には，違法行為の差止請求権が法定されている一方で，取締役には法定されていない。これは何を意味するか。

問3　株主代表訴訟について，以下の小問に解答せよ。

(1)　株主 P が，株主代表訴訟を提起するまでの流れを説明せよ。

(2)　株主代表訴訟の制度趣旨のうち，最も重要なものは何か。

(3)　株主代表訴訟を提起するための要件を説明せよ。

(4)　株主代表訴訟で，株主が主張するのは，誰の，誰に対する権利か。

(5)　株主代表訴訟の原告・被告，専属管轄について説明せよ。

(6)　株主代表訴訟を提起しようとする株主 P が提訴に必要な情報を集めるため，会社法はどのような権利を認めているか。

(7)　株主代表訴訟が単独株主権とされていることと，取締役の責任免除の関係について説明せよ。

1　株主により行使可能な監督権限（問1）

　違法行為に対する是正権限の行使における基本的な考え方は，①権利行使時点の直前に起きた行為の効力の否定（事後の救済）と，②この次に起きるであろう行為の差止め（事前の抑止）のそれぞれについて，その可否を検討することである。このアプローチは会社法に限らない。

　平成29年10月10日の時点では，喫茶店出店が取締役会で決議された後であり，喫茶店開店前の段階であるから，考えられるのは，取締役会決議の効力の否定（ただし，本問では不要）と開店の阻止である。具体的には，法令により禁止される物質を使った喫茶店の開店が，取締役の法令違反行為であることから，開店を阻止するため，360条1項に基づき，違法行為の差止めと不作為を命じる仮処分を求めることになる（仮処分は民事保全法の話であり，読者はまだ知らないかもしれない。一言でいえば，裁判所が，本案判決を下す前に，一定の行為をやってはならないと命じることである。LQ250頁。仮処分に反して行われた行為の効力には争いがあるが，例えば募集株式の発行の文脈では差止めの仮処分に違反して発行された株式には無効原因があることになるし〔最判平成5年12月16日民集47巻10号5423頁［商判 I-59］［百選101］〕，株主総会開催禁止の仮処分に違反して開催された株主総会は不存在とされた裁判例がある〔浦和地判平成11年8月6日判タ1032号238頁［商判 I-72］〕など，瑕疵を攻撃する側には実効性を確保するため重要である。特に，法科大学院生でこの解説を読んでいる人は，会社法全般で仮処分を強く意識して学習すること）。

　平成30年1月11日の時点では，まだ損害が発生していないことから，責任追及はできない。そこで，将来の営業の継続や中毒性物質の使用の継続を阻止するために，上記と同様の行動を検討することになる。

　平成31年3月31日時点では，差し止めるべき将来の行為がないので，過去の行為の責任追及を行うため，株主代表訴訟を提起することが考えられる。

2　取締役の違法行為の差止め（問2）

　(1)　甲社は監査役設置会社であるから，株主Pが差し止めることはできるが，その要件は，6か月間の株式保有，取締役の法令・定款違反行為，回復することのできない損害が生じるおそれである（360条1項3項）。法令違反行為

を充足することは明らかであるが，損害の大きさが難問となる。

　(2)　Ｄによる差止めの要件は，取締役の法令・定款違反行為と，<u>著しい損害</u>が生じるおそれである（385条1項）。

　(1)と比べると，業務監査権限を有する監査役を設置する監査役設置会社（2条9号の定義規定を確認すること）になることで，株主による差止めの要件が，「回復することができない損害が生ずるおそれ」に厳格化され，「著しい損害が生ずるおそれ」の段階での差止権限は株主から監査役に移り，監査役の差止請求権の方が実効的になっていることがわかる（→LQ197頁Column4-22）。

　(3)　取締役の監督権限の行使は，取締役会を通じて行うことが予定されており（362条2項2号），監査役による監督権限の行使とは異なる構造になっている。意思決定の前提にある取締役会決議段階での監督や，職務執行権限の剝奪，代表権の剝奪（代表取締役からの解職）や制限等を通じた監督が予定されている。そのため，個別の取締役の「差止め」という形での権限は規定されていない。

3　株主代表訴訟（問3）

　(1)　一般的には，要件を充足する株主が会社に対し責任追及訴訟の提起を請求し（847条1項），会社が60日以内に責任追及の訴えを提起しない場合は，株主が株主代表訴訟を提起することができる（同条3項）。代表訴訟提起の判断に際して，取締役の責任に関する情報を有しているのは会社側であるから，提訴請求を受け（386条2項1号），提訴するか否かの判断をする（同条1項1号）監査役が不提訴の決定をした場合には会社には理由の開示が求められ（847条4項），株主は，これに基づいて提訴するかどうかを判断することになる。

　例外として，60日の経過により会社に回復することができない損害が生じるおそれがある場合には，株主Ｐは直ちに代表訴訟を提起することができる（847条5項）。「回復することができない損害が生ずるおそれ」がある場合には，業務監査権限を有する監査役を飛び越えて，株主自ら，業務監査権限を有する監査役が設置されていない場合と同様に，是正権限の行使をすることができる。その1つの表れが差止めの場面であり，もう1つの表れが，監査役の判断を待たずに代表訴訟を提起できる場面である。

　(2)　責任追及訴訟には，会社の被った損害の塡補の機能と，取締役等による違法行為の抑止の機能がある。会社と個人の経済力の差を考えれば，不法行為

とは異なり，損害塡補の機能は相対的に後退し，事後的な責任追及訴訟の脅威による，事前的な違法行為の抑止が重要な機能を果たす。もっとも，責任追及の意思決定を行う監査役（取締役）が違法行為を見逃したり，認容していたり，同僚意識によるかばい合いにより，提訴がなされない可能性がある。

　このような可能性を念頭に，責任追及訴訟の機能を実効的にするため，株主にも，株主代表訴訟という形で，責任追及訴訟の提訴権限を与えているものである。すなわち，現職経営陣のみならず，株主のイニシアティブで責任追及訴訟がなされる可能性を確保し，その脅威による違法行為の抑止を果たすことが，株主代表訴訟の最も重要な機能となる。

　(3)　847条1項を参照。株主代表訴訟は，法定訴訟担当の一種と位置付けられる。提訴請求をすることのできる株主（非公開会社であるか否かで保有要件が変わる）による提訴請求は，会社に提訴の機会を保障するとともに，会社に義務違反等の調査や，会社自身による訴訟以外での損害の回復や問題に対処するための機会を与えることが目的となる。

　(4)　会社の，役員等（この事例では取締役A・B・C）に対する損害賠償請求権。429条とは異なり，株主自身が有している権利ではない点に注意。

　(5)　原告は株主，被告は役員等（この事例では取締役A・B・C），専属管轄は本店所在地の地方裁判所である（848条）。

　(6)　株主の情報収集権についての問題である。計算書類等の公表情報へのアクセスを別にすると，株主の持株数に応じて，**取締役会議事録の閲覧請求権**（単独株主権，371条2項），**子会社取締役会の議事録閲覧請求権**（単独株主権，同条5項），**会計帳簿閲覧請求権**（3％の少数株主権，433条1項）が例となる。

　(7)　役員等の責任の一部免除は株主総会の特別決議で可能であるが（425条。取締役会決議による免責〔426条〕，責任限定契約〔427条〕のいずれも定款の規定が必要であるから，事前段階で特別決議が必要である），責任の全部免除は総株主の同意が必要とされている（424条）。

　代表訴訟は単独株主権である。そのため，他の株主が責任を問わなくてもよいと考えた場合でも，株主は代表訴訟を提起しての責任追及が可能であり，裏を返せば，責任を追及する意思のある株主が1人でもいる限りは，責任の軽減は可能であっても，完全な免責は認められないこととされているのである。

〔榊　素寛〕

No.16　　　　　　　　　　　　　　　　　　　　監査役

　監査役について，以下の問いに解答せよ。

問1　監査役の地位と権限について

(1)　監査役が行う会計監査と業務監査とはどのようなものか，説明せよ。

(2)　監査役が法的問題を発見した場合，どのような是正権限を有しているか，説明せよ。

(3)　ある議案を株主総会に提出するに際し，監査役の同意が必要とされている例がある。この例を挙げるとともに，なぜ監査役の同意が必要とされているか，説明せよ。

(4)　監査役が議案の内容を決定できる事項は何か，それはなぜか，説明せよ。

(5)　いわゆる監査役の独任制について説明せよ。

問2　監査役の独立性について

(1)　監査役の独立性が問題となる理由を説明せよ。

(2)　監査役選任・解任と取締役選任・解任について，①資格や兼職，②株主総会での決議要件，③議案内容への関与の3点より，異同を説明せよ。

(3)　取締役の任期を定める332条には，336条3項に相当する条文が設けられていない。これはなぜか，説明せよ。

(4)　監査役の報酬の決定方法とその制度趣旨を説明せよ。

　初学者が監査役（会）を理解する上で大事なのは，①平常時に，監査役がどのような役割を担っているかを理解する（会計監査と業務監査）こと，②監査の結果，問題を発見した場合に，どのような是正権限を有しており，どのような行為をなす義務があるかを理解すること，③　①②を実効的にするための制度的保障として，監査役の独立性を担保する諸制度を理解すること，の3点である。

1　監査役の地位と権限について（問1）

　(1)　**会計監査**は，計算書類とその附属明細書の内容の正確性を担保するために行うものであり，ここにいう監査とは，対象となる書類が会社の状況を適切に表示しているかどうかについて意見を形成し，その意見を監査報告の形で表明することである（LQ269頁）。

　①会計監査の専門家である会計監査人が設置されていない場合は，監査役自らその監査を行うが（会社計算122条1項2号），②会計監査人が設置されている場合は，会計監査人の監査の方法・結果が相当であるかを監査する（会社計算127条2号。なお，監査役会設置会社においては同128条2項2号も参照）。②を補足すると，「会計監査人の監査」を監査する形で会計監査を行うわけである。

　業務監査は，業務監査権限を持つ監査役（389条1項参照）の義務であり，取締役とその使用人の職務の執行が法令・定款に適合しているかを監査することをいう（LQ194頁）。事業報告とその附属明細書の監査を行うほか，取締役会に出席するなどして，通常の会社の業務執行を監査することになる。

　(2)　計算書類の正確性を確保するための会計監査においては，監査役は，監査報告に意見を記す形で，問題点を示すことになる。他方，会計監査以外の業務監査においては，監査役は多くの権限を有するが，①取締役の違法行為の阻止，②会社・取締役間の訴訟，③取締役の責任，④各種の訴え・申立権限に分けてみてみよう。

　①違法行為の阻止の権限としては，取締役会に出席し，必要なときに意見を述べる義務（383条1項），取締役会への違法行為の報告義務（382条），取締役会の招集請求権（383条2項3項），差止請求権（385条1項。なお，監査役の請求

の場合，担保提供は不要である〔385条2項〕）などがある。

　②会社・取締役間の訴訟としては，会社が取締役（であった者を含む）に対し（またはその逆）訴えを提起するとき，その訴えについて会社を代表する（386条1項）旨が規定されており，したがって，責任追及訴訟の**提訴請求**，株主代表訴訟の提訴株主からの**訴訟告知**も監査役が受ける（同条2項）。また，株主代表訴訟において取締役側への**補助参加**（849条3項1号），株主代表訴訟で会社が当事者でない訴訟上の和解の会社への通知・異議催告（386条2項2号）も監査役が受ける。

　③取締役の責任の一部免除への同意は，責任を負うことになった取締役の責任免除に監査役を関与させるものであり，制度導入時と具体的な免除段階で監査役の判断を要求する。

　株主総会で免除する場合は，免除議案を株主総会に提出する段階で（425条3項1号），取締役会決議で責任を免除する場合は，取締役会決議の定款変更議案の株主総会提出段階と責任免除議案の取締役会提出段階で（426条2項），社外役員と責任限定契約を締結する場合は，責任限定契約導入の定款変更議案の総会提出の段階で（427条3項），各監査役の同意が必要である。

　なお，②と③は，是正権限の行使という側面のほかに，会社と取締役の間の広義の利益相反の解消という側面も担っている。仮に責任の一部免除が適切な行為であっても，利益相反からなされている可能性が払拭できない状況で，利益相反の状況から独立して判断をする役目を監査役が担うわけである。

　④各種の訴え・申立権限としては，会社の組織に関する無効の訴え（828条2項）の提起権，株主総会決議無効・不存在確認の訴え（830条）や株主総会決議取消しの訴え（831条）の提起権，特別清算の申立て（511条1項）・特別清算開始後の調査命令の申立て（522条1項）の権限などがある。

　(3)　監査役選任議案の提出（343条1項）や会計監査人の報酬の決定（399条）には，**監査役の同意**が必要である。通常は株主総会では会社提案がそのまま通ってしまうため，株主総会への議案提出に対する拒否権を与えることにより監査役の地位を強化するための方策の1つということになる。

　また，取締役の免責関連の議案の提出（定款変更・免除）には監査役の同意が必要であるが（(2)③参照），取締役と会社との広義の利益相反の危険があることから，内容の適切さを担保するため，監査役の同意を求めるものである。

(4) 監査役は，**会計監査人の選任・解任・不再任**の議案について，内容の決定権限を有している（344条1項。監査等委員会・監査委員会も同じ）。会計監査人の代表取締役や取締役会からの独立性を確保するとともに，上述の監査役と会計監査人との会計監査における密接な関係から，その選任につき監査役の意思を反映させるためである。

(5) 複数の監査役がいる場合にも，各自が単独でその権限を駆使できるという原則を，**監査役の独任制**という。監査役会が設置されている場合，監査役会で各監査役の職務の分担を決めて監査することがあるが，この場合でも，各監査役は，自らの監査権限の行使を制約されることはない（390条2項3号）。これに対し，監査委員会・監査等委員会の監査は，内部統制を使った組織的監査であり，内部統制システムに対して指揮命令を行って監査をするほか，監査権限の行使は監査委員会・監査等委員会の多数決によって制約を受ける（405条4項・399条の3第4項）。差止めなどの是正権限は単独で行使できるが，通常の監査は組織的監査を前提としていることから，このような違いが生じている（LQ208頁 Column4-29）。

2　監査役の独立性について（問2）

(1) 監査対象の取締役からの影響を緩和し，監査権限を実効的に行使させるためである。すなわち，監査役（会）（監査委員会・監査等委員会も同様）は，取締役らの職務執行を監視する職責を担うが，監視を受ける側は，自らが監督されることを必ずしも快くは思わず，場合によっては，口うるさい監査役に圧力をかけ，監視を骨抜きにしようとすることがあるだろう。また，監査役にとっても，自らの地位を失うことは職を失うことに等しく，監査対象である取締役に迎合した監査を行い，その実効性を欠くような事態も考えられる。加えて，日本の多くの大企業の実態として，取締役の上位者である代表取締役が，取締役・監査役の人事権や報酬決定権を握り，十分な監視ができていないと懸念されていた（LQ204頁）。そこで，会社法（商法）は，改正に際して，監査役の地位の強化を図り，取締役からの独立性を強化してきたし，平成14年商法改正は，現在の指名委員会等設置会社に相当する機関設計を導入し，平成26年改正で監査等委員会設置会社を導入するなど，監督機能の強化を制度的に担保する試みが繰り返されてきたのである。

(2)　監査役の地位の強化を端的に表すのが，選解任に関する規律である。

①　監査役は，子会社を含め，取締役・使用人・執行役との兼職が認められない（335条2項）。監査対象の地位を兼ねると，代表取締役から圧力を受けたり，自らの地位の保身のために監査の実効性が低下するおそれがあるため，これらの地位との兼職を禁じ，独立性を制度的に確保するためである。

②　**選任**について，基本的には，定足数引下げの下限が3分の1である普通決議により行われるが（341条），少数株主の意思を反映させる必要性がないため，累積投票は設けられていない（342条1項）。他方，**解任**は，監査役の地位を強化するため，特別決議とされている（343条4項・309条2項7号。累積投票により選任された取締役も同様だが，少数派株主により選任された取締役の地位を強化するという制度趣旨とは異なる）。

③　監査役は，監査役の選任議案への同意権（≒拒否権）を有するとともに，取締役に，監査役選任に関する議題（増員など）・議案（特定候補者の選任議案など）を株主総会に提出するよう求めることができる（343条1項2項）。さらに，現職の監査役は株主総会で監査役の選解任や辞任について意見を述べることができ，辞任した監査役も，辞任した旨とその理由を述べることができる（345条4項で読み替えられる同条1項2項）。監査役に関する議案内容の当否について株主に伝えるとともに，例えば監査権限の行使において取締役会と対立し，辞任することになったような場合に，その旨を株主総会で報告できるようにすることで，取締役による干渉を未然に防止するなど，監査役の独立性を高め，監査役と取締役のパワーバランスを監査役有利に改善するものである（LQ193～194頁）。

(3)　監査役の地位保障の典型的な方策は，その任期を保障することにより，再任されない可能性におびえて監査権限の行使を十分には果たせないようなことがないようにすることである。そこで，監査役の任期は取締役の倍である4年とされ，任期の短縮も認められていない（336条1項。332条1項ただし書に相当する規定がないことに注意すること）。したがって，**補欠監査役の任期**を前任者にそろえるためには，監査役については例外的に**任期短縮**を認める明文規定が必要とされる一方で，取締役についてはそのような規定がなくとも短縮可能であり，設問のような条文構造になっているのである。

なお，監査等委員会設置会社についての332条4項・5項も，監査役に関す

る上記と同趣旨である。

(4) 監査役の報酬の決定方法は，取締役のそれと類似しており，定款規定が
あればこれに従い，定款規定がなければ株主総会決議で報酬額を決定する
（387条1項）。報酬の配分については，取締役会の影響を排除して監査役の協
議で定めることとされ（同条2項），また，監査役は株主総会で意見を述べるこ
とができる（同条3項）。しかし，その制度趣旨は，取締役の報酬の決定方法と
は異なる。株主との関係では，定款または株主総会決議を必要とする点では異
ならないが，取締役が決定するのではなく監査役の協議で配分を決定する点は，
監査役の独立性確保がその趣旨であり，株主総会での意見陳述権も，同様の趣
旨である（LQ196～197頁）。

3 本問の応用・発展

本問では，監査役設置会社について検討してきたが，指名委員会等設置会
社・監査等委員会設置会社においても，一部を除き，おおむね妥当する。これ
らの会社の学習の段階に進んだら，本問で検討した諸点がどのように定められ
ているか，確認しよう。

〔榊　素寛〕

問1

(1)　監査役（会）設置会社と指名委員会等設置会社では，取締役会の役割を
中心にコーポレート・ガバナンスの考え方が異なる。モニタリング（監
督）と業務執行の決定という2つの取締役会の役割に注目して，「モニタ
リング・モデル」といわれる考え方を説明せよ。

(2)　制度上，モニタリング・モデルを採用しているのは，監査役（会）設置
会社と指名委員会等設置会社のどちらか。

(3)　上記(2)は取締役会，取締役・執行役の権限を定める条文にどのように反
映されているか。

(4)　監査等委員会設置会社はモニタリング・モデルを採用しているといえる
か。取締役会の権限を定める条文を参照して考えよ。

問2　根拠となる条文を示した上で，以下の問いに答えよ。

(1)　取締役会・委員会の構成

①　指名委員会等設置会社の各委員会は最低何人の委員が必要で，社外取締
役はそのうち何人以上必要か。

②　指名委員会等設置会社では，取締役会全体で社外取締役を最低何人選任
しなければならないか。

③　指名委員会等設置会社である甲株式会社の取締役Aは，資金調達など
会社の財務戦略の責任者である代表執行役CFOでもある。Aは甲社の監
査委員を兼ねることはできるか。

(2)　委員会の役割・権限

①　各委員会で判断すべき事項について，取締役会が委員会の判断を覆すこ
とができるか。

②　指名委員会等設置会社である甲株式会社が次期定時株主総会に取締役選
任議案を出そうとしている。この議案の内容はどこで決定するのか。

③　指名委員会等設置会社である甲株式会社の取締役A，執行役B，従業員

兼務執行役C（執行役分と従業員分）の報酬は，それぞれどこで決定するのか。それはなぜか。

④　監査委員会が作成する監査報告の内容は，どのように決定するのか。監査委員の間で意見が割れる場合はどのように決定するのか。また，監査委員会の監査報告の内容と異なる意見を持つ監査委員は，その意見を監査報告に付記できるか。

(3)　執行役

①　執行役の選解任はどこで決定するのか。

②　指名委員会等設置会社において，取締役は執行役を兼任できるか。また，取締役，執行役はそれぞれ従業員を兼務できるか。

③　指名委員会等設置会社である甲株式会社が乙社と取引を行う場合，甲社を代表するのは誰か。

④　公開会社である指名委員会等設置会社において，(i)銀行からの多額の借入れ，(ii)有利発行に当たらない新株発行，(iii)執行役と会社の取引の承認は，それぞれ取締役会が執行役に決定を委任できるか。

問3　根拠となる条文を示した上で，以下の問いに答えよ。

(1)　取締役会・監査等委員会の構成

①　監査等委員会には最低何人の委員が必要で，社外取締役はそのうち何人以上必要か。

②　監査等委員会設置会社では，取締役会全体で社外取締役を最低何人選任しなければならないか。

③　従業員兼務取締役が監査等委員になることはできるか。

(2)　取締役会の役割・権限

①　監査等委員会設置会社において，取締役会が取締役に委任できる業務執行の決定の範囲を広げるには何が必要か。

②　上記①の条件を満たした場合，監査等委員会設置会社において取締役会が取締役に委任できない業務執行の決定の範囲は指名委員会等設置会社と比べてどのように異なるか。

(3)　監査等委員会の役割・権限

①　監査等委員会の権限のうち，監査役（会）および監査委員会が有していないものは何か。

② 　監査等委員会はどのような役割を担っているか。与えられている権限に注意して答えよ。

Hint

問 1 (1)：見当がつかなければ，以下の設問に進む前に解説 *1* を参照のこと。

問 2 (2) ③：なぜ取締役会全体や株主総会ではなく，報酬委員会が報酬を決定するのか。

1　各タイプのコンセプト（問1）

　上場会社などの大規模な公開会社のコーポレート・ガバナンスや機関設計を理解するには，取締役会の役割をめぐって2つの異なる理念があることを理解する必要がある。

　もともと，会社法で想定していたモデルは，取締役会は経営者たる取締役の集まりと捉えるものである。すなわち，執行と監督（モニタリング）が分離されておらず，取締役会は業務執行の決定も行いつつ，モニタリングも行っていた（以下，便宜的に「業務執行モデル」という）。

　もう1つは，**モニタリング・モデル**といわれるものである（**問1(1)**）。このモデルでは，取締役会は，経営方針などの経営の基本的な事項の決定と人事，報酬，監査を通じた経営者のモニタリングに集中する。そして，個々の業務執行の決定は，基本的には取締役会で選んだオフィサー（指名委員会等設置会社では執行役）に任される。すなわち，制度的に「**執行と監督の分離**」が図られている。

　モニタリング・モデルでは，取締役会の主な役割は経営者のモニタリングであり，これを実効的に行うために，経営者から独立した者である社外取締役が中心的な役割を果たすことが求められる。他方，業務執行モデルでは，情報の少ない社外者の選任を強制する合理性は弱くなる。そのため，現在のところ，監査役会設置会社では社外取締役の選任は強制されていない。もっとも，近時，上場会社などについては，監査役会設置会社であっても，選任が強く「奨励」されている（正確には，会社法では，監査役会設置会社かつ大会社で有価証券報告書提出会社である会社が，社外取締役を1人も選任していない場合は，株主総会，役員選任議案にかかる参考書類および事業報告で，社外取締役を選任することが「相当でない」理由の説明が必要になる〔327条の2，会社則74条の2第1項・124条2項〕）。

　日本の会社法では，従来から，監査役（会）設置会社という形態が置かれてきた。これは，取締役会が業務執行の決定を行い，取締役が執行を行うことを前提に（すなわち，業務執行モデルを前提に），違法性を中心としたモニタリングを行う機関を監査役（会）として取締役会とは別に置く機関設計である。他方，平成14年商法改正により，モニタリング・モデルを元にした現在の指名委員

会等設置会社も選択できるようになった（問1(2)）。当時の名称は委員会等設置会社で，平成26年会社法改正前は委員会設置会社と呼ばれていた（平成26年改正で名称が大きく変わったが，基本的に規律は変化していないので，改正前の文献を読む際は名称だけ読み替えればさしあたり事足りる。ただし，部分的に条文の位置が変わっているので注意すること）。

(1) 指名委員会等設置会社（問1(3)）　　以上のコンセプトの違いが端的に表れているのが，取締役会，取締役・執行役の権限に関する規定である。

　監査役（会）設置会社の取締役会（業務執行モデル）は，①業務執行の決定（362条2項1号），および②取締役・代表取締役に対するモニタリング（取締役の職務執行の監督〔同項2号〕と代表取締役の選定・解職〔同項3号〕）を行う。①は取締役に委任することもできるが，362条4項各号で定められた事項その他の「重要な業務執行の決定」は委任できない（同条4項）。ここには，基本的な経営方針にとどまらず，多額の借財（同項2号）や重要な財産の処分・譲受け（同項1号）など，個々の業務執行の決定も含まれている。つまり，取締役会自身が業務執行の決定を行うのが基本であり，重要なものは委任もできない。また，公開会社における新株発行（201条1項・199条2項。有利発行に該当するものを除く）など，個別の条文で取締役会決議が必要となるものもある。そして，代表取締役と選定業務執行取締役が業務を執行する（363条1項）。

　これに対して，指名委員会等設置会社の取締役会は，執行と監督の分離というモニタリング・モデルの理念を反映し，執行役に広く業務執行の委任ができる。他方で，会社の基本的な方針の決定やモニタリングに関する事項は，執行役に委任できない取締役会の権限として留保されている。条文をみながら確認しよう。

　指名委員会等設置会社の取締役会は，(a)経営の基本方針や内部統制システムに関する事項その他の業務執行の決定（416条1項1号）および(b)執行役の選解任（402条1項・403条1項）や職務執行の監督（416条1項2号）を行う。(a)については，416条1項1号をみると，指名委員会等設置会社の取締役会でも自ら決定するのが原則であるという建て付けではあるが，取締役会決議によって個個の業務執行の決定の大半を執行役に委任することができる（同条4項）。

　以上をふまえて，委任できない事項をみてみよう。委任できないとされている事項（416条4項各号〔なお，同項各号は各行為について取締役会決議が必要となる

根拠条文の順に並んでいる〕）をおおざっぱに分類すると，(ア)モニタリングに関するもの（同項6号~13号），(イ)自己株式の市場取引等による取得・配当に関するもの（同項2号14号），(ウ)株主総会の招集・開催にかかるもの（同項4号5号），(エ)組織再編行為などで株主総会決議が必要なもの（同項15号~20号）である（このほかに，あまり重要ではないが，譲渡制限株式・新株予約権の譲渡承認がある。同項1号3号）。多額の借財や重要な財産の処分・譲受けなどは含まれていないことに注意してほしい。このように，モニタリングという取締役会の役割に含まれるものは委任できず，他方で個々の業務執行の決定は委任できる。

　また，指名委員会等設置会社の取締役は執行役を兼務しない限り，法定のものを除いて業務執行を行うことはできない（415条）。業務執行は**執行役**という別の資格の者が行うことになっているのである（418条2号）。他方，取締役会はモニタリングの機能を強化するため，指名委員会，報酬委員会，監査委員会の3つの委員会を設置し（2条12号参照），社外取締役が各委員会の過半数を占める（400条3項）ことが求められる。

　(2)　監査等委員会設置会社（問1(4)）　監査等委員会設置会社の場合はどうだろうか。監査等委員会設置会社では，監査役（会）設置会社と同様に代表取締役らが業務執行を行い（363条1項），執行と監督は完全に制度上分離されているわけではない。しかし，社外取締役が過半数を占める監査等委員会（331条6項）が一定のモニタリング機能を担っている（詳細は，後述**3**(3)）。そして，取締役の過半数が社外取締役であるか（399条の13第5項），定款で定めた場合（同条6項），取締役に重要な業務執行の決定を委任できる。

　社外取締役（業務執行は行えない。2条15号イ）が取締役の過半数であるならば，執行と監督はおおむね分離されている上に，モニタリングが機能するための社外者の確保もなされているといえる。このため，完成形ではないにしろ，モニタリング・モデルの発想に基づく機関設計もとりうる（定款で定める場合の位置付けはやや難しいが，株主が承認することで，社外者が少なくても執行と監督の分離を進めることを認めたものといえるだろう）。このような形態になっているのは，モニタリング・モデルを元にアレンジを加えた指名委員会等設置会社の利用が進まない中で（VM69~70頁参照），モニタリング・モデルへの移行を容易にするために監査等委員会設置会社が創設されたという背景がある。

　上記のコンセプトを反映して，取締役会の権限は次のとおり規律されている。

まず，原則的な権限分配を定める 399 条の 13 第 1 項ないし 4 項は，監査役（会）設置会社に関する 362 条 2 項ないし 5 項と同様のものであり，取締役会に留保されている業務執行の決定権限も同じである。他方で，上述のモニタリング・モデルへの移行を容易にする点を反映し，399 条の 13 第 5 項 6 項は，上記の条件を満たす場合は，取締役に重要な業務執行の決定も委任できるとする。この場合に取締役会に留保されている権限は指名委員会等設置会社と基本的に同様である（詳細は，後述 *3*(2)参照）。

2　指名委員会等設置会社（問 2）

(1)　**小問(1)：取締役会・委員会の構成**　　指名委員会等設置会社には 3 つの委員会が置かれる。各委員会の構成は 400 条に定められている。どの委員会も，3 人以上の委員で構成され（400 条 1 項。委員は取締役。同条 2 項），その過半数が社外取締役でなければならない（同条 3 項）（小問(1)①）。監査委員については，さらに 400 条 4 項で兼任規制が置かれている。

　指名委員会等設置会社では社外取締役が何人必要かを直接的に定める条文はないため，小問(1)②には苦労したかもしれない。先に小問(1)①で取締役会全体ではなく，委員会の構成を問うたのは手がかりを与えるためである。取締役会設置会社は 3 人以上の取締役が必要であり（331 条 5 項），かつ，各委員会の過半数が社外取締役でなければならないため（400 条 3 項），全体では最低でも 2 人以上の社外取締役が必要となる（委員の兼任自体は可能）。

　指名委員会等設置会社の取締役は執行役を兼任できるが，監査委員は業務執行を行う立場にある執行役や子会社の執行役・業務執行取締役（指名委員会等設置会社の子会社は指名委員会等設置会社の場合もあれば，そうでないこともある）や使用人を兼ねることはできない（400 条 4 項）。そのため，小問(1)③の A は監査委員となることはできない。

(2)　**小問(2)：委員会の役割・権限**

　(ア)取締役会と委員会の権限の関係（小問(2)①）　　会社法上，各委員会が判断すべき事項については，取締役会全体でこれを覆すことはできない。指名委員会についてこれを反映しているのが，416 条 4 項 5 号かっこ書である。ここでは，取締役会の権限に取締役，会計参与，会計監査人の選解任議案の決定権限がないことが前提とされている。

これは，委員会は社外取締役が過半数である（400条3項）が，取締役会全体ではそうなるとは限らない（最低2名の社外取締役がいれば足りる）制度になっているためである。すなわち，各委員会において社外取締役が中心となって決定した内容を，社外取締役が過半数でなくてもよい取締役会全体で覆せてしまうと，経営者から独立した社外者の判断を活かしてモニタリングに当たるという指名委員会等設置会社の目的が達成できないからである。なお，取締役会全体の過半数（あるいは3分の1など）が社外取締役でなければならないといった規定が置かれていないのは，制度導入当時（平成14年商法改正）には社外取締役を確保するのが難しいなどの事情があったためである。以上は，社外取締役が少ない中でどのようにモニタリング・モデルに近づけるのかという過渡的な時期における工夫ともいえる。

　(イ)各委員会の権限（小問(2)②〜④）　　各委員会の権限は404条以下に定められている。まず，取締役（および会計参与〔普通は置かないので以下では省略〕）の選解任に関する議案は，**指名委員会**で決める（404条1項）。前述のとおり，取締役会全体では決めることができない（416条4項5号かっこ書参照）。

　次に，**報酬委員会**が「執行役等」の個人別の報酬を決める（404条3項）。「**執行役等**」とは，執行役および取締役のことである（**404条2項1号かっこ書**）。このため，小問(2)③の取締役A，執行役B，執行役Cの執行役分の報酬は報酬委員会で決めることになる。また，従業員兼務執行役については明文で，使用人分も報酬委員会で決めることとされている（同条3項後段）。これは指名委員会等設置会社以外の会社における従業員兼務取締役の報酬とは異なる（最判昭和60年3月26日判時1159号150頁参照）ので，注意が必要である。

　報酬委員会が執行役等の個人別報酬を定めるのは，報酬がモニタリングの手段の1つだからである（「アメとムチ」のアメ）。すなわち，業績に応じた報酬を与えるなど，報酬を通じて株主の利益を最大化させるためのインセンティブを与えることが期待されている。どのような形の業績連動報酬にするか，ある執行役等の報酬をそもそも業績連動にするのかどうかなどは，会社によって望ましい形が異なり，専門的な判断も必要となる。そのため，株主総会ではなく報酬委員会に権限を与えている。また，報酬を受ける側（特に社内の取締役や業務執行を行う執行役）の影響が大きいと判断が歪む。そこで，取締役会全体ではなく，社外取締役が過半数を占める報酬委員会で決めるのだといえる。

　監査役設置会社では，各監査役が監査報告を作成する（381条1項参照）。また，監査役会が置かれていても，監査役会の監査報告は各監査役の作成した監査報告をもとに作成される（会社則130条1項，会社計算123条1項・128条1項）。すなわち，多数決で決めることは想定されていない。

　これに対して，指名委員会等設置会社では，各監査委員ではなく，**監査委員会**が監査報告を作成する（404条2項1号）。そして，委員会の決議は委員の過半数が出席し，出席した委員の過半数をもって行うものとされ（412条1項，監査報告については，会社則131条2項，会社計算129条2項），多数決で意思決定を行う。もっとも，多数決で決められた監査報告の内容と異なる意見がある場合，各監査委員はそれを付記できる（会社則131条1項柱書後段，会社計算129条1項柱書後段）。

　(3)　**小問(3)：執行役**　　執行役は取締役会で選任（402条2項）および解任（403条1項）を行う。経営を行う執行役のモニタリングに当たる取締役会が選任・解任する権限を有しているのである（小問(3)①）。

　兼任に関する小問(3)②をみていこう。前述のとおり，指名委員会等設置会社の取締役は法令に定められたものを除き業務執行を行うことはできないが（415条），執行役を兼ねることはできる（402条6項）（ただし，社外取締役は執行役を兼ねることはできない〔2条15号イ〕）。また，指名委員会等設置会社の取締役は監督される側である使用人を兼ねることはできない（331条4項）。他方，執行役は使用人を兼務できる（404条3項後段はこれを前提としている）。

　指名委員会等設置会社では業務執行を行うのは執行役であり，代表取締役はおらず，代表執行役が内部的な制限のできない権限を持ち（420条3項・349条4項5項），会社を代表する（小問(3)③）。

　指名委員会等設置会社では，取締役会が執行役に広く業務執行の決定を委任することができる。委任できない事項は416条4項に定められている（内容については前述 *1*(1)参照）。小問(3)④に関しては，362条4項2号では(i)多額の借財についての決定を取締役会の権限として留保するが，416条4項にはそのような規定はない。このため，(i)は執行役に委任できる。また，(ii)有利発行に当たらない新株発行は公開会社であれば募集事項の決定が取締役会の権限とされているが（201条1項・199条2項），416条4項では取締役会に権限を留保していないため，執行役に委任できる。他方で，(iii)執行役と会社の取引の承認は，常

識的にもわかるが，416条4項6号で取締役会に留保されているため，委任できない。

3 監査等委員会設置会社（問3）

(1) **小問(1)：取締役会・監査等委員会の構成**　監査等委員は取締役であるが，指名委員会等設置会社の各委員会の委員が取締役として選任された者の中から取締役会で選ばれるのに対して（400条2項），監査等委員は他の取締役と別立てで株主総会において選任する（329条2項）。このような仕組みを反映して，監査等委員である取締役の資格等は取締役の資格を定める331条に定められている。

監査等委員会設置会社では，監査等委員である取締役を3人以上選任し，その過半数は社外取締役でなければならない（331条6項）（小問(1)①）。このため，監査等委員会設置会社では，最低2名の社外取締役が必要になる（小問(1)②）。必要な社外取締役の数が監査等委員の構成を通じて決まるのは指名委員会等設置会社と似ているが，条文の位置は異なる。

指名委員会等設置会社の取締役（331条4項）と異なり，監査等委員会設置会社の取締役（社外取締役を除く。2条15号イ）は使用人を兼ねることはできる。しかし，監査等委員は監査される側である使用人を兼ねることはできない（331条3項）ため，従業員兼務取締役が監査等委員になることはできない（小問(1)③）。同様に，監査等委員は，業務執行取締役も兼ねることはできない（同項）。

(2) **小問(2)：取締役会の役割・権限**

(ア)取締役会に委任できる範囲の拡張の条件（小問(2)①）　すでに1(2)でみたとおり，監査等委員会設置会社では，取締役会に留保された権限を縮小し，取締役に委任可能な業務執行の決定の範囲を広げることができる（399条の13第5項6号）。このための条件は，取締役の過半数が社外取締役である（同条5項）か，定款で重要な業務執行の決定を委任できる旨を定めること（同条6項）である。

(イ)取締役会に留保された権限の範囲（小問(2)②）　これらの条件を満たした場合は，399条の13第5項各号に列挙された事項以外は，取締役会決議によって取締役に決定を委任できる。委任できない事項の範囲は，指名委員会等設

置会社の場合（416条4項各号）と基本的に同様である。両者で異なるのは，指名委員会等設置会社に特有のものが監査等委員会設置会社については定められていない点のみである。具体的には，①指名委員会の権限にかかる416条4項5号かっこ書と399条の13第5項5号かっこ書（後者では取締役および会計参与の選解任議案が含まれない），②指名委員会等設置会社の各委員の選定解職にかかる416条4項8号，③執行役の選解任にかかる416条4項9号，④代表執行役の選定解職にかかる416条4項11号（監査等委員会設置会社における代表取締役の選定解職は399条の13第1項3号に定められている），である。

(3)　小問(3)：監査等委員会の役割・権限

　(ｱ)監査等委員会の権限（小問(3)①）　　**監査等委員会**は，①取締役の職務執行の監査（399条の2第3項1号），監査報告の作成（同号。なお計算書類等の監査につき，436条2項1号2号），②これらを実効的なものにするための調査権限（399条の3），③違法行為などの抑止のための取締役会への報告義務（399条の4），総会提出議案にかかる株主総会への報告義務（399条の5），取締役の違法行為差止請求権（399条の6），④会社と取締役の間の訴えにおける会社代表者の決定（399条の7），⑤会計監査人の選解任および不再任議案の内容の決定（399条の2第3項2号）などの会計監査人に関するもの（他には，397条4項・398条4項・399条3項）という指名委員会等設置会社の監査委員会および監査役（会）と同様の権限・義務を有している。

　また，監査等委員である各取締役は，監査等委員である取締役の選解任または辞任について意見陳述権があり（342条の2第1項），監査等委員である取締役を辞任した者は辞任後最初の株主総会における意見陳述権を与えられている（同条2項）のは監査役（345条4項・同条1項2項）と同様である。報酬についても，監査役（387条）と同様の規定が置かれている（361条2項3項5項）。

　他方，監査等委員会は，監査等委員以外の取締役の選解任または辞任，および報酬について意見を作成し（399条の2第3項3号），監査等委員会で選定された監査等委員が株主総会でこれを述べる権限を有する（342条の2第4項・361条6項）。また，監査等委員会は，監査等委員である取締役の選任議案に関する同意権を有している（344条の2）。これは，監査役・監査役会の監査役の選任議案に関する権限（343条）と同様の規定ではあるが，機能は異なる。すなわち，監査役（会）が権限を持つのは監査役の選任についてであり，取締役に

ついてではない。これに対して，監査等委員会設置会社では，社外取締役が中心となって取締役の一部（監査等委員には，社外取締役以外の取締役も含まれうる）の選任議案の内容を判断できることになり，取締役の人事権を部分的に保有することになる。

このように，監査等委員会は，監査役（会）および監査委員会が有していない権限（監査等委員以外の取締役の報酬・選解任または辞任に関する意見陳述権），および監査役（会）と同様にみえて機能の異なる権限（監査等委員である取締役の選任に関する議案の同意権）を有している。

(イ)監査等委員会の役割（小問(3)②）　以上の規定からは，監査等委員会は，監査委員会や監査役（会）と同様に，監査や利益相反の処理，会計監査人との連携を担うのに加えて，指名委員会等設置会社の報酬委員会や指名委員会ほど強い排他的な権限ではないにせよ，部分的に報酬や人事面で取締役のモニタリングに関する権限を持つものといえる。このような制度設計は，前述のとおり，監査等委員会設置会社がモニタリング・モデルへの移行を容易にするために作られたことによるものである。

〔松中　学〕

── *Column*　監査役（会）設置会社以外も重要 ──
　会社法を勉強し始めた段階では，本章でとりあげた形態の会社にまでは十分に手が回らないかもしれない。また，教科書などの説明も監査役（会）設置会社を前提としたものが多く，演習・試験問題でもそうであることが多いだろう（本書ではあえて指名委員会等設置会社もとりあげた箇所もある）。
　しかし，監査等委員会設置会社は既に上場会社の2割弱を占めている（東京証券取引所『東証上場会社コーポレート・ガバナンス白書2017』61頁図表51（2017年3月）〔http://www.jpx.co.jp/equities/listing/cg/tvdivq0000008jb0-att/white-paper17.pdf〕）。取締役会の役割と権限が異なる上に，監査委員・監査等委員は監査役と同じだろうなどと考えているとそうでもない。また，ある程度慣れていないと条文の位置を把握するのも難しい。本問で問うた程度のことはおさえておいてほしい。

No.18　計算書類の作成・監査・承認

問1

(1)　会社は，各事業年度ごとに計算書類を作成しなければならない。

①　このことを規定する条文は何条か。また，法が計算書類や会計帳簿の作成について規律するのはどのような目的のためか。

②　計算書類に含まれる貸借対照表・損益計算書とは，それぞれどのようなもので，どのような情報を知ることができるか。

(2)　会計帳簿とは何か。

(3)　株式会社は，各事業年度ごとに，計算書類とともに事業報告も作成しなければならない。

①　このことを規定する条文は何条か。

②　事業報告には，どのような情報が記載されるのか。

問2　株式会社（指名委員会等設置会社ではない）において，会計帳簿・計算書類・事業報告を作成する機関はどれか。

問3　次に挙げるような機関構成の株式会社において，作成された計算書類と事業報告はそれぞれ誰の監査を受けるか。

①　監査役設置会社ではあるが会計監査人設置会社ではない会社

②　監査役の監査の範囲を会計に関するものに限定する旨の定款の定めがある会社

③　会計監査人設置会社

問4　取締役会設置会社においては，**問3**のような監査が終了した後，取締役会の承認を得なければならない。これを規定する条文は何条か。

問5　計算書類と事業報告は，定時株主総会に提出（提供）されなければならない。これを規定する条文は何条か。

問6　計算書類については，原則として株主総会の承認が必要である。

(1)　これを規定する条文は何条か。

(2)　株主総会の承認が不要となるのは，どのような場合か。その場合，どの

時点で計算書類が確定することになるか。

問7 計算書類や事業報告は，株主やその他の利害関係者に対してどのようにして開示がなされるか。

Hint
問1(1)①：会計規制の意義については，LQ258頁を参照。②貸借対照表・損益計算書の意義については，LQ261〜266頁を参照。

問1(2)：横浜地判平成3年4月19日判時1397号114頁［商判 I-157］［百選 A 30］参照。

問1(3)②：会社法施行規則118条以下。細かい内容を覚える必要はないが，計算書類（貸借対照表や損益計算書など）によってわかる情報とはどのような点で違うか，チェックしておこう。

問3：436条1項2項。なお，②についても，事業報告に関する監査報告は作成しなければならないことに注意（会社則129条2項）。

問6(2)：株主総会の承認が不要となる場合につき，439条。もし株主総会の承認が不要であるとすれば，手続の最後の段階となるのは，どの機関による承認か。

問7：440条・442条。

解　説

1　計算規定の基本知識

　「会社法の計算規定は得意だ」という人は少ない。技術性の高さが敬遠されるのかもしれない。しかし，会社の究極の目標は利益を出すことであり，その算定の基礎となるのは計算規定である。会社を理解する上で，計算規定を理解する重要性は高い。

　⑴　①　**計算書類（問1(1)①)**　　会社は，法務省令で定めるところにより，各事業年度に係る計算書類を作成しなければならない（435条2項）。法務省令には計算書類の形式や作成方法などにつき規定がある（会社計算規則を参照）。つまり，会社が会計に関する書類を勝手な方法で作ることはできない。

　ではなぜ会社法は会計について規制を行うのか。理由は2つ考えられる。第1に，会社の財務情報は株主や会社債権者が会社の財務や経営の状況を知るのに重要な情報なので，情報が隠匿されないように，また会社の正しい姿が反映されるように，作成方法等を規定している（情報目的）。第2に，会社から株主への財産の分配（配当や自己株式の取得など）の上限額は，計算書類を基に計算される「分配可能額」である（461条1項など→〔Stage 1-20〕）。それゆえ，計算書類をどのような額で作成するかは，株主と会社債権者との利害調整にも関係することから，公正さを確保する必要がある（利害調整目的）。

　②　**貸借対照表と損益計算書（問1(1)②)**　　計算書類のなかでも特に重要なのは，貸借対照表と損益計算書である。これらの役割をきちんと確認しておこう（なお，貸借対照表と損益計算書の簡単な例が，〔Stage 1-19〕に入っているので，参照されたい。具体的な見方も，そこで解説している）。

　貸借対照表（balance sheet）は，ある一定の時点における会社の財産状態を示すものである。通常は事業年度末日を基準に作成される。これをみれば，資産がどれだけあり，負債がどれだけあるか，などといった情報を知ることができるし，各項目を比較することで会社の状態を分析することも可能である（例えば流動負債と流動資産の比率をみることで，債務の弁済に必要な流動性を十分に確保しているかがわかる）。ただ，貸借対照表はあくまでもある一時点の財産状況を示すだけなので，過去の時点と比べてどれほど資産や負債が増減したか，などは複数の貸借対照表を比較しないとわからない。

これに対し損益計算書（profit and loss statement）は，ある一定の期間（通常は1事業年度）の会社の事業活動の成果を示すものである。ざっくりいえば，その期間に会社がどれほど儲けたのか（あるいは損したのか）を示すものである。また，収益源や費用の用途が通常のビジネスに関するものか，営業外のものなのかが区別して記載されているため，会社の儲けが本業によるものなのか，それ以外の原因によるものなのか，といったこともわかる。

　(2)　**会計帳簿**（問1(2)）　　株式会社は，適時に，正確な会計帳簿を作成しなければならない（432条1項）。ここにいう「会計帳簿」について法令上の定義はないが，会計帳簿閲覧請求権に関する裁判例（横浜地判平成3年4月19日判時1397号114頁［商判 I-157］［百選 A30］）では「会計学上の仕訳帳，元帳及び補助簿」と解されている。実際にどのような帳簿を作成しなければならないのかについては業種ごとに異なる部分もあるため，最終的には一般に公正妥当と認められる企業会計の慣行（431条）によって定まる。

　(3)　**事業報告**（問1(3)）　　株式会社は，各事業年度ごとに計算書類とともに事業報告を作成しなければならない（435条2項）。事業報告の内容については会社法施行規則118条以下に定めがあり，公開会社か否か，どのような機関構成かによって内容とすべき事項が異なる。例えば公開会社であれば，株式会社の現況に関する事項や会社役員に関する事項，株式に関する事項，新株予約権等に関する事項を事業報告の内容に含めなければならない（会社則119条）。それぞれの事項の具体的な中身についても定められている（会社則120～123条）。

　事業報告に記載すべき事項として定められているものに共通しているのは，それが非会計事項だということである。つまり，計算書類の数字だけではわからない情報を事業報告に記載させることで，株主や債権者が重要な情報を得られるようにしているのである。会社法施行規則118条から126条までをみて，その内容を確認してほしい。

　なお，各種検索サイトで「計算書類」あるいは「事業報告」と検索すれば，実際の計算書類や事業報告の例を見つけることができる。株主にみやすいように工夫されたものもあるので，一度みてみるとよい。余裕があれば，そこに記載されている事柄が会社法施行規則や会社計算規則のどの条文に該当するものであるかを調べてみるとよい。

2　会計帳簿・計算書類・事業報告の作成主体 (問2)

　会計帳簿や計算書類，事業報告を作成すべき主体として会社法に規定されているのは，直接的には「株式会社」である (432条1項・435条2項)。そこで，取締役 (指名委員会等設置会社では執行役) が，会社の業務執行としてそれらの作成を行うことになる (実際には部下である従業員が作成するだろうが，従業員はあくまでも取締役の業務執行の補助者である)。

　なお，会計参与設置会社においては，会計参与は取締役 (指名委員会等設置会社では執行役) と「共同して」計算書類を作成する (374条1項6項)。この文言は，計算書類については取締役 (執行役) と会計参与の意見の一致がなければ計算書類として適法に作成されたことにならないのだと解されている (LQ203頁 Column 4-27)。これに対して，会計帳簿・事業報告については，条文に明記されていない以上，会計参与の関与は必要ではない。

3　計算書類・事業報告の監査 (問3)

　会社に監査役や監査等委員会，監査委員会などの監査機関が設置されている場合には，計算書類ならびに事業報告は，それらの監査機関による監査を受けることになる。どの書類につきどの機関の監査を受けるのかについては，会計監査人設置会社かどうかによって異なる。

　会計監査人は設置されていないが監査役は設置されている会社は，計算書類・事業報告およびそれらの附属明細書について監査役の監査を受けなければならない (436条1項)。監査を行った監査役は監査報告を作成することになる (381条1項・389条2項)。監査報告に記載すべき事項については，事業報告に関しては会社法施行規則129条に，計算書類に関しては会社計算規則122条に定めがある。

　なお，436条1項の文言では，監査役の監査の範囲が会計に関する事項に限定されている株式会社でも，監査役に事業報告を監査させなければならないように読める。しかし，実際には事業監査の権限は与えられていない。そこで，事業報告を監査する権限がないことを監査報告に明記しなければならないこととされている (会社則129条2項)。

　会計監査人設置会社の場合，計算書類については会計監査人と監査役 (または監査等委員会・監査委員会) 双方の監査を受けるのに対し，事業報告について

は監査役（または監査等委員会・監査委員会）のみの監査を受ける（436条2項各号）。会計監査人は会計のプロフェッショナルとしてもっぱら会計に関する事柄を監査するのに対し，監査役等は会計だけでなく事業全般について監査を行うのである。

なお，設問では問うていないが，この場合の計算書類の監査の手順としては，まず会計監査人が会計監査報告を作成し（会社計算126条），これを受けて監査役（会）または監査等委員会，監査委員会が，会計監査人の監査の方法・結果が適切であったかを中心に監査することになる（会社計算127〜129条）。計算書類に対する直接的な監査は会計のプロフェッショナルである会計監査人に任せ，監査役（必ずしも会計に通じているとは限らない）は会計監査人の監査が相当であったかを監査するという間接的な立場に退いているのである。

4 取締役会による承認（問4）

作成され，必要な監査を受けた計算書類・事業報告およびそれらの附属明細書は，取締役会設置会社にあっては，取締役会の承認を受けなければならない（436条3項）。

5 計算書類・事業報告の提供（問5）

計算書類と事業報告は，必要な監査と承認を経たのち，定時株主総会に提出または提供されなければならない（438条1項）。取締役会設置会社の場合には，定時株主総会の招集通知に際して各株主に提供されなければならない（437条）が，それ以外の場合には総会当日に提供すればよい。なお細かいことだが，438条1項における「提出」と「提供」の違いは，「提出」が437条によってすでに計算書類等が事前に提供されている場合に当該計算書類等を会議の目的事項として上程すること，「提供」は437条による提供がされていない場合に株主総会において計算書類等を株主に示し，かつ株主総会の目的事項とすることである，と考えられる。

6 株主総会による計算書類の承認（問6）

定時株主総会に提出（提供）された計算書類は，定時株主総会の承認を受けなければならないのが原則である（438条2項）。事業報告は承認の対象とはさ

れておらず，単にその内容を報告すればよい（同条 3 項。報告事項として定時株主総会の目的となる）。

　もっとも，会計監査人設置会社については，439 条（および会社計算 135 条）によって定時株主総会の承認が不要となる場合がある。具体的には，会計監査人の監査報告に無限定適正意見が含まれていること（会社計算 135 条 1 号），監査役らの監査報告や付記意見において会計監査人の監査が相当でないとされていないこと（同条 2 号 3 号），監査を受けたものであること（同条 4 号），取締役会設置会社であること（同条 5 号）である。つまり，会計監査人から適正さについてのお墨付きを得ており，かつ監査役らが会計監査人の監査に問題がないことを確認している場合，ということができる。この場合，計算書類は取締役会の承認（436 条 3 項）によって確定し（2 条 24 号もこれを前提とした規定ぶりになっている），株主総会へは報告のみがされることになる（439 条後段）。

7　計算書類・事業報告の開示（問 7）

　計算書類と事業報告，およびそれらの附属明細書については，一定の期間，本支店に備え置かなければならない（442 条 1 項 2 項）。そして，株主や債権者の希望に応じて，閲覧・謄写に供さなければならない（同条 3 項）。親会社社員（親会社が株式会社であれば親会社株主ということになる）による閲覧・謄写の請求については，裁判所の許可が必要である（同条 4 項）。

　これとは別に，定時株主総会の終了後，大会社にあっては貸借対照表と損益計算書を，それ以外の会社にあっては貸借対照表を，公告しなければならない（440 条 1 項）。基本的な情報について広く情報を周知させるためである。公告の方法は，会社が定めている公告方法（939 条 1 項）によることになる。ただし，公告に代えてインターネット上で公開することも可能であり（440 条 3 項，会社計算 147 条），現在ではこの方法により公告する会社も多い。また，金融商品取引法 24 条 1 項により有価証券報告書を提出しなければならない会社，すなわち金商法に基づいて企業情報の開示を行っている会社については，公告に代わる開示を行っているということができるので，公告義務はない（440 条 4 項）。

〔久保大作〕

　甲株式会社における，ある年の3月1日現在の貸借対照表の概要は，次のようであった。

（単位：百万円）

【資産の部】		【負債の部】	
現　金	500	流動負債	800
預　金	500	固定負債	4,500
売掛金	500		
商　品	500	合　計	5,300
有価証券	1,000		
機械・備品	1,000	【純資産の部】	
土地建物等	4,000	資本金	800
		資本準備金	800
合　計	8,000	その他資本剰余金	200
		利益準備金	200
		その他利益剰余金	700
		合　計	2,700

　その後，次のような事実があった場合について，次の問題に答えなさい。

問1　甲社は同年3月15日，第三者割当ての方法により普通株式を新たに1万株発行し，対価として指定の銀行の預金口座へ1億円の払込みを受けた。

①　払い込まれた1億円のうち，資本金として計上しなければならない最低金額はいくらか。また，最大金額はいくらか。

②　1億円のうち，資本金の額として計上しなかった額は，貸借対照表のどの項目に計上されるか。

③　貸借対照表のなかで，上記①および②のほかに金額が変化する項目はどれか。また，いくらに変化するか。

④　上記①で，資本金として計上しなければならない最低額のみを資本金と
したと仮定して，3月15日現在の貸借対照表を作成しなさい。なお，こ
の出資以外に，財産の変動はなかったと仮定する。

問2　その後，甲社は同年3月31日に決算期となった。その際の損益計算書
は，次のようなものであった。これにより，上記の貸借対照表はどのように
変化するだろうか。なお，問題を簡単にするため，資産の増減は現金勘定の
みで発生するものと仮定する。

（単位：百万円）

売上高		8,000
売上原価	3,500	
販売費及び一般管理費	3,000	
営業利益		1,500
営業外収益		1,000
営業外費用	1,500	
経常利益		1,000
特別利益		2,000
特別損失	2,500	
税引前当期純利益		500
租税公課	220	
税引後当期純利益		280

問3　その後，甲社は資本金を1億円，利益準備金を1億円減少させたいと考
えるようになった。

①　資本金や準備金の額を減少する場合の手続の概要について説明しなさい。

②　資本金の額を減少する際に，決定しなければいけない事項は何か。

③　減少する資本金の額の全部について，資本準備金の額としないこととし
た。この場合，減少した資本金の額は貸借対照表のどの勘定科目に振り替
えられることになるか。減少させるのが利益準備金の場合はどうか。

④　債権者異議手続において，甲社から会社債権者に対して，どのような事

項を，どのような方法で伝達しなければならないか。また，異議申述の期間は最低どの程度必要か。

⑤　債権者異議手続において異議を申し立てられるのは，どのような債権者か。弁済期限が到来していない貸金債権の債権者はどうか。

⑥　異議を申述した会社債権者に対して，会社はどのような措置を講じなければならないか。

⑦　資本金を減少させた額を株主に持株割合に応じて返却したい。どのような手続をとるべきか。

Hint───────────────────────────────

問1：①445条1項2項。②445条3項。

問2：会社計算規則29条1項。

問3：①②447条・448条。③会社計算規則27条1項・29条1項。④449条2項。⑥449条5項。⑦資本金を減少させた額は，どの項目に算入されるか。その項目に計上されている額に相当する財産を分配するための手続は何か。

解　説

1　貸借対照表の見方

(1)　**貸借対照表の「左側」と「右側」の意味**　　問1の解説に入る前に，貸借対照表の見方をざっとみておこう。

　設問に挙げられている貸借対照表をみてほしい。左側の「**資産の部**」には，会社が持っている資産（プラスの価値がある財産と考えればよい）が計上される。また右上の「**負債の部**」には，会社が他人に対して負っている負債（未払代金や借金など，借りになっているお金と考えるとわかりやすい）が計上される。計上される資産や負債の価額をどのように評価するかについて大まかな決まりはある（会社計算5条・6条）が，詳細は**一般に公正妥当と認められる企業会計の基準や慣行**を斟酌して解釈される（会社計算3条）。

　さらに右下には「**純資産の部**」がある。ここの合計額をみてほしい。「資産の部」の合計から「負債の部」の合計額を引いた額になっている。つまり，会社が有する財産から，負債に相当する額を取り除いた残り（＝残余財産）である。すなわち，これは株主の取り分を表している。純資産の部の項目のうち，「資本」という名称が入っている項目は株主からの出資に由来する額であり，「利益」ないし「損失」という名称が入っている項目は会社の事業成果としての利益または損失に由来する額である（なお，これらの項目の額をどのように算出するのかについては，後ほど説明する）。

　以上の説明をやや違った視点からいいかえてみると，貸借対照表の左側では「会社がどのような資産をもって運用されているか」が，右側では「そのためのお金がどこからどのように調達されたか」が示されている，といえる。

(2)　**財務状態の変化と計数**　　貸借対照表はある時点における財産状態を表示するものであるから，財産状態が変われば貸借対照表の各項目額も変化する。そこで，まずは会社に現金が増えた場合を例に，貸借対照表の諸項目がどのように変化するかを考えよう。

　会社に現金が入ってくると，まず「左側」の現金の項目（会計用語では項目のことを「勘定」といったりする）の額が増える。他方で，その現金が増えたのは何らかの理由によるものであるから，その出元を表示しなければならない。出元にはいろいろな場合が考えられる。主要なものとしては，「別の資産が現金

111

に変わる」「借りてくる」「株主に出資してもらう」「ビジネスで儲ける」の4つがあろう。

このうち，「別の資産が現金に変わる」というのは，例えば有価証券を売って現金に変える，といったようなケースである。もともと有していた資産が別の形に変わるだけならば右側には影響が生じない。

借入れによって会社の資産が増えた場合，借金が増えることになるから，貸借対照表上の負債の額が増加する。その結果，純資産の額は増えない。

株主に出資してもらった場合，あるいはビジネスによって儲けた場合，これらはいずれも負債ではないので，資産の増加は，純資産の部の額という形で反映される。つまり，株主の取り分が増えた，ということになる。

もっとも純資産の部にも様々な項目があり，株主からの出資に由来する部分は資本金などの資本関連項目として，またビジネスの儲けに由来する部分は損益関連項目として表示することになっている。これを「資本と利益の区別」といい，会計上の重要な原則として確立している。このような区別を設けているのは，ビジネスによる純資産の増加は経営の成果であるといってよいが，出資による純資産の増加は必ずしもそうとはいえないので，純資産のうちどこまでが株主による出資（つまり元手）で，どこまでが経営による成果であるのかを明確にするためである。

2 株主による出資（問1）

出資があると，その出資された財産の評価額の分だけ資本金の額を増加させるのが会社法上の原則である（445条1項）。ただし，出資額の2分の1までは資本金としては計上しないという選択も可能であり（同条2項），当該額は，資本準備金として計上される（同条3項）。資本金と資本準備金の違いは，後でみるように，その額を減少させる場合の手続の厳しさにある。

そこで，問1の出資が貸借対照表にどのように反映されるかをみてみよう。出資である1億円は銀行預金として入ってくるから，資産のうち預金が1億円（＝100百万円）増加して600百万円になる。他方，これに見合うだけ右側の項目を増やさなければならないが，この1億円は株式の増加によるものなので，先にみたように全額を資本金とするのが原則である。しかし，その2分の1（＝5000万円）までは資本金ではなく資本準備金として計上できる。

　そこで設問の答えは，①は最低5000万円・最高1億円，②は資本準備金，③は左側の資産の部のうち預金の項目が1億円増える，ということになる。実務では資本金の増加額を最低限に抑えるのが一般的なので，そのようにしたと仮定すると，甲社の貸借対照表は次のようになる。

（3月15日現在）（単位：百万円）

【資産の部】		【負債の部】	
現　　金	500	流動負債	800
預　　金	600	固定負債	4,500
売掛金	500		
商　　品	500	合　　計	5,300
有価証券	1,000		
機械・備品	1,000	【純資産の部】	
土地建物等	4,000	資本金	850
		資本準備金	850
		その他資本剰余金	200
合　　計	8,100	利益準備金	200
		その他利益剰余金	700
		合　　計	2,800

3　ビジネスによる利益（問2）

　⑴　**損益計算書の見方**　では，ビジネスによって会社の財産が増えたかどうかは，どのように表示するのだろうか。ある一定の期間に行われた会社のビジネスによってどれだけの利益ないし損失が発生したのかを示すのが，損益計算書である。そこで，まずは簡単に損益計算書の見方を説明しておこう（なお，会社計算88条に，損益計算書の項目についての規定がある）。

　一般的な損益計算書は，一番上に「売上高」が記される。そこから売上原価や一般管理費など，売上げを出すのにかかった費用が差し引かれる。これによって計算される「営業利益（ないし営業損失）」は，会社のビジネスの直接の成果だといえる。

　その下の「営業外収益」「営業外費用」は，直接のビジネスの活動以外の理由で発生する日常的な収益（受取利息など）や費用（支払利息など）である。営

113

業利益（損失）にこれらの営業外収益・費用を加味して算出された「経常利益（ないし経常損失）」は，会社の日常的な活動全体の成果である。

さらに「特別利益」「特別損失」は，必ずしも日常的とはいえない出来事によって生じる利益や損失である。例えば，工場を売却したり，あるいは災害によって機械設備が破損したり，といった事柄がここに含まれる。このような活動もすべて考慮に入れた利益（ないし損失）が，その期間の会社全体の利益（ないし損失），つまり当期純利益（ないし当期純損失）ということになる。

さらにこれに法人税などの租税公課がかかるから，最終的には税金を引いた額が会社のその年度の財産の増減になる。これを**税引後当期純利益**（ないし税引後当期純損失）といい，損益計算書の一番下に記載される。

(2) 当期純利益の貸借対照表への反映　では，税引後当期純利益（ないし税引後当期純損失）として表示されたビジネスの成果は，貸借対照表にどのように反映されるだろうか。上記の設問を使って考えてみよう。

まず，上記の問題では損益計算書の最終的な結果（一番下の行）が「当期純利益」となっているから，Ａ社は財産を増やしたということがわかる。財産が増えた分は，貸借対照表の「左側」において資産の増加として反映される。実際には左側の項目の様々な項目が少しずつ増えるのであろうが，本問では全部現金で増えたと仮定しているので，現金の部分が280百万円増加することになる。

では，この資産増加は「右側」においてどのように反映されるだろうか。税引後当期純利益は，ビジネスの成果である。そこで，「右側」のうちビジネスの成果の累積を表示する項目であるその他利益剰余金に加算される（会社計算29条1項2号。もし損失であった場合には，その額だけその他利益剰余金が減る〔同条2項3号〕）。

その結果，貸借対照表は次のようになる。

（3月31日現在）（単位：百万円）

【資産の部】		【負債の部】	
現　金	780	流動負債	800
預　金	600	固定負債	4,500
売掛金	500		
商　品	500	合　計	5,300
有価証券	1,000		
機械・備品	1,000	【純資産の部】	
土地建物等	4,000	資本金	850
		資本準備金	850
		その他資本剰余金	200
合　計	8,380	利益準備金	200
		その他利益剰余金	980
		合　計	3,080

4　資本金・準備金の減少（問3）

⑴　**資本金・準備金を減少させることの意味**　　わが国の会社法では，財産の流出を伴わない資本金・準備金の減少を認めている。非常にわかりにくいが，次のようにいえば多少はわかりやすいだろうか。

　前にも述べたように，純資産の部は「会社財産のうち，株主に帰属すべき部分」を示している。そのなかでも，名前に「資本」がついている項目と「利益」がついている項目があり，それぞれ「株主からの出資に由来する部分」と「ビジネスによる儲けに由来する部分」であることも説明した（→*1*⑴）。

　さらによくみると，「資本」とつく項目や「利益」とつく項目にも複数あることがわかる。資本でいえば「資本金」「資本準備金」「その他資本剰余金」であり，利益でいえば「利益準備金」「その他利益剰余金」である。これらの項目の違いは何かといえば，「株主に対して分配しやすいかどうかの程度の差」である。例えば，「その他資本剰余金」や「その他利益剰余金」は，「剰余金の分配〔Stage 1-20〕」でみるとおり，剰余金の額ひいては分配可能額の算定の基礎となっており，基本的に株主に分配可能な財産額を示している。それに対して「資本金」や「資本準備金」，「利益準備金」は，そのままでは株主に分配

できない財産の額を示している。株主の取り分であるとしても，容易に株主に返すことはできないのである。いいかえれば，これらの項目は，株主の取り分のうちどれだけの額がすぐに配当でき，どれだけの額が会社に拘束されているかを示す「ラベル」である，といえる。

各項目が「ラベル」であるなら，会社側は自由に貼り換えたくなるかもしれない。貼り換えることで分配できる財産の額が増えるならなおさらである。しかし，会社債権者からみれば，資本金や準備金の額に相当する財産は株主に分配されることなく会社に留保され，その分だけ会社の財産的基礎は強固となる，との期待をもつだろう。そのような期待があるとすると，会社が勝手にラベルを貼り換えてしまうこと，つまり資本金や準備金の額を減らしてしまうことは，会社債権者の期待を裏切ることになる。そして，株主有限責任制度のもとにおいて会社債権者が唯一あてにできるのが会社財産である以上，そのような債権者の期待は一定程度保護される必要がある。

そこで，資本金や準備金を減少させる場合には，一定の厳格な手続を求めている。以下，**問3**の設問に沿って手続の内容をみていくことにしよう。

(2) 資本金・準備金の減少手続

① 資本金・準備金の減少に際しては，2つの手続が必要である。第1に，株主総会の決議を経なければならない（資本金につき447条1項，準備金につき448条1項）。資本金減少のための株主総会決議は，原則として特別決議である（309条2項9号を参照）。ただし，株式の発行と同時に資本金・準備金の額を減少させる場合，一定の条件を満たせば，取締役ないし取締役会の決定のみで資本金・準備金を減少させることも可能である（資本金につき447条3項，準備金につき448条3項）。

第2に，先に述べた理由から，債権者保護手続も設けられている（449条1項）。資本金を減少させる場合には必ず債権者保護手続が必要となるが，準備金を減少させる場合には，その全部を資本金とする場合，または定時株主総会における欠損填補のためだけに用いる場合には，債権者保護手続は不要とされる（同項ただし書）。

② 資本金や準備金を減少させる場合，決定すべき事項は447条1項または448条1項に定めがある。これによれば(i)減少する資本金・準備金の額，(ii)減少させた額をそれぞれ準備金・資本金に組み入れる場合にはその旨とその額，

(iii)効力発生日，である。

③ 減少させる資本金・準備金の額は，準備金・資本金の額に組み入れない限り，その他資本剰余金またはその他利益剰余金に計上されることになる。このとき，「**資本と利益の区別**」（→*1*(2)）により，資本金・資本準備金の減少額はその他資本剰余金の増加額になり（会社計算27条1項1号2号），利益準備金の減少額はその他利益剰余金の増加額になる（会社計算29条1項1号）。

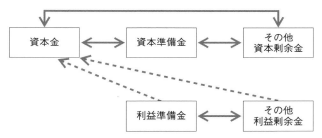

（点線は、一方通行。資本項目から利益項目へ額を移動することはできない）

④ 債権者異議手続においては，449条2項各号に定める事項を，官報に公告しかつ知れている債権者に各別に催告しなければならない（449条2項）。ただし，会社の定める公告方法が日刊新聞紙への掲載または電子公告である場合には，官報への公告に加えて当該方法により公告することで，債権者への各別の催告は不要になる（同条3項）。各別の催告は会社にとって非常に費用と手間がかかるので，ほとんどの場合後者の方法による。なお，異議申述の期間は，1か月を下ることができない（同条2項ただし書）。

⑤ 異議を述べることのできる債権者の範囲について，会社法は特に規定を設けていない。しかし通説は，ここで保護される債権者は弁済や担保提供，相当の財産の信託によって保護される債権者でなければならない，と解釈している。このため，債権として具体化していない，ないし金銭的評価ができないような債権は，保護の対象とならない。本問の貸金債権の場合，将来返済されるべき金額等は明確化しているから，異議申述の基礎となる。

⑥ 債権者が異議を述べた場合，会社は当該債権者に対して弁済，担保提供，または相当の財産の信託のいずれかを行わなければならない（449条5項）。ただし，資本金や準備金の額を減少しても当該債権者を害するおそれがないときには，これらの措置をとる必要はない（同項ただし書）。なお，保護措置をとら

ないことが例外として規定されていることから，害するおそれがないかどうか
が争いとなった場合には，会社側がおそれがないことを立証する必要があると
解される。

　⑦　株式会社が，資本金や準備金を減少させて当該額に相当する金銭等を株
主に分配したい場合，資本金減少ないし準備金減少の手続を経てその他資本剰
余金・その他利益剰余金に組み込まれた額を用いて剰余金分配行為（例えば剰
余金の配当，自己の株式の取得など）を行うことになる。本問では持株割合に応
じて株主に分配したいとされているので，資本金減少の後に剰余金の配当
（453条以下）を行うことになろう。ただし，資本金の減少を行っても分配可能
額がプラスにならない場合には，資本金減少額に相当する財産を配当できない，
という事態も発生しうる。

〔久保大作〕

No.20 分配可能額の算定，剰余金の配当

　甲株式会社は，会計監査人設置会社であり，かつ取締役会設置会社である。ある年の3月31日現在における甲社の貸借対照表は，次のとおりであった。

（単位：百万円）

【資産の部】		【負債の部】	
現　金	1,000	流動負債	500
売掛金	500	固定負債	2,500
商　品	500		
有価証券	1,000	合　計	3,000
機械・備品	1,000		
土地建物等	1,000	【純資産の部】	
		資本金	1,100
合　計	5,000	資本準備金	100
		その他資本剰余金	200
		利益準備金	100
		その他利益剰余金	700
		自己株式	▲200
		合　計	2,000

問1　甲社の剰余金の額（446条，会社計算149条），および分配可能額（461条2項）を計算しなさい。また，両者の関係を説明しなさい。なお，上記貸借対照表から読み取ることのできる事実以外に，剰余金の額や分配可能額の計算に影響する事実はないものとする。

問2　甲社の代表取締役Aは，金銭による剰余金の配当（総額1億円）を実施したいと考えている。

(1)　剰余金の配当を最終的に決定する機関は，原則として株主総会である。このことを定めている条文を指摘しなさい。また，甲社において剰余金の

配当を取締役会で最終的に決定できる場合はあるか。もしあれば，それについて定めている条文を指摘し，その要件の中身を説明しなさい。

(2)　剰余金の配当を行う場合，どのような事項を決定しなければならないか。

(3)　本問による配当を行った場合，準備金の積み立ては必要か。必要だとすると，その額はいくらか。

(4)　剰余金の配当（総額1億円）を金銭により行った後，貸借対照表はどうなるか。下記の貸借対照表の空欄を埋めなさい。なお，配当により減少する純資産の額1億円のうち3000万円をその他資本剰余金から，7000万円をその他利益剰余金から減少させるものとする。

（単位：百万円）

【資産の部】		【負債の部】	
現　　金	（　　）	流動負債	500
売掛金	500	固定負債	2,500
商　　品	500		
有価証券	1,000	合　　計	3,000
機械・備品	1,000		
土地建物等	1,000	【純資産の部】	
		資本金	1,100
合　　計	（　　）	資本準備金	（　）
		その他資本剰余金	（　）
		利益準備金	（　）
		その他利益剰余金	（　）
		自己株式	▲ 200
		合　　計	（　）

Hint

問 2(1)：後段につき，454条5項および459条。

問 2(2)：454条1項。

問 2(3)：445条4項，会社計算規則22条。

解　説

1　剰余金の額・分配可能額の計算（問1）

(1)　**剰余金の額と分配可能額の関係**　　剰余金の額の計算方法は446条に，また分配可能額の計算方法は461条2項に定めがある。そして両者の関係だが，461条2項1号をみればわかるとおり，分配可能額の計算において中心となるのが剰余金の額である。つまり，まず剰余金の額を算出し，これを基礎として分配可能額を算出することになる。このように利益に関する額の計算が2段階になっているのは，剰余金の額として表示される利益は会計上の利益であり，そのなかには必ずしも確定的に実現した利益とはいえないものも含まれ，これを分配すると会社の財産的基礎を危うくするとの政策判断から，分配可能額の算定の際にそのようなものを控除するためである（461条2項，会社計算158条を参照）。

(2)　**剰余金の額（446条）の計算**　　では，設問に挙げられている貸借対照表を使って，まずは剰余金の額を計算してみよう。剰余金の額の計算において最も重要かつ複雑なのは446条1号である。1号列挙事項のうちホが曲者である。ホにいう法務省令の定めとは会社計算規則149条であるが，そこでの定めをホに代入して計算してみると，結局1号は「その他資本剰余金の額」と「その他利益剰余金の額」の合計額になる（LQ286頁図表5-7も参照）。そこで，上記の貸借対照表から導き出せる446条1号の額は，その他資本剰余金（200）＋その他利益剰余金（700）＝900（単位：百万円）ということになる。446条2号以下の事由はここでは発生していない（そう仮定されている）ので，剰余金の額は900百万円（つまり9億円）である。

(3)　**分配可能額の計算（461条2項）**　　次に，分配可能額を計算する。まず計算の基礎となる剰余金の額（461条2項1号）は上記のとおり9億円である。そして461条2項2号以下に列挙されている事項のうち，本問では自己株式の帳簿価額（同項3号）が問題となる。貸借対照表には自己株式が200百万円（2億円）計上されているので，これを剰余金の額から差し引くことになる。

そして，その他の事由は発生していないと仮定されているので，差し引く分はこれだけである。したがって，分配可能額は9億円−2億円＝7億円，ということになる。

2 剰余金の配当の手続 (問2)

上記*1*から，甲社には分配可能額が7億円あるから，Aが考えているような総額1億円の剰余金の配当を行うことは分配可能額の範囲内であり，可能である（461条1項）。そこで，剰余金の配当を行うための手続をみていこう。

(1) **剰余金の配当を決定する機関** (小問(1))　剰余金の配当を最終的に決定するのは，原則として株主総会である（454条1項）。ただし，2つの例外がある。

第1の例外は，いわゆる「中間配当」（454条5項）である。これは，取締役会設置会社において，1事業年度につき1回に限り，金銭による配当を取締役会決議によって行うことを定款で定めることができる，という制度である。

第2の例外は，一定の条件を備えている会社において，取締役会に剰余金の配当を含む剰余金分配行為の決定権限を与える定款の定めを置いた場合である（459条1項）。条文における条件の規定の仕方はややこしいが，注意深く読むと，次の条件をすべて満たす会社だけが459条1項に基づく定款の定めを置くことができることがわかる。

- 会計監査人設置会社であること
- 取締役（監査等委員会設置会社における監査等委員たる取締役を除く）の任期が1年以内であること
- 監査役会設置会社か，監査等委員会設置会社，指名委員会等設置会社であること

また，459条1項に基づいて定款の定めを置いていたとしても，計算書類が法令および定款に従い株式会社の財産および損益の状況を正しく表示していない限り，定款の定めの効力は認められない（459条2項）。会計が不適正な状況にある場合には，株主総会の関与を強めるのである。

(2) **決定すべき事項** (小問(2))　剰余金の配当を行う場合に決定すべき事項については，454条1項に定めがある。これによれば①配当財産の種類およびその帳簿価額の総額，②株主に対する配当財産の割当てに関する事項，③効力発生日である。効力発生日の定めは，財源規制の基準時（461条1項）として重要である。

なお，株主に対する配当財産の割当てについては，株主の有する株式の数に応じて割り当てることを内容としなければならない（454条3項）。1株1議決

権の原則と並んで，株主平等原則が持株数によって厳密に適用されるのである。

　なお，異なる種類の株式を2以上発行している会社については，454条2項も参照。また，現物配当を行う場合については，454条4項を参照（これらはいずれもやや応用的であるため，ここでは詳細な説明はしない）。

　(3)　剰余金の配当と準備金の積み立て（小問(3)）　　剰余金の配当を行う場合，準備金の計上が必要かどうかを判断しなければならない（445条4項）。一定額に至るまで準備金を強制的に計上させることにより，過度に株主へ財産を分配しないようにしているのである。

　剰余金の配当に際して準備金の計上が必要かどうかは，445条4項の委任により会社計算規則22条が定めている。これによれば，配当をする日（効力発生日）における準備金の額（＝資本準備金＋利益準備金）が資本金の額の4分の1以上であれば，準備金の計上は不要である（会社計算22条1項1号・2項1号）。これに対して4分の1未満であれば，4分の1に達するのに必要な額か，または剰余金の配当の額の10分の1の額のうちいずれか少ないほうの額を準備金として計上しなければならない（同条1項2号・2項2号）。

　本問をみてみよう。本問のA株式会社は資本金11億円であるところ，資本準備金と利益準備金の合計は2億円であり，資本金の額の4分の1（2億7500万円）未満である。したがって，準備金の計上が必要となる。では，いくら計上する必要があるか。資本金の4分の1に達するのに必要な額は7500万円，剰余金の配当の額の10分の1は1000万円であるから，より少ないほうである1000万円が準備金計上額になる。

　1000万円のうち，どれだけの額を資本準備金に計上し，またどれだけの額を利益準備金に計上しなければならないかは，剰余金の配当におけるその他資本剰余金とその他利益剰余金の減少額の比によって決まる（会社計算22条1項2号・2項2号）。

　(4)　剰余金の配当実施後の貸借対照表（小問(4)）　　では具体的に，剰余金の配当の実施によって貸借対照表がどのようになるのかをみておこう。

　本問では，配当財産は金銭であるから，剰余金の配当の実施により現金が1億円減少することになる。したがって，貸借対照表の「左側」の現金の項目が1億円分減り，9億円になる。そして，資産の部の合計額も49億円になる。

　では，貸借対照表の「右側」はどうなるか。本問では，1億円のうち3000

万円をその他資本剰余金から，7000万円をその他利益剰余金から減少させると仮定している。したがって，その他資本剰余金が3000万円減って1億7000万円に，その他利益剰余金は7000万円減って6億3000万円になる。

　さらに，小問(3)でみたとおり，準備金を1000万円計上しなければならない。その財源は，剰余金の配当におけるその他資本剰余金とその他利益準備金それぞれの減少額の比によって決まる。本問でいえば，その比率は3：7であるから，1000万円の3割である300万円をその他資本剰余金から減らして資本準備金に計上し，7割である700万円をその他利益剰余金から減らして利益準備金に計上することになる。

　以上の結果，貸借対照表は次のようになる。

（単位：百万円）

【資産の部】		【負債の部】	
現　金	900	流動負債	500
売掛金	500	固定負債	2,500
商　品	500		
有価証券	1,000	合　計	3,000
機械・備品	1,000		
土地建物等	1,000	【純資産の部】	
		資本金	1,100
合　計	4,900	資本準備金	103
		その他資本剰余金	167
		利益準備金	107
		その他利益剰余金	623
		自己株式	▲200
		合　計	1,900

〔久保大作〕

124

 **_No.21_** 自己の株式の取得手続

問1 会社が自己の株式を取得できる場合について規定している条文は何条か。

問2 なぜ，会社は自己の株式を自由に取得することができないのか。もし自由に取得することを許すと，どのような弊害が発生するだろうか。それらの弊害は，実際の法制度ではどのようにして克服しようとしているか。

問3 取締役会設置会社である甲社が，自己の株式を取得しようとしている。これについて，以下の問いに答えなさい。

(1) 自己の株式の取得について，手続の流れを説明しなさい。その際，甲社においてその行為を行うべき機関も答えること。

(2) 156条1項により決定すべき事項は何か。決定を行う際，自己の株式の取得の機動性を高めるために，株式を取得できる期間（156条1項3号）を3年間と設定することは可能か。

(3) 157条1項により決定すべき事項は何か。自己の株式の取得価格を決定する際に，「取得価格は1株5000円とする。ただし，3年間以上株主だった者に対しては，謝恩の意味を込めて，取得価格を1株あたり500円上乗せする」と決定した。このような決定は適法か。

(4) 甲社が株式を3000株取得するのに対して，株主から合計で4500株の譲渡しの申込みがあった。甲社株主のAは200株の譲渡しを申し込んでいる。Aは何株の株式を譲渡することになるか。

問4 取締役会設置会社である乙社は，丙社との間で行っていた資本提携の解消に伴い，丙社が保有していた乙社株式を丙社から買い取ることになった。

(1) 自己の株式の取得の相手方を丙社のみとすることは，問3(1)で説明した手続の流れのなかのどの時点で決定しなければならないか。この場合，株主総会での決議要件はどうなるか。

(2) このように特定の株主に対してのみ株式の譲渡の機会を与えようとする場合，他の株主との関係でどのような問題があるか。そのような問題を解決するために，会社法はどのような制度を用意しているか。

(3)　自己の株式の取得を決定する株主総会において，譲渡人である丙社は議決権を行使できるか。160条3項の請求を行った株主Bはどうか。

(4)　161条と162条は，(2)で説明した制度の適用除外を定めている。それぞれどのような場合か。

(5)　乙社は，(2)で説明した制度を，将来にわたって排除したいと考えている。そのようなことは可能か。可能である場合，どのような手続を経れば排除できるか。

問5　丁社は東京証券取引所にその普通株式を上場している会社である。

(1)　丁社が市場において自社の株式を取得しようとする場合の手続は，**問3**(1)で説明した手続とどのように異なるか。また，なぜそのような異なる取扱いを認めても問題とはならないのか。

(2)　丁社は，市場において行う取引によって自社の株式を取得する旨の決定を取締役会の権限にしたいと考えているが，可能か。可能である場合，そのような権限の移動はどのように決定する必要があるか。

Hint

問2：LQ291〜292頁。わからない人は，以下の設問を先に解いた上でこの問題に戻ってきてもよい。

問3(1)：156条〜159条を参照。その際，156条と157条はどのような関係なのか，意識して条文を読んでみよう。

問3(3)：157条3項。規制の趣旨も考えてみよう。

問3(4)：159条2項。数式にしてみよう。

問4(1)：前段につき，160条1項。後段につき，309条2項2号。

問4(2)：前段につき，LQ293〜294頁。後段につき，160条2項3項。

問4(5)：164条1項。

問5(1)：前段につき，165条1項。後段については，同項で定める市場取引等によって自己の株式を取得する場合，株主が公正に取り扱われるかどうか考えてみよう。

問5(2)：165条2項。

解　説

1　自己の株式を取得できる場合（問1）

　会社法は，155条において，株式会社が自己の株式を取得できる場合について規定している。条文上「次に掲げる場合に限り」と規定されていることから，限定列挙であることが明らかである。すなわち，155条（および同条13号に基づく会社則27条）に列挙されていない事由により自己の株式を取得することは許されない。

2　自己の株式の取得をなぜ規制するのか（問2）

　では，なぜ会社法は自己の株式の取得を自由に認めていないのだろうか。自己の株式の取得（特に有償による取得）を自由に認めると，次のような弊害があると考えられるからである。①一部の株主からのみ恣意的に株式取得ができると，払戻しを受けられる株主と受けられない株主との間で公平が害されるおそれがある。②有償で取得する場合，株主に会社財産を払い戻すことになるので，会社財産の空洞化を招き，債権者が害されるおそれがある。③会社が株式市場の相場を操縦したり，インサイダー取引により不当な利益を得たりすることにより，株式市場の公正性が害されるおそれがある。

　そこで，次のような対処がされている。①の弊害については，先述のように自己の株式を取得できる事由を限定した上で，それぞれの場合について株主間の公平に配慮した取得手続を法定している。②の弊害については，会社への影響が軽微または皆無と考えられる場合（例えば単元未満株式買取請求による取得〔155条7号〕や無償取得〔同条13号，会社則27条1号〕など），あるいは別に債権者保護のための手続がある場合（例えば合併や吸収分割により取得する場合〔155条11号12号〕には，債権者異議手続により保護される）を除いて，取得のための財源額を分配可能額に限定することとしている（166条1項ただし書・170条5項・461条1項）。③の弊害については，会社法ではなく株式市場について規律する金融商品取引法の問題であるので，そちらで規律することとしている。

3　株主との合意による取得（問3）

　自己の株式の取得が認められる事由のなかで最も自由度が高いのが，**株主と**

の合意による取得（155条3号）である。他の事由が一定の事実の発生により取得するものである（つまりその事実の発生に依存する）のに対し，株主との合意による場合には一定の手続さえ踏めば自己の株式の取得が可能となる。

株主との合意による取得の手続は，156条以下で定められている。**問3**から**問5**は，手続の進め方を確認する問題である。このうち**問3**は，株主一般に対して売渡しの機会を与える場合の手続について問うもので，これが株主との合意による取得の基本形である。

(1) まずは手続全体の流れを押さえよう（小問(1)）。株主との合意により自己の株式を有償で取得する場合，まずは取得に関する事項を決定しなければならない。決定は，自己の株式を取得できる枠を作るための決定（156条1項）と，その枠のなかで具体的にどれだけ株式を取得するかの決定（157条1項）とがある。それは，157条1項の文言に「前条第1項の規定による決定に従い株式を取得しようとするとき」とあることからわかる。つまり，156条1項の決定が157条1項の決定の前提，ということになる。156条1項の決定は株主総会決議により行う必要がある。取得枠の設定は剰余金の分配を認めることに等しいため，剰余金の配当と同様の決定方法を定めているのである（なお，定款の定めにより取締役会に剰余金分配行為についての決定権限を与える場合には，156条1項の決定をする権限も取締役会に付与される〔459条1項〕）。これに対して157条1項の決定は取締役が行う。ただし，本問の甲社は取締役会設置会社であるので，取締役会で決定する必要がある（157条2項）。

157条1項の決定後は，決定事項について株主に通知しなければならない（158条1項。同条2項により公開会社では公告でもよい）。この通知は会社の業務執行であるから，業務執行者である取締役が行う。

通知（または公告）を受けた株主は，会社に対して株式の譲渡しを申し込むことができる。申込みの際には，譲渡しようとする株式の数（種類株式発行会社では種類も）を明らかにする必要がある（以上，159条1項）。

株主から申込みを受けた会社は，157条1項による決定の際に定められた申込期日においてこれを承諾したとみなされる（159条2項）。これにより申込みと承諾が合致し，株主と会社との間で譲渡のための契約が成立することになる。その後の譲渡手続については，通常の譲渡の場合と変わらない。

(2) 156条1項により自己の株式の取得枠（授権枠などということもある）を

定める場合，取得する株式の数（種類株式発行会社では種類も），取得と引換えに交付する金銭等（定義は151条。金銭その他の財産のこと）の内容および総額，株式を取得できる期間を定めなければならない（156条1項各号）。その際，取得期間は1年を超えることができない（同項ただし書）。それゆえ，小問(2)にあるような3年間という定め方はできない。

(3)　156条1項の決定がされると，その枠内で自己の株式が取得できるようになる。そして実際に取得しようとするときには，その都度157条1項各号に掲げられた事項を定めなければならない。具体的には，実際に取得する株式の数（種類株式発行会社においては株式の種類も），株式1株あたりの取得対価の内容および数または額（それらの算定方法でもよい），取得対価の総額，譲渡しの申込期日である。

決定の際，取得条件は，1回ごとの取得のなかでは均等に定めなければならない（157条3項）。株主間の公平を図るためである。したがって，小問(3)のように株式保有期間によって取得の対価を変えるような定め方は許されない。

(4)　株主から譲渡しの申込みがあった株式の数（「申込総数」）が，157条1項により決定した取得株式数（「取得総数」）を超える場合，申込みをした各株主から取得する株式の数は按分比例により定められる。具体的には〔（取得総数）／（申込総数）〕に申込みをした株式数を乗じて得た数が，各株主の譲渡できる株式数になる（159条2項ただし書）。これも，各株主が同一の条件で株式を譲渡できるようにすることにより公平を確保するためである。小問(4)の例では，取得総数が3000株であるのに対して申込総数は4500株なので，Bは3000／4500＝2／3に自己の申込数である200をかけ，端数を切り捨てた数である133株だけ譲渡できることになる。

4　特定の株主のみからの取得（問4）

(1)　問4のように，会社が特定の株主だけから自己の株式を取得したい場合，156条1項の決定（取得枠の決定）を行う際に，特定の株主に対してのみ158条1項の通知を行う旨を定めることになる（160条1項）。会社に対して譲渡しの申込みをすることができるのは158条1項の通知を受けた株主だけであるから（159条1項を参照），通知先を限定すれば申込みが可能な株主も限定されることになるのである。この場合，株主総会での決定は特別決議となる（309条2項2

号）。

(2) 特定の株主からのみ取得できるようにすることは，株主間の公平性に問題を生じさせる可能性がある。とりわけ，特に有利な価格（株式の公正価値よりも相当高い額）で特定の株主のみが株式を譲渡できるとすれば，他の株主は自己の株式価値の低下という影響を受けかねない。そのため，すべての株主から申込みを受ける場合（**問3を参照**）以上に，公平性を確保するための手続が要求されている。その1つが(1)で述べた特別決議の要求である（なお，小問(3)および下記(3)も参照）。その他の措置として，160条2項により各株主に対し160条3項の請求ができる旨を通知しなければならず，通知を受けた株主は160条3項により自己をも当該特定の株主に加えて通知の対象とするよう請求することができる。これにより，もし特定の株主にのみ有利な買取条件が定められたとしても，他の株主はこれに応募する機会を得ることができるのである。

(3) 160条1項により特定の株主のみを譲渡し可能な株主とする場合，当該特定の株主は156条1項の株主総会決議において議決権を行使することができない（160条4項）。これも，株主間の公平を確保するための措置である。小問(3)の例でいえば，当初から特定の株主とされていた丙社はもちろん，160条3項の請求によって特定の株主に加えられたBも，当該議案について議決権を行使できない。

(4) 161条は，取得する株式が市場価格のある株式，つまり市場において売買が可能である株式であって，かつ自己の株式の取得額として定める額が市場価格（その算定方法につき会社則30条）を超えない場合には，160条3項による請求を排除する。このような場合，特定の株主に加えられない株主も，市場において同等以上の価格で売却することが可能であるから，大きな不公平は生じないと考えられるのである。

162条は，株主の相続人などの一般承継人から160条1項により株式を取得する際，次の2つの条件を満たす場合には，他の株主による160条3項の請求を排除する。2つの条件とは，①公開会社でない会社，すなわち株式の全部が譲渡制限株式である会社であること（162条1号），②当該一般承継人がいまだ株主総会・種類株主総会で議決権を行使していないこと（同条2号）である。これは，公開会社でない会社において，株主の閉鎖性を維持するための手段を与えるものである。譲渡制限株式であっても，相続その他の一般承継による株

式の移転を阻止することはできない（阻止できるのは譲渡による移転だけである。2条17号参照）。そのため，承継株主との合意によって株式を回収する場合に，他の株主が160条3項の請求をできるとなると，取得に必要な額が多くなって早期の回収が困難になりうる。そこで，160条3項の請求を排除できるようにしている。

(5) 会社は，株主が160条3項の請求をできないようにすることを定款に定めることができる（164条1項）。もっとも，このような定款の定めをすると，株主としては不公平な取扱いを受ける可能性が大きくなることを覚悟しなければならなくなる。そこで，すでに発行されている株式についてこのような定めをする場合には，当該株式を有する株主全員の同意を得なければならない（同条2項）。

5 市場等を通じた自己の株式の取得（問5）

(1) 会社が株式市場を通じて自己の株式を取得する場合には，解説3問3で説明した手続のうち156条1項による取得枠の設定のみが必要で，157条以下の手続は必要ない（165条1項）。すなわち，156条1項による取得枠の範囲内で，会社は随意に市場を通じて株式を取得できる。このことは，会社が金商法上の公開買付けによって自己の株式を取得する場合も同様である。市場での取得や公開買付けによる取得の場合，すべての株主に売却機会が与えられているといえるので，株主間の売却機会の公平を図るための手続である157条以下の手続を経る必要はないと考えられるのである。

(2) また，取締役会設置会社においては，市場での取得または公開買付けによる自己の株式の取得について，156条1項の決定を取締役会決議によって行うことができる旨を定款で定めることができる（165条2項）。解説3(1)で登場した459条1項との違いは，156条1項の決定全般について取締役会に決定権限を与えるか，市場での取得・公開買付けによる場合に限定して与えるかの違いである。

〔久保大作〕

必要な条文を示した上で，次の問いに答えよ。なお，以下の会社はすべて種類株式発行会社ではないものとする。

問1 非公開会社（取締役会非設置会社，発行可能株式総数100株，発行済株式総数50株）である甲株式会社は1000万円の資金調達のために新株発行を行おうとしている。払込財産はすべて金銭とする。株主A・B・Cの3人のうち経済的な余裕があり，取締役として中心的な役割を担っているAとBに各5株を割り当てる予定である。また，株主に割当てを受ける権利は与えず，総数引受契約は締結されないものとする。

⑴ 甲社は募集事項として，どのような事項を定める必要があるか。また，募集事項はどの機関が決めるのか。

⑵ 甲社の新株発行の募集に対する申込みの手続を説明せよ。

⑶ A・Bが各5株，Cが2株の引受けを申し込んだとする。甲社は当初の予定どおりA・Bに各5株を割り当て，Cに全く割り当てないとすることはできるか。また，割当てを決定する機関はどこか。

⑷ 引受人Aが株主になるには何をしなければならないか。

⑸ Aに10株を割り当て，出資するのが金銭以外の財産である場合には，どのような手続が別に必要になるか。①上場会社の株式を市場価格（合計1000万円とする）を上限とした払込金額で現物出資する場合と，②工作機械を1000万円の払込金額で現物出資する場合でどのように違うか。

⑹ 甲社が近い将来に同じプロジェクトのための新株発行を何度か行う可能性があるものとする。株主は少ないとはいえ，毎回，株主総会を開催するのは煩雑な一方で，発行する条件は毎回同じとは限らない。そこで，取締役Aに新株発行を委任したい。どの機関がどのような事項について決める必要があるか。また，委任にはどのような制限があるか。

問2 公開会社（監査役会設置会社）であり，東京証券取引所に上場している乙社は，100億円の資金調達のために新株発行を行おうとしている。新株発行

は全部を公募によることとし，そのために丙証券会社が総数引受けを行う。また，払込金額は，プロジェクトへの市場の反応と投資家の需給動向をふまえるためブックビルディング（LQ309頁を参照）によって決定する。現物出資は行わない。この新株発行を行う場合に必要な手続を考える。

(1)　募集事項として，どのような事項を，どの機関が決める必要があるか。

(2)　乙社は，株主に新株発行のことを知らせるための手続としてどのようなことを行わなければならないか。

(3)　丙証券による総数引受けがなされる場合，引受け・割当ての手続はどのようなものになるか。

問3　丁株式会社（非公開会社・取締役会設置会社）は60株を発行しており，株主はD（30株），E（20株），F（10株）の3人である。丁社は新たな機械の導入のために30株を株主割当てによって発行しようとしている。

(1)　株主割当てとはどのような新株発行のことか。

(2)　丁社は，199条1項の募集事項のほかにどのような事項を定めなければならないか。これらの事項はどの機関が決定するのか。また，ほかにどのような手続が必要か。

　株式会社が新株を発行する（会社法では自己株式の処分もあわせて199条以下で「**募集株式の発行等**」として規律している。その趣旨についてはLQ309頁参照）場合に必要となる手続は，会社のタイプや発行の方法などによって細かく分岐する。

　199条以下の条文は，新株発行の内容を決める募集事項の決定等（199条～202条），募集株式の申込み，引受けと割当て（203条～206条の2），出資に関する手続（207条～208条），すべてが終わって株主になる段階（209条）と手続の時系列に沿って配置されている（差止め〔210条〕と関係者の責任〔211条～213条の3〕の規定は問題があるものへの対処といえる）。また，取締役と株主総会だけの非公開会社を基礎に，より複雑・大規模な会社になるにしたがって色々な特則が置かれている（199条～201条を参照）。

　以上のような条文の構造を理解し，慣れておかないと，最初に目に入った条文に飛びついてしまったり，内容は知っているものの該当する条文がどこにあるかわからないといった状態になってしまう（例えば，公開会社の募集事項の決定機関について，201条1項を見落として，株主総会が決定すると誤解したり，「条文が見つからない！」と試験で慌てることになる）。

1　非公開会社・株主割当て以外 （問1）

　(1)　**募集事項の決定**　　まず，甲社は**募集事項**として，199条1項に掲げられた事項を定めなければならない。これらは，発行数（1号），出資の内容（2号3号），払込み（または給付）の期日または期間（4号），資本に関する事項（5号）である。募集事項の決定には，非公開会社では原則として株主総会の特別決議が必要である（199条2項・309条2項5号）。

　こうして，甲社では，募集事項を株主総会が決めることになる（小問(1)）。後述(3)のとおり，甲社では，誰に割り当てるのかも株主総会で決定する。

　(2)　**申込み**　　甲社は，引受けの申込みをしようとする者A・Bに，甲社やこの新株発行に関する一定の情報を通知する（203条1項）。この事例では必要性がわからないかもしれないが，引き受けようとする者に対する情報開示を定めるものである（そのため，募集に応じようとする投資家に対する，より詳細な情報開示である金融商品取引法上の目論見書の交付がなされる場合〔上場会社の場合は通常

これに該当する〕，この規制は適用されない〔同条4項〕）。

　また，引受けの申込みをするA・Bは，自己の氏名・住所，および申込数を記載した書面を甲社に交付する（同条2項3項）。

　(3)　**割当て**　申込みがあったら，会社は割当てと呼ばれる手続を行う。割当てにより，申込者が引受人になる（206条1号）。

　まず，会社は，割当てを受ける者，株式数を決定する（204条1項）。割当てには割当自由の原則があり，会社が誰に割り当てるのかは基本的には自由である（ただし，公開会社については206条の2に注意）。また，申し込まれた数よりも少ない数を割り当てることができる（以上，LQ320頁）。そのため，当初の予定どおりにA・Bに各5株を割り当てても，一部をCに割り当ててもよい。

　非公開会社の発行する株式はすべて譲渡制限株式なので，取締役会を設置していない非公開会社では割当てに株主総会の特別決議が必要になる（204条2項・309条2項5号）。そのため，甲社では株主総会の特別決議が必要となる。他方，非公開会社でも取締役会設置会社では取締役会決議で足りる（204条2項かっこ書）。譲渡制限株式の割当てはその譲渡と同様に誰がどのくらい株式を保有しているのかに影響が出るため，譲渡の承認機関とそろえているのである。

　また，会社は，払込期日・払込期間の初日の前日までに申込者に割当数を通知する（同条3項）。

　(4)　**出資の履行**　引受人は，払込期日まで（または払込期間内）に払込金額の全額の払込み（現物出資の場合は払込金額の全額に相当する財産の給付〔以上を総称して「**出資の履行**」という（208条3項かっこ書）〕）をしなければならない（同条1項2項）。このため，分割払は認められない。また，期間内に全額の払込みまたは現物出資財産の給付をしない場合は，引受人は失権する（同条5項）。

　(5)　**現物出資**　引受人が金銭以外の財産を出資する場合（**現物出資**）には，一定の特別な手続が置かれている。金銭と異なり，一義的に評価が決まらない財産を不当に高い価額に相当するものとして給付すると，他の株主が害される可能性がある。例えば，**問1**で，Aが5株の割当てを受けて500万円に相当するものとして現物出資を行い，Bは5株の割当てを受けて金銭500万円を払い込むとする。もし，Aの現物出資財産が500万円より相当に低い価値だとすると，Aは低い価格で甲社の株式を手に入れられることになる（これは，有利発行と同様にBや他の甲社の株主からAに利益移転が生じる）。

こういった事態を防ぐために，一定の事前規制が置かれている（設立時募集株式の現物出資についても検査役調査などの規制がある。これらについては，「変態設立事項〔Stage 1-2〕」参照）。原則的なルールは，現物出資をするには検査役の調査を受ける必要があるというものである。裁判所の選任する**検査役**が現物出資財産の価額を調査して，裁判所・会社に報告する（207条1項～6項）。現物出資財産の価額（199条1項3号）が現物出資財産に比して不当な場合（現物出資財産が過大に評価されている場合）は，裁判所がその価額を変更する（同条7項）。この決定に不服のある現物出資財産を給付する引受人は決定の確定後1週間以内に引受けの申込み（または総数引受契約にかかる意思表示）を取り消すことができる（同条8項）。

　もっとも，検査役調査は時間も費用（207条3項参照）もかかる。そのため，現物出資規制は次第に緩和されて，かなりの場合に検査役の調査が不要となっている（同条9項）。おおまかにいうと，(ア)規模が小さい場合（同項1号2号），(イ)客観的な評価が存在する場合（同項3号〔市場価格のある有価証券〕・5号〔弁済期の到来した発行会社に対する金銭債権を負債の帳簿価額以下で出資する場合〕），および(ウ)一定の専門家による現物出資財産の価額が相当である旨の証明がある場合（同項4号。なお同条10項）である。

　小問(5)のうち，②は207条9項4号の証明を受けない限り検査役調査が必要となり，①の上場会社の有価証券は同項3号（会社則43条）によって検査役調査が不要となる。②の工作機械が1000万円の価値を持つかどうかわからないが，①の上場会社の株式は市場価格をみれば価値がわかることからも，上記(イ)の例外がある意味が理解できよう。

　(6)　**取締役への委任**　　非公開会社でも，ある程度は機動的に新株発行を行うニーズがありうる。そこで，一定の範囲で募集事項の決定を取締役（会）に委任できる。この手続は200条に定められている（公開会社では取締役会が募集事項を決定する場合には200条は適用されない。201条1項後段）。

　まず，募集事項の決定の原則的な手続と同様に，株主総会の特別決議が必要となる（200条1項・309条2項5号）。委任に際しては，最も基本的な内容である，発行数の上限と払込金額の下限を決める必要がある（200条1項）。また，委任は無期限では認められず，払込期日・払込期間の末日が決議日から1年以内に到来するものでなければならない（同条3項）。

2　公開会社・株主割当て以外（問2）

(1)　**募集事項の決定機関**　　公開会社については，201条に特則が置かれているので，199条とともにみる必要がある。定めるべき募集事項は非公開会社と同様であるが，公開会社では払込金額について「公正な価額による払込みを実現するために適当な払込金額の決定の方法」を定めることができる（201条2項）。**問2**のようにブックビルディングを行う場合は，払込金額の代わりにその方法を定めることになる。

募集事項の決定機関についてみてみよう。まず，公開会社の場合，原則として取締役会が決める（201条1項・199条2項）。例外は，有利発行に該当する場合である。この場合，原則に戻って株主総会の特別決議が必要となる（201条1項で「199条3項に規定する場合を除き」とあるため，201条1項が適用されず，199条2項がそのまま適用される）。

なお，募集事項の決定ではなく，取締役会の割当権限に対する制限として，支配権の変動が生じる場合について，平成26年改正では株主への通知を行い，一定（総議決権の10分の1）の反対によって原則として株主総会の決議が必要になるという新たな規制が設けられた（206条の2。「有利発行・不公正発行〔Stage 2-14〕」参照）。

(2)　**公示**　　公開会社では，原則として取締役会限りで新株発行を行えるため，株主を害する新株発行が株主の知らないままに行われる可能性が生じる。そこで，募集事項の通知または公告による公示をしなければならない（201条3項4項。これらを含め201条は非公開会社には適用されない。非公開会社では，株主総会とその招集手続を通じて新株発行の公示と同様の情報開示がなされることになっている）。これによって，差止め（210条）を行う権利が保障される（有効な公示がない新株発行は，他に差止事由がないのではない限り無効となる。最判平成9年1月28日民集51巻1号71頁［商判I-51］［百選27]）。

なお，有価証券届出書を提出する場合はこれらの情報も含まれるので，以上の公示は不要である（201条5項）。乙社のように上場している会社の場合はここに該当するため，通常は会社法上の公示は行わなくてよい。

(3)　**総数引受け**　　総数引受けが行われる場合は，発行会社（乙社）と総数引受けをする者（丙証券）の間の総数引受契約によって発行する株式すべてについて丙証券が（いったん）引受人となる（206条2号）。この場合は，上でみた

ような申込み，割当て，引受けといった手続は介在しない（205条1項による203条・204条の適用除外）。なお，丙証券は引受人として払込金額を払い込み，その後，公衆に対してこの新株を売却することで利益をあげる。

3　株主割当て（問3）

(1)　**株主割当ての意義**　　**株主割当て**とは，持株数に比例して株主に株式の割当てを受ける権利を与えるという方法（202条2項）による募集株式の発行等である。この例では，各株主は持株数に応じて，D15株，E10株，F5株の割当てを受ける権利を有する。なお，割当てを受けても，引受けの申込みを期日までに行わなければ失権する（204条4項）。

(2)　**手続など**　　株主割当てを行う場合は，199条1項の募集事項に加えて，株主割当てによる旨および引受けの申込期日を定める（202条1項1号2号）。

　これらの事項の決定機関の定め方は少々複雑である。まず，公開会社では株主割当ての場合，払込金額に関係なく取締役会が募集事項などを決定する（202条3項3号。また，206条の2第1項ただし書）。次に，非公開会社では，取締役（取締役会設置会社の場合は取締役会）に株主割当てを行う場合の募集事項および上記の事項の決定権限を与える旨の定款の定めを置くことができる（202条3項1号2号）。そのような定めを置いていない非公開会社は，株主総会で募集事項とあわせて上記の事項を決定することになる（同項4号）。この設問では，2号の定めを置いているか明記していないので，場合分けして考える必要がある。

　このように原則とやや異なる権限分配を採用しているのは，株主割当ては持株数に比例した割当てを行うため，既存株主は持株比率を維持することができ，払込金額がいくらでも株主は経済的な不利益が生じない（ように行動をとることができる）ためである。

　なお，株主割当てを行う場合，株主が権利行使できるように，募集事項，当該株主が割当てを受ける株式数，申込期日を通知する必要がある（202条4項）。

〔松中　学〕

No.23 新株予約権の仕組みと発行手続

問1　以下の設問で登場する甲株式会社・乙株式会社は普通株式のみを発行しているものとする。

(1)　新株予約権の払込金額と権利行使価額の意味を説明せよ。

(2)　甲社は，権利行使価額110円，権利行使により1個につき甲社株式1株を得られる新株予約権を発行している。権利行使期間最終日に行使または不行使を決めるものとして，この新株予約権を1個保有している新株予約権者の得られる利益と甲社の同日の株価の関係をグラフで示せ（新株予約権の払込金額は無視してよい）。縦軸に新株予約権者の得られる利益，横軸に甲社の株価をとること。

(3)　甲社の株価は現在100円である。甲社は，権利行使価額150円，権利行使期間が発行時から2年間の新株予約権を発行しようとしている。この新株予約権の価値はゼロといえるか。理由とともに示せ。

(4)　甲社・乙社ともに現在の株価は100円である。過去5年間の平均株価は両社とも100円であるが，この期間の株価の変動から推定した両社株価のボラティリティ（おおざっぱにいうと株価の変動の大きさ）を比べると，乙社株価は甲社株価の2倍である。甲社と乙社の株価のボラティリティが今後も過去5年と同様であると仮定すると，権利行使価額，権利行使期間など他の条件が同じ甲社と乙社の新株予約権の価値はどちらの方が大きいか，あるいは同じか。理由とともに示せ。

問2　普通株式のみを発行している甲株式会社（公開会社，監査役会設置会社，発行済株式総数100万株）は，取締役（現在の株式および新株予約権の保有数はゼロ）にストック・オプションを付与するために，次のような新株予約権の発行を考えている。現在の甲社株価は100円とする。なお，このほかにも様々な内容が定められているが解答に際しては無視して構わない（新株予約権付社債であるが，実例として，VM【資料V-10】の「13.本新株予約権に関する事項」〔103頁〕参照）。

ア　目的となる株式：新株予約権1個につき，甲社株式1株。新株予約権の行使により新株予約権者に交付する株式に端数が生じた場合は，切り捨てる。

イ　発行数：1万個

ウ　払込金額：0円

エ　権利行使価額：新株予約権1個につき110円とする。

オ　権利行使期間：5年

カ　本新株予約権の譲渡には取締役会の承認が必要である。なお，譲渡は承認しない。

キ　割当日は平成○年×月×日とする。

(1) 上記の事項のうち，新株予約権を発行するときに，その**内容**として定めなければならないものと根拠条文を示せ。

(2) (1)以外に募集新株予約権の**募集事項**として定めなければならないものを根拠条文とともに示せ。

(3) 甲社は，ストック・オプションとしての目的を達成するため，権利行使期間内であっても，「取締役の地位にあることまたは任期満了による退任等正当な理由があるものとして取締役会が認める場合」にのみ権利行使を認めることとしたい。このような条件を付すことはできるか。根拠条文とともに示せ。

(4) 甲社は，(3)の権利行使条件を満たさなくなった者の手に新株予約権が残ることを懸念している。新株予約権の内容を工夫してこれに対処する方法にはどのようなものがあるか。根拠条文とともに示せ。

(5) 甲社は，この新株予約権の発行に際して募集事項の決定はどの機関で行う必要があるか。有利発行ではない場合と有利発行に当たる場合に分けて答えよ。なお，取締役の報酬としての手続は考えなくてよい。

(6) 募集事項の決定後の手続を条文とともに説明せよ。

解　説

1　新株予約権の経済的な性質（問 1）

　新株予約権は，権利行使すれば，会社が発行する株式を一定の価格で取得できる権利である（2条21号参照）。権利行使せずに新株予約権を放棄してもよい。

　このように，将来の時点（特定の時点または一定期間）で，何らかの資産（原資産）を一定の価格（**権利行使額**）で取得できる権利を**コール・オプション**という（他の条件が付されていることも多い）。新株予約権は株式のコール・オプションとしての性質を有する。コール・オプションは，原資産の価格

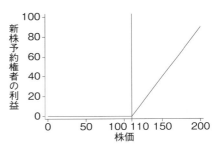

が権利行使価額より高くなれば行使し，そうならなければ放棄できる。そのため，原資産が権利行使価額までの価格の場合は利益はゼロ（オプションの対価として支払った分だけマイナス），原資産の価格が権利行使価額を超えるとその分だけ利益を得ることができる（グラフ参照）。すなわち，原資産の価格が下がることによるリスクを限定しつつ，原資産の一定のアップサイドの利益を享受できる。

　これに対して，将来，一定の価格で原資産を売り付けることができる権利を**プット・オプション**という。これは，原資産の価格が，権利行使価額より下がれば下がるほど利益が得られ，権利行使価額を超えて上昇すると利益はゼロになるものである。すなわち，価格の下落リスクに備えるためのものである。以下では，単にオプションといった場合は，コール・オプションのことを指す。

　この説明に現れているとおり，新株予約権は株価の下落リスクを限定する一方で，株価が上昇した場合の利益を享受できる点で魅力的なものである。そのため，一定の経済価値を有する。**払込金額**とは，新株予約権自体の対価として会社に払う金額である（オプションとしての価値より低い場合もありうる）。

　もっとも，例えば，現在100円の甲社株式を今すぐ90円で取得でき，かつ，今しか行使できない権利の価値は，時価と権利行使価額の差額という形でシンプルに認識できるが（低い価格で新株発行を行う場合の引受人の立場に近い），より権利行使期間の長いオプションの場合はそうではない。

これは，非常におおざっぱにいえば，オプションを行使するかどうかの意思決定は将来行われるところ，将来の株価はわからないからである。こうした点を乗り越えてオプションの価値（正確には，様々な仮定が置かれたヨーロピアンタイプのオプションの価値）を算定する，いわゆる「ブラック・ショールズの公式」（実際には，様々な形で改良されたものや同様の発想に基づく他の手法が用いられる）は，多くの会社法の教科書でも言及されている（法律を学んだ者にとってわかりやすい解説として，田中亘編著『数字でわかる会社法』〔有斐閣，2013〕第7章〔田中〕参照）。

　これによれば，オプションの価値は，①権利行使価額，②現在の株価，③株価の**ボラティリティ**（株価の変動の大きさ），④権利行使期間，⑤無リスク金利によって決まる。他の条件が一定であればオプションの価値は，①権利行使価額が低ければ高くなる，②現在の株価が高ければ価値は高くなる，③ボラティリティが大きいほど高くなる，④権利行使期間が長いほど高くなる（ただし，配当がなされない限り），⑤無リスク金利が高いほど高くなるという関係にある。

　この中で特に重要なのが③である。株価のボラティリティが大きいということは，株価の変動幅が大きいことを意味する。株式そのものを保有している場合は，株価がより高くなる可能性も期待できる一方で，下がるリスクにも直面する。コール・オプションを保有している場合は，株価が権利行使価額よりいくら下がってもオプションを放棄することに変わりない。他方，株価が高くなることによる利益は享受できる。要は，株価が下がるリスクは限定されている一方で，権利行使価額より上がることによる利益に制限はない。そのため，株価のボラティリティが大きくなるとコール・オプションの価値は高くなる。

　(1)　小問(1)の解答は上の説明を読めばわかるだろう。

　(2)　甲社の発行する新株予約権の権利行使価額は110円なので，甲社の株価が110円を超えると新株予約権者は権利行使をして利益を得られる。そして，これは株価が高くなるにつれて増加する。他方で，甲社の株価が110円より低い場合は，新株予約権を放棄するので，利益はゼロである。これは株価がいくら下がっても変わらない。そのため，110円までゼロ，110円を境に直線的に増加するグラフになる（141頁のグラフ参照）。

　(3)　次に，発行時点の株価が権利行使価額よりも低い場合であっても，新株予約権の価値はゼロになるわけではない。株価が変動して，権利行使価額を上

回れば利益が得られるからである。

(4) 小問(4)では，株価の変動（ボラティリティ）と新株予約権の価値の関係を考えている。上記のとおり，他の条件が同じであれば，ボラティリティが大きい方が新株予約権の価値は高くなる。そのため，乙社の新株予約権の方が価値が高い。

2 募集新株予約権の発行手続 （問2）

募集新株予約権を発行する場合の手続は，基本的には募集株式の発行等と同様である。すなわち，通常の手続では（株主割当てもある。241条），①募集事項の決定，②引受けの申込み，③割当て，④申込者（募集株式の発行等の場合は引受人）が新株予約権者となるという順を追う。また，募集事項の決定権限の分配も基本的には同様である。ただし，株式と新株予約権の差異などから細かい部分は異なるので，注意して条文を読む必要がある。以下では，公開会社における手続の詳細をみる（以下では，単に新株発行，新株予約権の発行という）。

①公開会社では，原則として取締役会が募集事項を決定し（240条1項・238条2項），割当日（238条1項4号）の2週間前までに株主に募集事項を通知または公告する（240条2項3項。なお4項）。②会社が申込みをしようとする者に新株予約権に関する情報の通知をし（242条1項。目論見書を交付する場合は必要ない。同条4項），申込者は書面により引受けの申込みをする（同条2項3項）。③会社は，原則として取締役が，申込者の中から割当てを受ける者と割当数を決定し（243条1項2項），割当日の前日までに申込者に割当数を通知する（同条3項）。④新株発行では，払込期日（払込期間を定めた場合には出資の履行をした日）に引受人が払込みをした株式の株主となるが（209条1項），新株予約権の発行では，割当日に申込者，総数引受けをした者が新株予約権者となる（245条1項）。すなわち，払込みの有無と無関係に新株予約権者となる。ただし，払込期日までに払込金額を払い込まない場合は権利行使ができない（246条3項）。なお，有利発行（240条1項・238条3項）および支配権移転の可能性がある場合（244条の2）には異なる規律がなされている（小問(5)の解説参照）。

以上の説明を前提に，各設問についてみていこう。

(1) **募集事項**のうち，**新株予約権の内容**は基本的には236条1項に定められている（なお，下記(3)・(4)も参照）。設問の中で同条に基づいて募集新株予約権

143

の発行の際にその内容（238条1項1号）として定めるべき事項は下記のとおりである。

ア 目的となる株式と数は236条1項1号，権利行使により交付される株式の端数の切り捨ては同項9号に定められている。本間のように新株予約権の整数倍の株式が目的となっていても，その後の株式分割や併合により端数が生じることはある。

エ 権利行使価額とは，同項2号の新株予約権の行使に際して出資される財産の価額またはその算定方法である（現物出資の場合は同項3号）。

オ 権利行使期間は同項4号に定められている。

カ 新株予約権にも譲渡制限を付すことができる（同項6号）。ただし，譲渡等承認請求（264条柱書かっこ書）が拒否された場合における会社または指定買取人による買取りという制度はなく，譲渡等承認請求者は請求に際して承認しない場合の買取りを求めることはできない（同条1項2号には138条1項1号ハ2号ハに相当する規定が置かれていない）。すなわち，株式と異なり，投下資本の回収は重視されていない。新株予約権者の利益に適わないと思うかもしれないが，例えばストック・オプションのように特定の者を権利者とすること自体に意味がある場合，譲渡承認をせず，買取りもしないという内容とする必要がある。取締役や執行役が新株予約権を手放してしまっては，株価を上げるインセンティブは生じないからである。

(2) (1)以外の募集事項としては，イ 新株予約権の発行数（238条1項1号），ウ 払込金額をゼロとする旨（同項2号。ゼロではない場合は同項3号），キ 割当日（同項4号）がある。

(3) 小問(3)のように新株予約権者の権利行使に条件を付すこともある。こうした条件を**権利行使条件**という。これは募集新株予約権の内容（238条1項1号）ではある（したがって，公開会社では取締役会で決定する。240条1項）ものの，236条1項各号には規定が置かれていない。しかし，登記事項とされている（911条3項12号ハ）ことからも，こうした権利行使条件を定めることは可能である（本間のように取締役ではなくなった者の一部が権利行使できなくなるものと定めることもある）。

(4) 小問(4)では，一定の場合に新株予約権者から新株予約権を会社が取得するという**取得条項**を新株予約権の内容として定めればよい（236条1項7号）。

ここでは，一定の事由（同号イ）として権利行使条件を満たさなくなる場合（ここでは，小問(3)の条件を満たさない場合）を定める。また，この新株予約権の発行により複数の者にストック・オプションを与える場合は，一部の新株予約権者のみから取得する（1人だけ解任されるなど）こともあるので，これも定める（同号ハ）。

(5)　前述のとおり公開会社における新株予約権の募集事項は原則として取締役会で決定するが，有利発行の場合は株主総会の特別決議が必要である（240条1項・238条3項・同条2項・309条2項6号。募集株式の発行等と同様の規律）。小問(5)の場合は，払込金額がゼロであるが，これが有利発行に当たる場合（238条3項1号）には株主総会で決める。238条3項1号の規定があることは，払込金額自体がゼロでも常に有利発行に当たるわけではないことを前提としている（LQ338頁参照）。

　また，有利発行に該当しない場合でも，支配権移転の余地がある新株予約権の発行の場合は割当ての決定（募集事項の決定ではない）について特別な規律がある。募集株式の発行等の場合の規律（206条の2）と同様の発想に立ち，新株予約権を使って潜脱できないようにするものといえる。

　具体的には，公開会社において，発行後に引受人が有する議決権数＋潜在的な議決権数の合計（引き受けた新株予約権を行使した場合に有することとなる「最も多い」議決権数〔244条の2第1項1号〕）が，「最も多い」総議決権数（同項2号）の過半数となる新株予約権の発行を行うには，株主に割当先などの情報を通知・公告しなければならない（同条1項3項。なお4項）。これは，その引受人が引き受けた新株予約権をすべて行使したと仮定して，

$$\frac{\text{募集新株予約権にかかる交付株式の議決権数＋すでに保有する株式の議決権数}}{\text{その引受人が交付株式を最大限得た場合の総議決権数}} > \frac{1}{2}$$

となる場合である（「**交付株式**」には，新株予約権の行使によって得られる株式以外にも，新株予約権の対価として交付される株式が含まれている。**244条の2第2項**，会社則55条の3）。そして，総議決権数の10分の1以上の株主の反対がある場合，株主総会の普通決議が必要となる（244条の2第5項。役員の選任と同じ決議。同条6項）。

(6)　小問(6)は，143頁の発行手続の説明を参照すれば理解できるだろう。

〔松中　学〕

　甲株式会社（取締役会設置会社）は，新規の事業計画のために必要な資金100億円を，社債発行により調達することを企図している。

問1　銀行借入れによる場合との類似点，相違点を説明しなさい（法的なものとは限らない）。

問2　募集株式の発行による場合との類似点，相違点を説明しなさい。

問3　甲社があらかじめ割当先を特定せずに社債を発行する場合（「募集による場合」）の手続を考えよう。

　⑴　このとき甲社が定めるべき事項はどのようなものであり，またどの機関が決定するのか。条文を示して説明しなさい。

　⑵　甲社の募集社債の引受けの申込みをしようとする者が，甲社の社債権者になるまでの手続を，条文を示して説明しなさい。

　⑶　⑵と異なり，引受証券会社Aに募集社債の全部を引き受けさせる方法（総額引受け）をとる場合に，当該引受証券会社が社債権者になるまでの手続を，条文を示して説明しなさい。

問4　甲社が新株予約権付社債を引き受ける者の募集をしようとする場合の手続について，適用すべき条文を示しなさい。

問5　⑴　甲社が社債管理者を設置しなければならないのはいかなる場合か。条文を示して説明しなさい。

　⑵　甲社が社債管理者Bを設置した場合，甲社，B，社債権者の間には，どのような法律関係が生じているか。条文を参照しながら，「社債契約」，「社債管理委託契約」，「善管注意義務・公平誠実義務」というキーワードを使って，説明しなさい。

問6　甲社が，この社債の満期を1年延ばしたいと考えている。このときに必要な手続について考えよう。

　⑴　甲社から上記の打診を受けた社債管理者Bは，自らの判断で上記の決定を行うことができるか否か。条文を示して説明しなさい。

⑵　⑴の場合，社債管理者Ｂが社債権者集会決議により上記行為を行うまでの手続の流れを，条文を示して説明しなさい。ただし，甲社が発行した社債は無記名社債であるとする。

1　銀行借入れと社債の比較（問1）

　社債は会社の債務である点において，銀行借入れと同様である。つまり，期限が来れば返済し，利息を支払わなければならない。他方，①銀行借入れが**間接金融**である一方で，社債は多数の投資家から直接資金を集める**直接金融**である点，一般に，②銀行借入れによる場合に比べて，巨額の資金調達が容易である点，③銀行借入れと異なり，無担保による資金調達（**無担保社債の発行**）が容易である点が異なるといえる。

2　株式と社債の比較（問2）

　社債発行も募集株式の発行も，多数の投資家から直接資金を集める直接金融である点が共通する。相違点としては以下のものが挙げられる。①社債は他人資本であるのに対し，募集株式は自己資本である。つまり，社債は期限（**満期**）が来れば返さなければならないし（**償還**），社債権者は会社の経営に参加する権利を有しない。これに対して，株主は原則として出資金の払戻しを受けることができないが，経営に参加する権利を有する。②社債権者の会社に対する請求権は**確定的**でありかつ株主に対して**優先的**である（逆にいうと，株主の会社に対する請求権は不確定でありかつ社債権者に対して劣後的である）。要するに，社債権者は，会社の利益の有無にかかわらず確定利息を受け取るのに対し（これを支払えない場合には，会社倒産の引き金となりうる），株主は，会社に利益がなければ，剰余金の配当を受けることができないし，その額も不確定である。このことは，社債権者は，会社の清算時，会社債権者として株主に優先して元本と利息の額について弁済を受けるが，株主は，会社債権者に対する弁済がなされた後に残余財産の分配を受けるとする502条にも表れている。

3　社債の発行手続（問3）

　(1)　甲社は，676条各号に定める**募集事項**を定めなければならない（676条各号，会社則162条）。このうち，676条1号に定める募集社債の総額は，必ず**取締役会で決定**しなければならない（362条4項5号）。加えて，その他の募集に関する重要な事項（会社則99条）も取締役会で決定する必要がある（362条4項5

号）。すなわち，(i)複数回の募集に係る募集事項決定の委任，(ii)募集社債の総額の上限，(iii)募集社債の利率の上限その他の利率に関する事項の要綱，(iv)募集社債の払込金額の総額の最低金額その他の払込金額に関する事項の要綱，である。いいかえると，募集社債について取締役会で決定すべき事項は限定的であり，その限度内において，具体的に必要・可能な発行総額や利率等の決定を**代表取締役に委任**することができることがわかる。

　なお，**担保付社債**を発行する場合には，**担保付社債信託法**（担信法）の適用も受ける。当初から担保付社債として発行されたものはもちろん，当初は無担保社債として発行されたものが，契約上（このような条項を「担付切換条項」という），途中で担保付社債に切り換えられた場合も，以降は担信法の適用も受ける。

　(2)　甲社は，募集社債の引受けの申込みをしようとする者に対し，677条1項各号に定める事項を通知する。ただし，甲社が金融商品取引法2条10項の定める目論見書を，引受けの申込みをしようとする者に交付している場合その他法務省令で定める場合には，この通知は不要である（677条4項，会社則164条）。

　引受けの申込みをした「申込者」（677条5項かっこ書参照）は，書面または電磁的方法により，同条2項各号に定める事項を甲社に提供する（同条2項3項）。甲社は，申込者の中から募集社債の割当てを受ける者を定め，かつ，その者に割り当てる募集社債の金額および金額ごとの数を定め（678条1項），払込期日（676条10号）の前日までに申込者に対し，割り当てる募集社債の金額および金額ごとの数を通知する（678条2項）。割当てによって引受けが確定し，申込者は**社債権者**となる（680条1号）。申込者は，払込期日までに払込みをしなければならないが，払込みは社債権者となるための要件ではない（**この点は株式と異なる**）。

　(3)　**総額引受け**とは，特定人が社債の総額を引き受ける契約を締結することである。公募債の場合は，引受証券会社が募集社債の全部の引受人となり，それを投資家に転売する形態がとられる例がほとんどである（買取引受け）。この場合には，社債発行会社と引受証券会社Aとの間の契約が成立すれば，Aが社債権者となり，引受けの申込みや割当ては行われない（679条・680条2号。募集社債に係る677条と678条は適用除外）。しかし，676条は適用除外とされて

おらず，かつ，総額引受けの対象は募集社債（680条2号参照）であるから，発行にあたり676条の列挙する募集事項は定めなければならない。

4　新株予約権付社債の発行手続（問4）

　新株予約権付社債を引き受ける者の募集をしようとする場合の手続については，**社債の募集に関する676条から680条の規定は適用されない**（248条。その理由についてはLQ 353頁Column 6-10参照）。募集事項の決定については676条各号ではなく，238条から241条までが適用されるのである（なお238条1項6号参照）。募集新株予約権の申込みが新株予約権付社債の申込みとみなされ（242条6項参照），募集新株予約権の権利者となる日に新株予約権付社債の社債権者となるため（245条2項），新株予約権付社債の申込みおよび割当てについては，677条から680条までではなく242条から245条までが適用される。

5　社債の管理（問5）

　(1)　702条本文によれば，会社は，社債を発行する場合には，**社債管理者**を定め，社債権者のために，弁済の受領，債権の保全その他の社債の管理を行うことを委託しなければならない。ただし，①社債の最低券面額が1億円以上である場合，または，②50口未満の社債を発行する場合には設置する必要がない（702条ただし書，会社則169条）。①の場合は，自分で自分の利益を守ることのできる機関投資家であるのが通常であり，②の場合は社債権者の数が少ないため，**社債権者集会**の開催が容易であると考えられるためである。実際には，社債管理者を設置しない社債（**不設置債**）が多く発行されている。

　(2)　甲社は社債を発行する場合には，社債権者との間では「**社債契約**」を，社債管理者Bとの間で「**社債管理委託契約**」を締結する（702条本文）。Bと社債権者との間には，契約関係がないため，Bが社債権者に対する契約上の義務を負うことはない。Bは，社債の管理に際し，社債権者のために**公平誠実義務**を負い（704条1項），**善管注意義務**を負うが（同条2項），これらは上記の理由に基づく**法定の義務**である。社債権者に対する社債管理者の責任は，710条で規定されている（→詳細はLQ 356頁）。

6　社債権者集会決議に基づく社債管理者の権限（問6）

(1)　社債管理者の権限については，705条および706条に規定されている（→詳細はLQ 355〜356頁参照）。社債の満期を1年延ばすことは，**社債の全部についてする支払の猶予**に該当するため，社債管理者は自らの判断で上記の行為をすることはできず，社債権者集会の決議によらなければならない（706条1項1号）。

(2)　社債権者集会の招集権は，発行会社または社債管理者にある（717条2項。なお，社債権者による招集の請求も可能である〔718条1項〕）。**問6**のような事例では，通常は発行会社が招集を行うことになろう。招集者（甲社またはB）は，社債権者集会の招集にあたり，社債権者集会招集事項を決定し（719条，会社則172条），社債権者集会の日の3週間前までに社債権者集会を招集する旨および社債権者集会招集事項を公告しなければならない（720条4項5項）。無記名式社債券を発行している場合は，社債権者を把握することができないためである（同条1項2項対照）。招集者は，社債権者集会の日の1週間前までに**無記名社債**の社債権者の請求があった場合には，直ちに，社債権者集会参考書類と議決権行使書面を交付しなければならない（721条3項。電磁的方法も可，同条4項）。

　社債権者は，社債権者集会において，その有する社債金額の合計額（償還済みの額を除く）に応じて，議決権を有する（723条1項）。無記名社債の社債権者が議決権を行使しようとするときには，社債権者集会の1週間前までにその社債券を招集者に提示しなければならない（同条3項）。

　社債権者集会の決議は，原則として，出席した議決権者の議決権の過半数の同意によって成立する（724条1項，〔普通決議〕）。ただし，**問6**の場合（支払猶予）は，706条1項1号に該当するため，議決権の総額の5分の1以上で，かつ出席議決権の3分の2以上の同意が必要となる（724条2項1号，〔特別決議〕）。なお，当該種類の社債の総額の1000分の1以上にあたる社債を有する社債権者の中から**代表社債権者**を選任した場合，この者に社債権者集会の決議事項の決定を委任することができる（736条1項）。

　決議が成立したら，招集者は1週間以内に，裁判所に対し，決議の認可の申立てをし（732条），**裁判所が認可することによりその効力を生じる**（734条1項2項・733条）。株主総会決議と異なり，瑕疵のある決議に対する攻撃方法につい

ては会社法上定めがないが，**裁判所による認可**がこれに代わるものとして機能する。

　甲社は，決議の認可の決定があった場合には，遅滞なくその旨を公告し（735条），**問6**の場合，社債管理者Bは737条1項本文に基づいて，決議を執行することになる。

〔森　まどか〕

── *Column*　保振による社債権者に対する新たな情報伝達インフラ制度の整備 ──

　解説6(2)で述べたように，無記名社債権者の特定は難しいため，社債権者集会が流会に終わることが多い。そこで，最近，社債市場のインフラ整備の一環として，振替社債の社債権者に対して，証券保管振替機構（「保振」）および口座管理機関等を通じて連絡・通知を行うことが，報告書「社債権者保護のあり方について」（平成27年3月17日）で提言・検討された（詳しくは日本証券業協会のウェブサイト http://www.jsda.or.jp/katsudou/kaigi/chousa/shasai_kon/infra_houkokusyo.html を参照）。これを受け，保振は「社債に係る必要な情報の通知に関する規則」の制定および「一般債振替制度に係る業務処理要領」を改正し，平成28年4月に社債情報伝達サービスの提供を開始した（同ウェブサイト http://www.jsda.or.jp/katsudou/kaigi/chousa/shasai_kon/hofuri_dentatsu/index.html を参照）。

No.25 合併，事業譲渡と会社分割，株式交換・株式移転の仕組み

　P社は味噌・醬油等の製造販売を行う株式会社であるが，味噌・醬油のほかに，いわゆる「ご当地ビール」を製造販売するビール事業を営んでいる。Q社は日本酒の製造を行う株式会社である。次の各問いに答えなさい。

問1　P社とQ社は，P社を存続会社，Q社を消滅会社とする吸収合併を企図している。

(1)　Q社に対して金銭債権を有するq_1は，この吸収合併後，誰に請求することができるか。

(2)　Q社に金銭債務を負うq_2は，この吸収合併後，誰から請求を受けることになるか。

(3)　Q社の従業員q_3は，この吸収合併後，どのような処遇を受けることになるか。

(4)　Q社の株主q_4は，この吸収合併後，どのような地位を取得することになるか。

問2　P社とQ社とが新設合併を企図している（設立会社をR社とする）。

(1)　P社に対して金銭債権を有するp_1およびQ社に対して金銭債権を有するq_1は，この新設合併後，誰に請求することができるか。

(2)　P社に金銭債務を負うp_2およびQ社に金銭債務を負うq_2は，この新設合併後，誰から請求を受けることになるか。

(3)　P社の従業員p_3およびQ社の従業員q_3は，この新設合併後，どのような処遇を受けることになるか。

(4)　P社の株主p_4およびQ社の株主q_4は，この新設合併後，どのような地位を取得することになるか。

問3　P社が事業の全部をQ社に事業譲渡することを企図している。

(1)　P社に対して金銭債権を有するp_1は，この事業譲渡後，誰に請求できるか。

(2)　P社に金銭債務を負うp_2は，この事業譲渡後，誰から請求されること

になるか。

(3) P社の従業員 p_3 は，この事業譲渡後，どのような処遇を受けることになるか。

(4) P社の株主 p_4 は，この事業譲渡後，どのような地位を取得することになるか。

問4 P社がビール事業をQ社に事業譲渡することを企図している。

(1) P社に味噌原料用の大豆を納入した業者 p_5 は，この事業譲渡後，その代金を誰に請求することができるか。

(2) P社から味噌を仕入れた料亭 p_6 は，この事業譲渡後，誰からその代金を請求されることになるか。

(3) P社のビール職人 p_7 は，この事業譲渡後，どのような処遇を受けることになるか。

(4) P社の株主 p_4 は，この事業譲渡後，どのような地位を取得することになるか。

問5 P社がビール事業に属する一切の権利義務をQ社に吸収分割することを企図している。

(1) P社に味噌原料用の大豆を納入した業者 p_5 は，この会社分割後，その代金を誰に請求することができるか。

(2) P社から味噌を仕入れた料亭 p_6 は，この会社分割後，誰からその代金を請求されることになるか。

(3) P社のビール職人 p_7 は，この会社分割後，どのような処遇を受けることになるか。

(4) P社の株主 p_4 は，この会社分割後，どのような地位を取得することになるか。

問6 P社がビール事業を，S社に新設分割することを企図している。

(1) P社に味噌原料用の大豆を納入した業者 p_5 は，この会社分割後，その代金を誰に請求することができるか。

(2) P社から味噌を仕入れた料亭 p_6 は，この会社分割後，誰からその代金を請求されることになるか。

(3) P社のビール職人 p_7 は，この会社分割後，どのような処遇を受けることになるか。

　⑷　P社の株主 p_4 は，この会社分割後，どのような地位を取得することに
　　なるか。

問7　P社とQ社は，Q社をP社の完全親会社とする株式交換を行うことを
　　企図している。

　⑴　P社の株主 p_4 は，この株式交換後，どのような地位を取得することに
　　なるか。

　⑵　P社に金銭債権を有する p_5，P社に対して金銭債務を負う p_6 は，この
　　株式交換後，誰に対して権利を有しまたは義務を負うことになるか。

問8　P社とQ社は，T社を完全親会社とする共同株式移転を行うことを企
　　図している。

　⑴　P社の株主 p_4，Q社の株主 q_4 は，この共同株式移転後，どのような地
　　位を取得することになるか。

　⑵　P社に金銭債権を有する p_5，P社に金銭債務を負う p_6，Q社に金銭債
　　権を有する q_1，Q社に金銭債務を負う q_2 は，それぞれ，この共同株式移
　　転後，誰に対して権利を有しまたは義務を負うことになるか。

解　説

1　吸収合併における関係者の地位の変動（問1）

　吸収合併の場合，合併により消滅会社（Q社）が解散するが（★471条4号），清算は行われず（★475条1号かっこ書。☆＝存続会社に関する条文，★＝消滅会社に関する条文，以下同じ），消滅会社（Q社）は解散と同時に消滅する。吸収合併が行われると，Q社の一切の権利義務は，**包括的にP社に承継される**（☆750条1項。なお2条27号も参照）。一部の財産のみを承継することはできず，また，**個々の権利義務の移転行為は不要**である（【図表1】参照。事業譲渡や会社分割と比較しよう）。

　⑴　Q社に対して金銭債権を有するq_1は，この吸収合併後，P社に請求することになる。吸収合併に際して，q_1の意思にかかわらず，自動的にQ社がq_1に対して負う債務がP社に承継されるからである。

　⑵　Q社に金銭債務を負うq_2は，この吸収合併後，P社から請求を受けることになる。q_2の同意は不要であり，自動的にQ社がq_2に対して有する債権がP社に承継されるからである。

　⑶　Q社の従業員q_3は，P社がQ社の労働契約上の地位をそのまま引き継ぐため，吸収合併後は，その意思にかかわらずP社の従業員となる。契約がそのまま引き継がれることから，給料等の雇用条件等もそのまま承継される。

　⑷　Q社の株主q_4は，持株数に応じて（★749条3項）P社から合併の対価を受けることになる。対価がP社株式である場合，Q社株主はP社の株主となる。P社はQ社株主にP社株式を交付することになるが，新たに株式を発行するか，新株に代えて，P社が保有する自己株式を交付することもできる。

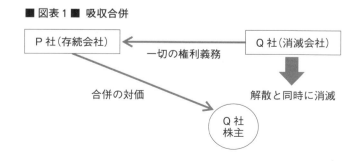

■ 図表1 ■ 吸収合併

■ 図表 2 ■ 三角合併

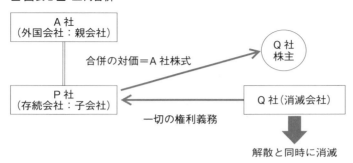

解散と同時に消滅

　一方，対価を P 社株式以外のものとすることができ（「対価の柔軟化」），具体的には，P 社の親会社の株式，新株予約権，社債，金銭等を交付することも認められる（749 条 1 項 2 号）。例えば，A 社（外国会社）が直接 Q 社を吸収合併するのが困難な場合に，日本に完全子会社 P 社を設立し，P 社を存続会社，Q 社を消滅会社とする吸収合併を企図した上で，合併対価として Q 社株主に A 社株式を交付すれば，A 社が Q 社を吸収合併するのと同じ結果が得られる（いわゆる「三角合併」，【図表 2】参照。→P 社が A 社株式を有していない場合の親会社株式取得と保有の規制は，800 条 1 項 2 項を参照せよ）。Q 社株主を完全に締め出す意図がある場合には，金銭や社債を合併対価とすることになる（いわゆる「**締出し合併（cash out merger）**」）。

2　新設合併における関係者の地位の変動（問 2）

　新設合併の場合，当事会社（P 社，Q 社）の全部が解散するが（471 条 4 号），清算は行われず（475 条 1 号かっこ書），消滅会社（P 社，Q 社）は解散と同時に消滅する。そして，P 社および Q 社の一切の権利義務は，**包括的に設立会社 R社に移転する**（754 条 1 項。なお 2 条 28 号も参照。【図表 3】参照）。

　(1)　P 社に対して金銭債権を有する p_1 および Q 社に対して金銭債権を有する q_1 は，この新設合併後，R 社に請求することになる。

　(2)　P 社に金銭債務を負う p_2 および Q 社に金銭債務を負う q_2 は，この新設合併後，R 社から請求を受けることになる。

　(3)　P 社の従業員 p_3 および Q 社の従業員 q_3 は，この新設合併後，R 社の従業員となる。

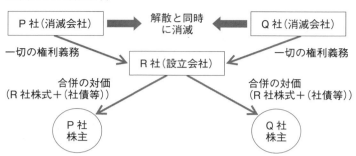

(4) 新設合併においては，消滅会社の株主には必ず設立会社の株式を交付しなければならない（753条1項6号7号）。株式会社が新設される以上，設立会社が株式を発行しないことは考えられないからである。そこで，P社の株主 p_4 および Q 社の株主 q_4 は，合併の対価として，持株数に応じて（同条4項）R社の株式の交付を受ける。したがって，P社株主および Q 社株主は，ともにR社の株主となる。もっとも，設立会社 R 社の株式に加えて，設立会社の「社債等」すなわち，社債・新株予約権・新株予約権付社債（同条1項8号）を交付することは認められる。

3　事業全部の譲渡における関係者の地位の変動（問3）

事業譲渡とは，P社の事業（→「事業」の意義については〔Stage 2-16〕解説 *1*(1)を参照）を取引行為として他の者に譲渡することである。事業の全部を譲渡する場合，事業に属する個々の資産を Q 社に承継するには，合併や分割と異なり，取引行為であるから，**個別の移転手続が必要**である（なお，不動産については，いずれの場合でも対抗要件が必要である）。以下，債権債務の移転について個別にみてみよう（**【図表4】**参照）。

(1) P社の p_1 に対する金銭債務を免責的に Q 社に承継させるためには，債権者である p_1 の承諾が必要となる。p_1 が承諾した場合には，この事業譲渡後は，p_1 は Q 社に対してのみ請求できる（**免責的債務引受け**）が，p_1 が承諾しなかった場合には，p_1 は引き続き P 社に対して請求することになる。合併と異なり，事業譲渡について**債権者異議手続**が法定されていないのは，債権者の意思に反してその債務者が変わることがないためである。

■ 図表 4 ■　事業譲渡

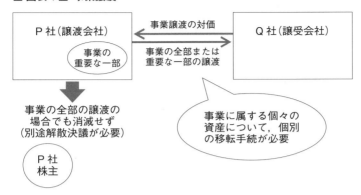

なお，債務を移転しない場合であっても，Q社（譲受会社）が弁済責任を負う場合がある（22条1項・23条1項・23条の2）。

(2)　P社のp2に対する金銭債権をQ社に承継させることは債権譲渡にあたるため，債務者であるp2および第三者に対抗するためには，P社から債務者であるp2への**通知またはp2の承諾**（民467条1項2項）が必要となる。したがって，上記の通知承諾があれば，p2はこの事業譲渡後，Q社から支払を請求されることになる。

(3)　事業譲渡の当事者間で移転すると定めた雇用契約については，当該契約の相手方である従業員の同意が必要である。よって，P社の従業員p3が同意すれば，p3はQ社の従業員となる。

(4)　**事業の全部の譲渡**を行う場合でも，P社が別途，解散の手続（471条3号・309条2項11号）をとらない限り，**法人格は存続**し，P社株主はP社株主であり続け，Q社へ引き継がれない。事業の全部を譲渡した後は，目的を変更し，譲渡の対価で別の事業を営むこともできる。解散した場合，P社が得た事業譲渡の対価は，Q社に移転せず残存する債務の弁済に充てられ，残余財産があればP社株主p4らに配分されることになる。

4　事業の重要な一部の譲渡における関係者の地位の変動（問4）

事業の重要な一部の譲渡であっても，取引行為であるから，**事業に属する個々の移転手続が必要**な点は，**3**と同様である。

(1) P社に味噌原料用の大豆を納入した業者 p_5 がP社に対して有する金銭債権は,「ビール事業」という有機的一体としての組織的財産に属するとはいえないから,譲渡の対象とならない。したがって Q 社に移転せず,事業譲渡後も p_5 は引き続き P 社に対して支払を請求できる。反対に,例えば,ビールを詰めるアルミ缶を納入した業者については,ビール事業に属する債務として Q 社に移転することになるが,**3**(1)で述べたように,債務の移転には債権者の承諾が必要である。

(2) 料亭 p_6 に対して P 社が有する金銭債権は,ビール事業に属さないため,Q 社に移転しない。よって,事業譲渡後も,p_6 は P 社から支払を請求されることになる。

(3) P 社のビール職人 p_7 の P 社との雇用契約は,この事業譲渡により Q 社に移転することになるが,それには p_7 の承諾が必要となる。

(4) P 社の株主 p_4 の地位は,事業譲渡によって Q 社に移転せず,P 社の株主であり続ける。

5 吸収分割における関係者の地位の変動 (問 5)

吸収分割とは,ある会社(分割会社)が,その事業に関する権利義務の全部または一部を,既存の当事会社(承継会社)に承継させることをいう(2 条 29 号。【図表 5】参照)。

事業譲渡と異なり,会社分割の場合,**承継させる対象は「事業」に限られない**。すなわち,会社分割の定義規定(2 条 29 号 30 号)によれば,会社分割とは,分割会社が「その事業に関して有する権利義務の全部又は一部を」,設立会社(下記 **6** 参照)または承継会社に承継させることとなっており,事業譲渡と異なり,**財産の有機的一体性**等(→詳細は〔Stage 2-16〕解説 **1**(1))を要しない。問 5 ではビール事業を移転することになっているが,ビール事業のうち一部の権利義務を除外することも可能となるだけでなく,ビール事業に属さない権利義務も承継の対象としうることに注意を要する(→LQ396 頁 Column 9-16 参照)。

(1) P 社に味噌原料用の大豆を納入した業者 p_5 に対して P 社が負う債務は,明らかにビール事業に関して有する権利義務の全部または一部ではないので移転しない。ただし,上で述べたように,この債務も承継の対象とする旨を吸収分割契約に記載すれば,Q 社に移転する(758 条 2 号)。このとき,債権者であ

■ 図表 5 ■ 吸収分割

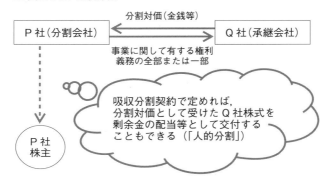

る p₅ の個別の承諾がなくとも，**免責的債務引受け**と同様の効果が生じる（ただし，債権者異議手続が法定されていることについて，〔Stage 2-17〕参照）。

(2)　P 社から味噌を仕入れた料亭 p₆ が P 社に対して負う債務についても，(1)で述べたのと同様の扱いを受ける。

(3)　P 社のビール職人 p₇ の P 社との雇用契約は，ビール事業に関して有する権利義務に属するといえるので，承継されるのが原則であるが，上で述べたように，承継の対象から外すことも可能である。なお，承継の有無に関して労働者の異議を認めることがある（労働承継 4 条・5 条）。

(4)　Q 社が P 社に交付する分割対価は，吸収分割契約に定められる（758 条4 号）。分割対価が，Q 社（承継会社）の株式である場合，Q 社と P 社との間には資本関係が生じる。合併の場合と同様，**対価の柔軟化**が認められ，Q 社（承継会社）の親会社株式，社債，新株予約権，新株予約権付社債，その他の財産でも構わない。

P 社に交付される対価を，交付と同時に P 社株主に剰余金の配当として交付することも可能である（760 条 7 号ロ・763 条 1 項 12 号ロ参照）。分割対価が Q 社株式であるときに，こうした剰余金配当が行われると，P 社株主が Q 社の株主にもなる（いわゆる「**人的分割**」。その効果等については，〔Stage 2-17〕解説 **2** 参照）。

6　新設分割における関係者の地位の変動（問 6）

新設分割とは，会社の事業に関する権利義務の全部または一部を，新設の会社（設立会社）に承継させることをいう（2 条 30 号。【図表 6】参照）。株式会社が

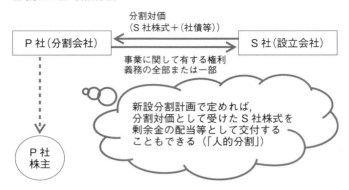

■ 図表 6 ■ 新設分割

P 社（分割会社）

分割対価
（S 社株式＋（社債等））

事業に関して有する権利
義務の全部または一部

S 社（設立会社）

P 社
株主

新設分割計画で定めれば，
分割対価として受けた S 社株式を
剰余金の配当等として交付する
こともできる（「人的分割」）

新設される以上，設立会社が株式を発行しないことは考えられないから，設立会社が分割会社に交付する分割対価には，**設立会社の株式が必ず含まれ**（763 条1 項 6 号），それに加えて，社債等（同項 8 号）を交付することも可能である。小問(1)～(4)は吸収分割と同様である。

7　株式交換における関係者の地位の変動（問 7）

　株式交換は，株式会社が発行済株式の全部を他の株式会社または合同会社に取得させることをいい（2 条 31 号），これにより取得する側が**完全親会社**となり，取得させる側が**完全子会社**となる（【図表 7】参照）。完全親子会社関係を形成する株式交換および株式移転（下記*8*）は，グループ企業を持株会社形態に移行する際に用いられる。持株会社とは，それ自体は事業を行わず，事業会社の多数株式を所有し支配して収益をあげるものである。わが国では，持株会社は財閥支配の復活につながるとして長年禁止されていたが，平成 9 年の独占禁止法改正で解禁されてからは，統一した指揮・管理の下で効率的なグループ経営が行えるとして，多くの持株会社が誕生している（→持株会社の例として，VM12頁【資料Ⅰ-16】）。

　(1)　P 社の株主 p₄ に，株式交換の対価として Q 社（完全親会社となる会社）の株式のみが交付される場合には，p₄ は株式交換後，Q 社の株主となる。他方，Q 社の株式以外の財産が交付される場合もある。例えば，Q 社の社債がp₄ に交付されれば，p₄ は株式交換により Q 社の社債権者となる。このように，

■ 図表 7 ■ 株式交換

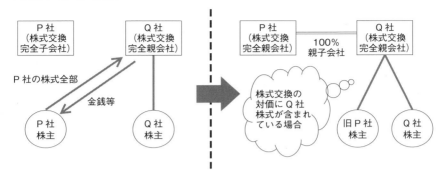

交付される対価によって株主の取得する地位は変わりうる（768条1項2号）。

　(2)　株式交換が行われる場合，当事会社は消滅しない。よって，**問7**における P 社の債権者 p_5 および債務者 p_6 は，株式交換後もそれぞれ，P 社の債権者および債務者である。株式交換の対価として完全親会社（Q 社）の株式のみが交付される場合には，当事会社の財産にも変動を生じないから，**債権者異議手続は不要**とされる（→債権者異議手続の要否については〔Stage 2-17〕）。

8　株式移転における関係者の地位の変動（問8）

　株式移転は，1 または 2 以上の株式会社がその発行済株式の全部を新たに設立する株式会社に取得させることをいい（2条32号），これにより**完全親会社**が新設されて，既存の会社がその**完全子会社**となる。これも，持株会社を作るための手段として用いられる。P 社と Q 社が共通の完全親会社 T 社を設立しようとするときは，P・Q 両社が共同して株式移転計画を作成する（共同株式移転。772条2項）（【図表8】参照）。

　(1)　**共同株式移転**の場合，P 社の株主 p_4 または Q 社の株主 q_4 の少なくとも一方には，T 社（完全親会社となる会社）の株式を対価として交付しなければならない。交付された場合，p_4，q_4 は，この共同株式移転後，T 社の株主となる。また，T 社の株式以外の財産を交付する場合もある（773条1項7号参照）。

　(2)　株式移転が行われても，当事会社は消滅しないため，**問7(2)**と同様に，株式移転後も，両当事会社の債権者および債務者は引き続きその地位を有する（→債権者異議手続の要否については〔Stage 2-17〕）。

■ 図表 8 ■ 共同株式移転

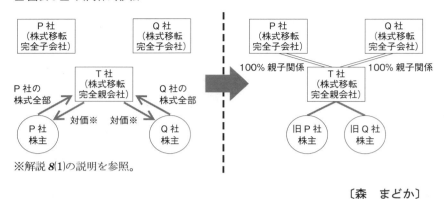

※解説 8(1)の説明を参照。

〔森　まどか〕

Trekking

No. 1 　出資の履行の仮装（預合い・見せ金）

　甲株式会社は，財務内容の悪化により銀行からの借入れが困難になった。そこで甲社代表取締役Ａは増資により財務状況を改善しようと考えたが，増資を引き受けてくれる者はいなかった。そこへ経営コンサルタントと称するＢが「お金がなくても増資できますよ」といって，次の２通りの手順を紹介した。

(1)　①　Ａは，Ｂが紹介するＣ銀行から，金銭１億円を借り入れる。
　　②　甲社は，Ａに対し新株５万株を発行する旨の取締役会決議を行う。
　　　　Ａは，Ｃ銀行から借り受けた金銭１億円を原資として，払込取扱機関であるＣ銀行に対して払込みを行う。
　　③　甲社はＣ銀行と，①における借入れが返済されない間は，②において払い込まれた金銭１億円の払戻しを請求しないことを約束する。

(2)　①　ＡはＢが紹介する乙社から，現金１億円を借り入れる。
　　②　甲社は，Ａに対し新株５万株を発行する旨の取締役会決議を行う。
　　　　Ａは，乙社から借り受けた現金１億円を原資として，払込取扱機関であるＣ銀行に対して払込みを行う。
　　③　Ａから払込みを受けた甲社は，Ｃ銀行から１億円を引き出し，取締役会決議により承認した上でこれをＡに貸し付ける。
　　④　Ａは，甲社から借り入れた現金で，乙社からの借入れを返済する。

問1　Ａが(1)または(2)の行為を行った場合，(ア)発行された新株は成立しているか，未成立か。(イ)成立していると考える場合，新株発行の無効原因は存在するか。なお，本件新株の発行価額は特に有利なものではないものとする。

問2　(1)(2)の行為により，Ａに何らかの刑事責任が発生するか。

問3　Ａや甲社の他の取締役らは，甲社に対していかなる民事責任を負うか。

問4　(1)(2)の行為が，甲社の設立に際してのものであり，Ａが甲社の発起人だとしたら，払込みの有効性，およびＡや他の発起人の民事責任について，何らかの違いが生じるか。

1　出資の履行の仮装とは

　出資の履行の仮装とは，募集株式の発行等や株式会社の設立に際して，実質的には株式会社の資産が増えていないのに，形式的にはあたかも払込みによる資産の増加があったかのような外観を作り出すことである（LQ36頁）。これまでに問題とされてきた行為には，預合いや見せ金などがある。

　本問で増資手順(1)として紹介されているのが「預合い」である。具体的には，払込取扱機関である金融機関から金を借り入れて払込みを行うが，払い込まれた金銭については，当初の借入れが返済されるまでは引き出さない旨の約束（＝不返還の合意）をする。この合意を守る限り，会社は払い込まれた金銭をいつまでたっても引き出せない可能性が高い。このような仮装をする場合，返済の目途もないであろう（金があればこんな仮装はしない）からである。引き出せない預金など絵に描いた餅と同じだが，外観上はあたかも会社の資産が増えたようになる。

　また増資手順(2)として紹介されているのが「見せ金」である。これは，第三者から金銭を借り入れて払込みを行い，会社がこれを引き出した上で株式引受人に貸し付ける。そして株式引受人はこれを当初の借入れの返済にあてるのである。結果として会社の株式引受人に対する貸付債権が残るが，このような仮装をするのであれば会社に対して返済される目途もないであろうから，当該貸付債権の実質的な価値はゼロであろう。にもかかわらず，貸付債権の分だけ会社資産が増加したような外観が形成されることになる。

　出資の履行が仮装されると，2つの問題が発生する。第1に，実質的な会社の資産増加に寄与していないにもかかわらず株主としての地位を得るのは，株式の有利発行の極端な形ともいえる。それゆえ有利発行の場合と同様に，既存株主からの利益移転という形で他の株主との公平の問題が生じる。第2に，会社の資産が増加したかのような外観を形成することは，会社の状況によっては債権者保護との関係で問題が生じうる。

2　仮装された出資の履行の法的効力（問1）

　そこで，仮装された出資の履行は法的にみて有効なのか無効なのかが以前か

ら問題とされてきた。有効であるなら，株式が成立することになる（209条1項）。

　平成26年会社法改正前の裁判例においては，仮装払込みは無効であるとされていた（最判昭和38年12月6日民集17巻12号1633頁［商判I-20］［百選8]）。払込みが無効であるとすれば，当該株式の引受人は失権していることになるから（208条5項），株式は成立しないと考えるのが一般的であった。

　ところが，平成26年会社法改正は209条2項3項を新設した。209条2項は，213条の2第1項各号に掲げる場合（すなわち出資の履行が仮装された場合）には，当該各号に掲げる支払・給付の後でなければ「出資の履行を仮装した募集株式について，株主の権利を行使することができない」（下線は筆者）と規定している。この文言を素直に読むなら，出資の履行を仮装した募集株式についても，株式が成立していることになる（そうでなければ，株主の権利自体そもそもないはずだから）。つまり，問1(ア)の解答は「成立している」ということになる（多数説）。

　なお，この考え方に従った場合，失権の規定との関係が問題となる。単純に考えれば，仮装された払込みも208条・209条との関係では有効な出資の履行として扱われる（つまり判例は死んだ）と考えるのが素直だろう。しかし，そう解すると仮装の払込みが申込証拠金のような形で事前に支払われた後，払込みの期日ないし期間が到来する前に仮装の事実が判明した場合にも当該支払を有効と認めざるをえず，募集株式の発行等を止められなくなるおそれがある。そこで，仮装の払込みはあくまで無効と解しつつ，株式の流通の保護のために，209条2項3項により株式の成立を認めた，と解すべきだろう。

　では多数説に従った場合，仮装払込みによって成立した株式について新株発行無効事由はあるといえるだろうか。問1(イ)はこれを問うものだが，学説は無効事由となるとする説（無効原因説）と，ならないとする説（有効説）とが対立している。有効説は，株主総会決議を経ていない有利発行についても新株発行無効原因とはされない（最判昭和46年7月16日判時641号97頁［商判I-50］［百選24]）こととのバランス（仮装払込みも，一種の有利発行だといえなくもない）や，仮装払込みを行った者や取締役らの責任（213条の2・213条の3）の履行によって既存株主の利益は保護されることなどから，仮装払込みは新株発行を無効とするまでの瑕疵ではないと考える。これに対して無効原因説は，仮装払込みを

行った者らの責任が確実に履行される保証はなく既存株主の保護としては不十分であること，仮装払込みは有利発行よりも利益移転の程度が大きい（仮装払込みの場合，実質的な会社財産増加額は有利発行の場合と比べて著しく低いであろう）と考えられるからバランス論としても無効事由を認めることが望ましいこと，などを理由とする。有効説の方が多数のようであるが，筆者自身は無効原因説の方に理があると考えている（なお，この問題については百選8事件の解説〔松尾健一〕，および久保田安彦「株式・新株予約権の仮装払込みをめぐる法律関係」阪大法学65巻1号115頁以下を参照）。

3　Aの行為の罪責（問2）

Aは(1)(2)の行為によって，何らかの罪責を負うか。

預合い（(1)の行為）については965条が罰則を定めており，Aは5年以下の懲役もしくは500万円以下の罰金（またはこれらの併科）の対象となる。

これに対し見せ金（(2)の行為）には会社法上の罰則は定められていない。従来，判例は，見せ金による払込みが無効であることを前提とし，それによって発行済株式総数が増加した旨の登記をしたことが公正証書原本不実記載罪（刑157条1項）にあたるとしていた（最決平成3年2月28日刑集45巻2号77頁［商判I-186］［百選103］）。しかし仮装された出資の履行のもとでも株式は成立すると解した場合，発行済株式総数が増加する旨の登記は正しいから，この点は不実記載とはならない。もっとも，株式会社においては資本金の額も登記事項であり（911条3項5号），また払込みによって増加する資本金の額は実際に払い込まれた財産の額（445条1項）であるが，払込みを仮装する場合，実際の払込額よりも大きな額が資本金の額として登記されるだろう。この点をとらえて公正証書原本不実記載罪が成立すると考えられる。

4　Aや取締役らの民事責任（問3）

では，民事責任はどうであろうか。

まずAは，払込みの仮装を行った株式引受人として，払込みを仮装した払込金額の全額を支払う責任を負う（213条の2第1項1号）。本問でいえば，(1)でも(2)でも，会社に払込みが仮装された金額は1億円であり，これが責任額となる。

　またＡや甲社の他の取締役らは，出資の履行の仮装に関与したとして法務省令（会社則46条の2）で定める者に該当する場合には，払込みを仮装した全額について責任を負う（213条の3第1項本文）。この責任は過失責任ではあるが，その立証責任は取締役の側に転換されている（同項ただし書）。**問3**では，他の取締役らが出資の履行の仮装に関与した者に該当するか，するとして職務を行うについて注意を怠っていなかったのか明らかでないが，もし注意を怠らなかったことを立証できないということであれば，責任を負うことになる。

　さらに，出資の履行の仮装に関与していなくとも，それが取締役の負う義務（例えば監視義務や内部統制システム構築義務）に違反していたために発生した場合には，会社に対して任務懈怠責任を負う（423条1項）。もっともこの場合，取締役の義務違反や損害の発生，当該違反と損害との因果関係の証明は会社（株主代表訴訟により追及する場合には株主）が負うことになる。

　なお，本問では「甲社に対する民事責任」が問題とされており，第三者に対する責任である429条1項を検討する必要はない。

5　会社設立時の出資の履行の仮装（問4）

　出資の履行の仮装が株式会社設立時に行われた場合，当該出資の履行にかかる株式は成立する。そのロジックは上記解説の **2** と同じであるので参照されたい（209条2項3項に対応する条文が，52条の2第4項5項である）。

　また，出資の履行を仮装した発起人Ａの責任は52条の2第1項1号に，当該仮装に関与したその他の発起人の責任については52条の2第2項に，また発起人の任務懈怠責任については53条1項に定めがあり，上記 **4** で述べたのと同様の責任が成立する。募集設立における発起人以外の株式引受人による払込みが仮装であった場合については，払込みを仮装した引受人の責任については102条の2第1項に，払込みの仮装に関与した発起人の責任については103条2項に規定がある。

〔久保大作〕

　A・B・Cの3人はみな服飾デザイナーであるが，このたび共同で株式会社を設立し，ブランドを立ち上げることになった。そこで，司法書士に依頼して定款を作成し，平成29年10月1日に公証人の認証を受けた。この定款では，発起人はA・B・Cの3人となっていた。また，28条に関する定めは置かれていなかった。会社の商号は甲株式会社とされた。

　Aは，司法書士から複数回にわたり開業準備行為については定款に定めがない以上は行ってはならない旨の注意を受けていたにもかかわらず，同年10月5日，BやCの了解を得ることなく独断で，宣伝・広告を業とする乙株式会社代表取締役Dとの間で，立ち上げる予定のブランドの広告を乙社に委託する旨の契約を締結した（以下「本件契約」と呼ぶ）。その際，Aは「甲社代表取締役A」の名義により本件契約を締結していた。また，Dは甲社が設立途上であることを知らなかったし，そのことについて過失があるとはいえない状況であった。本件契約に基づき，乙社は甲社ブランドの広告を作成し，同年11月4日発売のファッション雑誌等に掲載した。

　同年11月15日，甲社の設立登記がなされた。出資の払込み等，設立の過程に特に違法な点はなかった。なお，Aは成立後の甲社の代表取締役になっている。ところが，年が明けても甲社側から乙社への広告代金の支払がない。

問1　乙社は甲社に対して，本件契約に基づく広告代金を支払うよう請求した。乙社の請求は認められるか。

問2　問1の請求が認められない場合，乙社は誰に対してどのような請求をすることが考えられるか。

問3　本件契約の効力が甲社に帰属しない場合に，成立後の甲社の取締役会において，本件契約を追認する旨の決議がなされたら，この決議は有効か。

解　説

1 「発起人組合」と「設立中の会社」

　本問では，設立が完了していない時点で発起人が行った開業準備行為の効力の帰属が問題となる。問題の解説に入る前に，いくつか概念の整理をしよう。

　(1) 「発起人組合」と「設立中の会社」の違い　　「設立中の会社」は，会社として形成されつつある未完成の社団のことである（LQ47頁）。会社に対して法人格が付与されるのは設立の登記時であるから（→〔Stage 1-1〕解説 **6**），当然ながら「設立中の会社」は権利能力なき社団である。

　他方，発起人が複数いる場合には，「設立中の会社」とは別に，会社設立を目的として結成された民法上の組合が存在する，と理解するのが一般的である。この民法上の組合のことを「発起人組合」と呼ぶ（LQ55頁）。両者の関係をたとえていうなら，「設立中の会社」は製作中の特製ロボットであり，「発起人組合」はロボット製作のために結成された特別チームである。

　(2) 2つの組織における発起人の権限　　このように，株式会社設立の過程において設立中の会社と発起人組合という2つの組織が並存しているとすると，それぞれにおいて発起人がどのような権限を有しているのかが問題となる。

　① 設立中の会社における発起人の権限　　発起人は設立中の会社の機関として一定の権限を有しており，その権限内の行為の効力は成立後の会社に帰属する，と解するのが一般的である（むしろ，会社成立前の発起人の行為の効力が成立後の会社に帰属することを説明するために「設立中の会社」という概念がある，ともいえる。LQ47頁）。

　通説は，設立中の会社の機関たる発起人の権限は設立に必要な行為に限られるのが原則で，ビジネスを始めるための準備行為の1つである財産引受けは開業のために特に必要な場合がありうることを考慮して厳格な要件のもと認められているにすぎない，と理解する。この背景には，発起人は会社設立の企画者にすぎず，開業準備行為も含め実際にビジネスを進める立場にいるのは成立後の会社の取締役だ，という考えがある。

　これに対して一部の有力説は，本来的には開業準備行為も発起人の権限に属するが，会社財産に対する危険性に鑑みて財産引受けを厳しく規制している，と理解する。この理解を支えるのは，発起人に開業準備行為を広く行う権限を

認めるほうが迅速な開業を実現できて便利だ，という考えである。

　両説は，財産引受け以外の開業準備行為について 28 条 2 号の類推適用が認められるか，そして財産引受けを含めた開業準備行為について追認が認められるか，といった点で結論が異なる（通説はいずれも認めない）。

　② 発起人組合における発起人（組合員）の権限　　発起人組合において，組合員の権限について明文の契約を作成することは少ないだろう（そもそも明文の発起人組合契約があること自体が少ないかもしれない）。この場合，発起人組合の業務執行は民法の規定（民 670 条）に従って行われる。ただ，発起人組合の目的外の事項については民法 670 条によっても組合の業務としては執行できず，それゆえ当該行為の効力が各組合員に及ぶことはない。そこで，問題となった行為が発起人組合の目的に含まれるか否かが重要な意味を持つことになる。

2　開業準備行為の効力は成立後の会社に帰属するか（問1）

　乙社は，本件契約に基づいて乙社が提供した役務の対価の支払を求めている。この請求が成り立つには，本件契約の効力が甲社に帰属しなければならない。では，本件契約の効力は甲社に及んでいるだろうか。

　本件契約は開業後のビジネスに関する事柄について甲社の設立手続中になされており，開業準備行為に該当する。そうだとすると，本件契約が甲社に帰属するといえるためには，設立中の会社の機関である発起人（A）に，このような開業準備行為をする権限があるといえなければならない。

　この点について通説は，上で述べたとおり発起人の権限は設立に必要な行為に限られており，開業準備行為については財産引受けの厳格な手続を経たものについてのみ権限を有する，と解する。これを前提とすると，本件契約のような役務の提供はそもそも 28 条 2 号における財産の譲渡に該当しない以上，仮に定款で本件契約について定めていたとしても A には本件契約を締結する権限はない（まして本件では定款の定めすらない），と考えるだろう。有力説に立つ場合には本件契約のような役務の提供も 28 条 2 号の適用（ないし類推適用）が認められるが，本問では定款の定めがないため，A には本件契約を締結する権限はない，と解することになる（追認については 4 を参照）。

3　成立後の会社以外の者に対する請求（問2）

　甲社に代金を請求できないなら，他の者に請求することができるだろうか。これについては，いくつかの法的構成が考えられる。

　(1)　**無権代理人の責任の類推適用**　第1に，本来権限を有していないにもかかわらずあたかも甲社代表者のようにふるまったAに対して，無権代理人としての責任（契約の履行または損害賠償。民117条1項）を追及していくことが考えられる。判例は，無権代理人の規定の適用ではなく，類推適用だとする（最判昭和33年10月24日民集12巻14号3228頁［商判I-17］［百選5]）。本件契約を締結した時点で甲社は法人格を有していないため実在するとはいえない。判例は，このような非実在者が本人となる行為は厳密には無権代理ではないと解しており，ただ，相手方が代理権の存在を信頼している状況が類似しているため，類推適用を認めるのである。

　(2)　**発起人の責任**　第2に，発起人Aが権限にない取引を行ったこと，そしてBやCがこれを阻止しなかったことを発起人の任務懈怠として，これによって第三者に生じた損害についての賠償責任（53条2項）を追及することが考えられる。自ら違法な財産引受類似行為を行ったAに発起人としての任務懈怠（義務違反）があり，司法書士からの注意があったにもかかわらず同行為を行っている点で，少なくとも重過失に相当することは異論がないだろう。これに対して，BやCに任務懈怠があるかどうかは，他の発起人の職務執行を監視することが発起人の任務に含まれると考えるかどうかによる（取締役類似の監視義務を認める裁判例として，新潟地判昭和52年12月26日下民集32巻5〜8号492頁）。もっとも，仮にそのような監視義務を認めるとしても，本問の事実からだけでは監視義務違反があったかどうかは判断しがたい。

　(3)　**発起人組合の行為とする法律構成**　第3に，Aによる本件契約を設立中の会社の機関としての行為ではなく，A・B・Cからなる発起人組合の業務執行行為だと主張して，組合の債務の履行を組合員たるA・B・Cに請求することが考えられる。通常は開業準備行為は発起人組合の目的外であろう。ただ，発起人組合を含めた民法上の組合において組合にどのような目的を付与するかは私的自治の問題であるから，もし当事者が会社設立以外の事項（例えば本件のような行為）をも組合の目的に含めていたなら，当該事項に関する行為は組合の業務執行行為となり，その効果は組合員全体に帰属する（最判昭和35年12

月9日民集14巻13号2994頁［商判I-16］［百選A1］は，当初は会社設立を目的として結成された発起人組合において，その後会社名義で事業を行うことが組合の目的に含まれるようになったと認定した事例である）。

　もっとも本問では，Aの本件契約締結行為が発起人組合の業務執行としてされたといえるか，定かではない。発起人がどのような名称を使ったか（例えば甲社代表取締役ではなく甲社設立発起人総代の名称を用いる，など）だけで決まるものではないが（LQ54頁），特に発起人組合に帰属させる意思が表示されない限り，設立中の会社の機関としての行為と解するのが適切であろう。だとすると，結局は(1)の考え方に帰着する。仮にAが発起人組合の業務執行者として行為していたと評価できても，開業準備行為が発起人組合の目的に含まれるかどうかは，発起人間での合意内容やそれまでの活動状況を総合的に判断することになる。本問では，発起人組合として開業準備行為をすることにA・B・C間の合意はないし，他に事実上合意があったと評価できる事実もない。したがって本件契約が発起人組合の目的に入るとはいい難い。とすると，Aの行為は発起人組合に対する無権代理として扱われることになる。

4　無効な財産引受けの追認（問3）

　定款に定めのない財産引受け（ないし類似行為）について，通説判例は成立後の会社による追認を認めない（LQ50頁，最判昭和28年12月3日民集7巻12号1299頁など）。財産引受規制は株主だけでなく債権者保護の意味もあること，追認を認めると規制が空洞化してしまうことがその主な根拠である。

　これに対して，有力説は追認の可能性を認める。本来的には開業準備行為も発起人の権限に属すると解すべきこと，会社にとって有利な開業準備行為については認める余地を残したほうが便宜であることなどがその理由である。

　ただ仮に追認を認めるとしても，追認機関が取締役会でよいかについては別途議論の余地があろう。本来であれば財産引受けは原始定款に定めなければならないのであり，そのためには発起人全員の合意が必要だったはずである。そうだとすると，募集設立における定款変更要件（73条1項・96条）を考慮しても，最低限として株主総会の特別決議による承認が必要であると解するべきではなかろうか。

〔久保大作〕

問1　A・Bの2人は，飲食店を開業すべく甲株式会社の設立を企画した。甲
社定款によれば，設立にあたりAが駅前の土地および建物（以下「本件土地
建物」と呼ぶ）を評価額3000万円で現物出資し，Bが金銭3000万円を出資
する旨が定められていた。

　平成29年3月1日，Aは不動産鑑定士Cに本件土地建物の鑑定評価を依
頼し，価額が3000万円である旨の鑑定評価書を得た。また公認会計士Dに
依頼し，本件土地建物の価額が3000万円で相当である旨の証明を受けた。
そして同年3月15日，本件土地建物を引き渡した。

　その後，同年4月1日に甲社は設立の登記をし，会社が成立した。しかし，
同日の時点で本件土地建物の価額は1000万円であった。

(1)　3月1日時点の本件土地建物の価額も1000万円であったが，CやD
はAと共謀してわざと高く評価していた。一方，Bは注意深く執務し
ていたが，気づかなかったことにはやむをえない事情があった。この場
合，A・B・C・Dは甲社に対しどのような責任を負うか。

(2)　もし3月1日時点の本件土地建物の価額は3000万円であり，A・B・
C・Dとも注意を怠っていなかったが，鑑定評価後の予測不可能な事態
により価額が急落したとしたら，甲社に対し責任を負うか。

問2　EとFの2人は，自然塩の製造・販売を業とする乙株式会社の設立を企
画した。その際，募集設立の方法によることとし，募集に応じて設立時株式
を引き受けたGらから金銭の出資を受けた。また乙社定款には設立費用を
500万円とする記載があったが，Aは丙社に様式の募集のためのチラシ印刷
を依頼しており，その代金は300万円であった。

　ところが，最終的に乙社設立計画は頓挫した。そのため56条に基づき，
Gらは出資した金銭に相当する額の支払を，また丙社は未払の印刷代金の支
払を，EおよびFに請求した。これらの請求は認められるか（ここでは，56
条の責任以外の責任原因は，考慮しなくてよい）。

1　問題の所在

　本問は，設立をめぐる発起人等の責任について考えるためのものである。発起人等の責任については，52条において現物出資・財産引受けにかかる財産の価額が不足する場合の責任が，53条において任務懈怠責任が，そして56条において会社不成立時の責任が，それぞれ規定されている。このうち，問1では52条の責任の成否が，問2では56条の責任の成否が問題となる。

2　出資された財産の価額が不足する場合の責任（問1）

(1)　**不足額填補責任の性質**　　現物出資された財産の会社成立時の価額が定款に記載・記録された価額に著しく不足する場合には，発起人および設立時取締役は，会社に対して連帯して当該不足額を支払う義務を負う（52条1項）。ただし，検査役による調査を経た場合や，発起人等がその職務を行うについて注意を怠らなかったことを証明した場合には，支払義務を免れる（同条2項）。この不足額填補責任は，以前は無過失責任とされ，債権者保護のための制度と解されていた。しかし現在では，発起設立については立証責任が転換されているとはいえ過失責任であること，また総株主の同意によって免除可能であること（55条）から，任務懈怠責任の1つと考えられる（なお，募集設立の場合には発起人等の不足額填補責任は無過失責任となるが〔103条1項により52条2項2号が適用されない〕，総株主の同意による免除は可能である。これは，募集に応じて株式を引き受けた者と現物出資を行った発起人との公平を図るためであるとされる）。

　また，現物出資財産の価額の証明（33条10項3号）を行った者も，発起人や設立時取締役と連帯して不足額を填補する責任を負う（52条3項）。これも，立証責任の転換された過失責任である（同項ただし書）。

(2)　**本問への当てはめ**　　問1の場合，AとBは甲社の発起人であり，Cは本件土地建物の鑑定評価を行った不動産鑑定士，Dは価格が相当であることの証明を行った公認会計士である。そして，Aが現物出資財産として給付した本件土地建物は，定款において3000万円と記載されているのに対して，会社成立時の価額は1000万円であり，差し引き2000万円の不足が生じている。この額が3000万円に対して「著しく不足」しているといえるかどうかであるが，

実際の価額が定款記載額の3分の1にすぎず，不足の程度は著しいというべきであろう。したがって52条1項の要件は満たしており，責任が発生しそうである。

　では，A〜Dは，その職務を怠らなかったことを証明して責任を免れることができるだろうか。(1)の場合，Aは本件土地建物を給付した本人であるため，もともと免責が認められない（52条2項かっこ書参照）。またCとDは，価額不足状態を知りつつAと共謀して隠しているのであるから，証明をするについて注意を怠らなかったとはいえない。したがって，この3人については責任を免れることはできず，連帯責任を負うことになろう。これに対してBは，問題文によれば注意深く執務しており，また価額の下落を予測することも困難だったというのであるから，その立証を行うことによって免責を得ることは可能であると思われる。

　(2)の場合，当該土地の価額下落は予測不可能な原因によるものであり，A・B・C・Dはいずれも注意を怠っていなかったというのである。それゆえ，B・C・Dについては責任を免れることになろう（52条2項2号・3項ただし書）。これに対してAは現物出資財産を給付した者であるため，たとえ注意を怠っていなかったとしても免責を得ることはできず（同条2項かっこ書），不足額填補責任を負うことになる。

3　会社不成立時の発起人の責任（問2）

　株式会社が成立しなかったときには，発起人は連帯して会社の設立に関してした行為について責任を負う（56条）。問2では乙社が成立しなかったことは明らかであるので，ここで問題となるのは，「株式会社の設立に関してした行為」に該当するかどうか，である。

　「株式会社の設立に関してした行為」については，出資の払込みの受領のような設立行為そのもの，または設立事務所の賃借のような設立に必要な行為を指すが，設立に必要な行為に要する費用の借入れ行為は含まない，とする古い裁判例がある（大判昭和14年4月19日民集18巻472頁）。

　学説は，成立後の会社にその効果が帰属する行為，と定式化するのが一般的である。もっとも，成立後の会社にその効果が帰属する行為の範囲については争いがあり（→〔Stage 2-2〕解説 *1*(2)），そこでどのような考え方をとるかによ

179

って，56条による責任の範囲についての理解も変わってくる。

そこで，本問で問題となっている各行為を検討しよう。本問でGらについて問題となっている金銭の出資は「設立自体において必要な行為」であり，これが56条にいう「株式会社の設立に関してした行為」に含まれることは学説上も争いがない。したがってGらは出資した金銭について，E・Fに対して連帯して支払うよう請求することができる。これに対して丙社が請求している印刷代金は，法律上は求められていないものの設立のために事実上必要な行為に関するものであり，その効力は，成立の後の会社に帰属するのか争いがある（LQ49〜50頁を参照）。成立後の会社に帰属すると解するなら，56条による責任を追及できる。これに対して，成立後の会社に帰属しないと考えるなら，仮に不成立の場合であっても56条による責任の対象とはならず，発起人組合との間で解決すべき問題とされることになる（江頭115頁注1）。この場合丙社はE・Fに対して連帯責任を追及できず，分割債務となるにすぎない（民675条2項）。

なお，紙幅の都合で作問しなかったが，財産引受けの相手方が56条により履行利益を請求できるか，という問題もありうる。この問題はいささかトリッキーである。というのは，通説は財産引受けを「会社の成立を条件として特定の財産を譲り受ける旨の契約」と理解しており（例えばLQ41頁），会社が不成立となれば当該契約の効力は発生しないことが確定する。そのため，仮に財産引受けが「株式会社の設立に関してした行為」に該当するとしても（学説の定式に従う限り，適法になされた財産引受けはこれに該当すると解するのが相当だろう），効力のない契約について履行利益を求めることはできないから，56条に基づく請求はできないと解すべきことになろう（発起人に対し，無権代理人の責任の類推適用を模索していくことになるのではないか）。

〔久保大作〕

180

甲株式会社（公開会社であり，監査役設置会社である）の工場で，食品に健康被害をもたらす不純物の混入があった。これを知った株主Ｐが，定時株主総会で質問する前提で甲社に質問状を送っていたところ，代表取締役Ａは，Ｐと連絡をとり，「株主総会でのご質問はご遠慮いただけないか。代わりに，Ｐ様が保有する当社株式を時価の倍の価格で買い取ります」と述べ，時価2000万円の株式を，4000万円で買い取ることを提案し，Ｐも同意した。

この交渉を行うことは，甲社取締役会で決定されたものである。取締役会には，当時の取締役４名（Ａ・Ｂ・Ｃ・Ｄ。Ｄは社外取締役）が出席しており，常勤監査役Ｅは出席していたが，社外監査役のＦとＧは所用により欠席していた。

この取締役会では，Ａは，Ｐに事実を明らかにされると甲社の供給責任が果たせなくなることから，時間を稼ぐためにＰからの自己株式の買取りを提案し，追って同業他社と供給を増やす交渉をした上で，商品をリコールし，事実を公表することが適切であると主張した。工場担当取締役のＢも，工場においてある程度不純物の混入があることは避けられず，その問題の表面化を避けるためＰからの株式の買取りは仕方ないとの判断であった。

Ｃは法務担当取締役であるが，Ｐから株式を買い取るだけでは問題が収まるはずがなく，買取りが明るみになれば会社が存続できなくなる可能性すらあることを述べ，反対を表明した。

Ｄは，社外取締役として大所高所から意見を述べることが求められている立場であり，一時しのぎをするよりは，定時株主総会で事実を公表し，即座に回収をした方が甲社にとってよいと考えたため，Ａの提案には反対を表明したが，最終的には，この問題は経営判断の問題であり，Ｄ以外の経営判断に責任を負う取締役の判断に対応をゆだねるべきとして，時間稼ぎの意味を込めて賛成票を投じた上で，急いで公表までの道筋を策定し，善後策を検討するよう主張した。

Ｅは，物事を穏当に収めることが望ましいと考え，上記の議論に口を出さな

かった。

　この取締役会決議を受け，Ａは，Ｐの保有する株式を，甲社の支出により，4000万円で購入した。

問　Ａ・Ｂ・Ｃ・Ｄ・Ｐは，どのような責任を負うか。①利益供与責任に関するルールと各人の責任，②任務懈怠責任について，考えられる任務懈怠の内容と各自の責任，③株主が行使できる手段，に分けて説明せよ。

解　説

1　総　論

本問における P への 4000 万円の支払がどのように責任を基礎付けるか考えると，①P に対する利益供与，②手続違反の自己株式取得という任務懈怠，③（利益供与という作為の）任務懈怠，④（利益供与責任という作為への責任が成立しないとしても）監視義務違反，に該当しうる。

2　利益供与責任

(1)　**利益供与責任に関するルール**　利益供与責任に関するルール（120 条）は，以下のとおりである。

責任原因は，株式会社が，株主の権利の行使に関し，会社または子会社の計算において財産上の利益を供与したことである（同条 1 項）。

責任の主体は，利益の供与を受けた者と，利益供与に関与した取締役である。利益の供与を受けた者（本問では P）は，供与を受けた利益を株式会社に返還する義務を負う（同条 3 項。第 2 文とあわせて，原状回復を求めるものになる）。また，利益供与を受けた P のみならず，利益の供与をすることに関与した取締役として法務省令（会社則 21 条，(3)で後述）で定める者は，供与した利益の価額に相当する額（損害額ではない点に注意。(5)で後述）を支払う義務を負う（120 条 4 項本文）が，供与を行った取締役以外は，職務を行うについて注意を怠らなかったことを証明した場合は免責される（同項ただし書）。供与を受けた者と供与者は無過失責任，それ以外の取締役は任務懈怠の推定された過失責任などといわれる。

(2)　**「株主の権利の行使に関し」**　甲社は P から株式を取得しているだけであり，単なる取引をしているだけであるから，このことが当然に利益供与に該当するわけではない。判例（最判平成 18 年 4 月 10 日民集 60 巻 4 号 1273 頁［商判 I -127］［百選 14]）によると，株式の譲渡は株主たる地位の移転であり，それ自体は，株主の権利の行使とはいえないが，会社からみて好ましくないと判断される株主が議決権等の株主の権利を行使することを回避する目的で，当該株主から株式を譲り受けるための対価を供与する行為は「株主の権利の行使に関し」（120 条 2 項）といえる旨を判示している。本問も同様に考えてよい。

(3)　**責任主体**　P が，受けた利益を返還する義務を負うことは明文で規定

されている（120条3項）。このとき，Pは，甲社から受けた4000万円を返還する義務を負うと同時に，甲社に譲渡した株式の返還を求めることができる。

P以外の責任主体が誰になるかであるが，120条4項を確認するだけでは足りない。120条4項は「当該利益の供与をすることに関与した取締役……として法務省令で定める者は」としており，責任主体が誰であるかを会社法施行規則にゆだねている。かっこがある時点で条文を読むのを打ち切るという勝手な読み方をせず，条文をきちんと読んでいれば，法務省令（会社法施行規則）を引けばいいだけであることがわかる。細かい事項についての規則ならともかく，責任主体が誰かという，極めて重要なことについて，規則にあたらないのは，条文の理解と検索能力が足りていないことが原因である。会社法においては，この問題で規則を探さなければいけないという感覚を形成してほしい。

Aについては，利益供与を提案した取締役（提案に加え賛成もしている），B・Dについては賛成した取締役であり，Cについては提案も賛成もしていない。加えて，Aは利益供与に関する職務を行っている。したがって，Aは無過失責任を負う責任主体に，B・Dは任務懈怠の推定を受ける責任主体に，それぞれ該当し，Cは規則21条のいずれにも該当しないことから，120条4項の利益供与責任を負わないことになる。

⑷　**120条4項ただし書の反証の可否**　Aについては無過失責任だから反証の余地がなく，Bについても本問では注意を怠らなかったといえる事情はない。では，Dについてはどうか。

1つのアプローチは，社外取締役といえども，法令違反をする裁量はないこと（最判平成12年7月7日民集54巻6号1767頁［商判Ⅰ-124］［百選49］）や，さらなる監督権限の発動の必要性（例えば，利益供与は法令違反であるから，取締役会に出席していない社外監査役F・Gへの報告義務がある〔357条1項〕）や，公表義務（大阪高判平成18年6月9日判時1979号115頁）を強調するものである。取締役会で当初は反対したし善後策を検討するよう主張したとはいえ，この行為は利益供与の防止に向けられたものではなく，責任発生には影響しない，という考え方は，十分に説得力があるものである。

もう1つのアプローチは，企業としての商品供給責任を前提に，リコールまでの調整のため時間稼ぎはやむなしという利益状況に着目したり，現実には社外取締役にそれ以上期待できない以上，代表取締役を牽制し，公表までの道筋

184

の提示を求めることが精一杯であるという，Ｄの置かれた立場に着目し，責任を否定する議論である。

　この問題は，裁判で争われた場合，見解が分かれようが，利益供与という明らかな法令違反の責任を免責する事実と位置付けることは難しいものと思われる。したがって，筆者としては，Ｄが職務を行うについて注意を怠らなかったとはいえず，利益供与責任は免責されないと考える。

　(5)　**責任額**　　具体的な数字が出ている問題において，「供与した利益の価額の返還を求めることができる」というような結論を導いている者は，事例問題に答える姿勢が足りない。金額を明らかにしなければダメである。

　通説によると，Ｐのみならず，取締役の利益供与責任で負担する責任の金額は，「供与額」と考えられている（(1)で述べたように，120 条 3 項の構造は原状回復であり，4 項も同様であろう。同条は 2 項を含め，「供与した利益」「利益の供与」を，供与額の意味で用いている）。したがって，支払った 4000 万円が責任額になると思われる。

　他方，読者の中には，供与した利益の額を，損害額と同様に考え，4000 万円と甲社株式の時価 2000 万円の差額である 2000 万円と考えた人もいるだろう（こちらの方が多いかもしれない）。この立場からは，2000 万円が責任額となりそうである。もっとも，損害額と供与額を同視するアプローチは，土地を高値で買い取ったような場合には妥当するだろうが，本問では自己株式を取得している点に注意が必要である。現行法では，自己株式に資産性はなく，配当と同様に，会社財産の流失にすぎない。したがって，差額を供与額と考えるアプローチでも，支払った額の全額が供与額になると考えざるをえない。

3　任務懈怠責任

　(1)　**任務懈怠責任を論じる意味**　　本問では，手続違反の自己株式取得という作為の任務懈怠，利益供与行為という作為の任務懈怠，監視義務違反という不作為の任務懈怠の 3 つの任務懈怠が考えられる。

　ここで，利益供与責任に加えて**任務懈怠責任**を論じる意味を確認しておこう。

　第 1 に，利益供与責任を否定された者（Ｃ）については，その責任を肯定するためには，任務懈怠責任を検討するほかない。利益供与への提案・賛成は行っていなくとも，取締役会に違法行為が提案された状況は，まさに監視義務が

問題となる場面である。そこで，Cが監視義務を果たしたかは，特に手厚く論じなければならない。

　第2に，利益供与責任が肯定された者（A・B・D）については，供与額がそのまま損害額となる事例であれば，論じるかどうかは悩ましいところである。利益供与責任は，供与額全額について責任を認めるものであるし，任務懈怠の推定もあるので，同一の損害（供与額）の責任を基礎付ける上では，より責任が肯定されやすい責任原因である。したがって，利益供与責任を論じきることができれば，追加的に任務懈怠責任で再度論じる実益はない。他方で，試験の場においては，問い方との関係で悩ましい場合も珍しくはなく（例えば，「株主がとりうる法的手段を説明せよ」という問いの場合），考えられる責任原因それぞれに点数が振られる採点基準であることも少なくない。この場合，任務懈怠責任を検討しておかなければ，採点基準との関係で得点を落とすことも考えられる。

　正直なところ，問題と出題者次第である，としかいいようがないところであり（筆者がこの問題をもう少し複雑にした問題を出題した際は，利益供与責任を論じきれていれば任務懈怠を論じていなくても満点を取れる採点基準としていた。原告側としては，利益供与による損害に対して，任務懈怠責任よりも利益供与責任を優先して主張するはずだからである），問題の分量や時間との関係で判断せざるをえない。

　第3に，仮にこの事例で，供与額以外に損害が発生していたならば（例えば，リコール隠しでバッシングが起きて売上げが激減したり，行政の制裁により損害が発生した場合），この損害部分については，利益供与では拾いきれない（120条は，供与額の責任は認めるが，それ以上については関知するところではない）ため，任務懈怠を論じなければ，責任を肯定することはできない。この場合は，4人のいずれについても，損害と因果関係のある任務懈怠を考え，論じることが求められることになる。

　本書では，筆者の立場から，Cの監視義務違反のみを解説することとする。

(2)　**Cの監視義務違反**　Cは，提案も賛成もしていないため，「当該利益の供与をすることに関与した取締役……として*法務省令で定める者*」には該当しないため，120条の利益供与責任を負わない。しかし，利益供与による損害に対して責任を負わないのだろうか。

　利益供与は，刑事罰（970条）を伴う違法行為であり，違法行為は監視義務の対象であることは明らかである。したがって，Cには，監視義務違反が成立

する余地がある。Cが利益供与の責任主体に該当しないことに安心して忘れてしまっているかもしれないが，1つの事象は複数の責任原因に該当しうること，作為の責任が問えない場合でも不作為の任務懈怠責任が発生しうることは当然である。

　Cの監視義務違反を問う場合，任務懈怠があるか，因果関係があるかが特に論じるべき対象となる。任務懈怠については，Cの任務をどのように考えるかが問題となる。

　一方では，**2**(4)で述べたように，監査役への報告など，違法行為を抑止するために可能なすべての手段をとっていることを求める考え方もあるだろうし，善管注意義務の内容としてそれ以上を要求する裁判例もある。

　他方では，会社としては取締役会の決議により行動する以上は，一取締役としてできることは，取締役会で反対の議論をし，反対票を投じるところまでであると考えれば，会社の存続の危機を主張し，反対票を投じたことで，Cは任務を果たしていると評価する余地もある（特に，社外取締役については，現実にそれ以上のことができるかは難しい）。

　筆者としては，本問におけるCの立場を具体的に分析し，Cの任務をどのように考え，それを果たせたかが説得的に論じられていれば，責任を肯定しても否定してもよいと考える。

　因果関係についてであるが，Cが反対意見を主張してもなお取締役会決議が成立していることから，これ以上Cが何かを行っても利益供与が取締役会決議に基づいて行われる以上，Cの任務懈怠と損害の因果関係がないとの説明も考えられるし，Cが説得してDを反対に巻き込めば，取締役会決議を不成立（賛成2・反対2）にできたのだから，そのような行為を行っていないことと損害発生との間に因果関係がある，という説明も考えられる。

　取締役会に欠席した監査役への報告義務違反を任務懈怠とするのであれば，報告していれば監査役が違法行為の差止め（385条1項）を行った可能性を前提に因果関係を肯定する余地もあろう。

　ここでも，解答に際して想定した任務懈怠と対応する因果関係を説得的に論じることが求められるし，その点を具体的に論じきれていれば，採点の際には満足顔で答案を読めるというものである。

〔榊　素寛〕

No.5 株式の譲渡制限・株式の譲渡方法

問1　Aは，甲株式会社（株券発行会社，非公開会社，取締役会設置会社，発行済株式総数400株）の株式を100株保有し，株主名簿にもその旨が記載されている。AはBから1000万円を借り入れていたが，個人で経営する事業がうまくいかず，返済が滞っていた。平成29年1月28日，AはBに対してすでに弁済期が到来している元利金100万円の代わりに保有する甲社株式100株を譲渡することをもちかけ，Bも了承した。同日，AはBに甲社株の株券を交付した。AもBも甲社に対して譲渡等承認請求は行っていない。

(1)　AはBに対して，「甲社が譲渡を承認していないため，この株式の譲渡は無効である。株券を返還せよ」と主張している。認められるか。

(2)　甲社の取締役は，A・C・D・E・Fであった。D・Eは甲社の株主（D 200株，E 100株。残りの100株は，上記のとおりAが保有）であるが，C・Fは株主ではない。平成29年1月の時点で，甲社の代表取締役Cは，Aと対立していた。Cは，次の甲社定時株主総会で任期が終了するところ，甲社の株主DはCを支持していたものの，株主EはAに同調してCの選任に反対する予定であった。Cは，同年2月に上記の譲渡を知った。

甲社の定時株主総会は同年4月10日（基準日は設定していない）に開催された。ところが，Cは「すでにAはBに持株をすべて譲渡していた。名義書換はなされていないが，Bが新しい株主なのだから当社はBを株主として扱う」と主張して，Aには招集通知を送らず，B・D・Eに送付した。この株主総会には，Bは出席せず，D・Eが出席した。DはCの取締役選任に賛成，Eは反対した結果，Cの取締役選任議案は可決された。Aは，自らに招集通知が送られなかったことを理由に決議取消しを求めているが，認められるだろうか。

(3)　甲社が発行する株式に譲渡制限が付されていなかったとする。(2)と比べて，結論は変わるか。

問2　次の各場面で，HとJの請求は認められるだろうか。

(1)　乙株式会社（株券不発行会社，非公開会社，取締役会非設置会社）の唯一の取締役であり，発行する株式のすべてを保有するGは，平成29年1月10日，Hと乙社株式の売買契約を締結し，代金を受け取った。しかし，Gは約定の金額では惜しい気がしたので，その後の譲渡承認手続への協力を拒み続けている。同年2月1日，任期満了を迎えたGは，同日の株主総会で自らを取締役として再任した旨の登記を行った。この株主総会の招集通知を受けていなかったHは，株主総会決議不存在確認訴訟を提起した。

(2)　丙株式会社（株券発行会社，非公開会社，取締役会設置会社）の株主Iは，Jにすべての持株を譲渡した。Jは株券の交付を受けて譲渡等承認請求をしたところ，丙社取締役会はこれを承認する決議を行った。Jは，これに続けて株券を提示し，丙社に名義書換を求めた。しかし，法律に強いことを自負する丙社の代表取締役Kは「会社法に従って，名義書換は現在株主名簿に記載されているIと一緒に行ってください。それまでは，Iを株主として扱います」といって名義書換に応じない。その後，KはJに招集通知をせずに株主総会を招集し，自称経営コンサルタントLに大量の新株発行を行う旨の株主総会決議をした。Jは，株主総会決議取消訴訟を提起した。

1　誰が株主？（問1）

⑴　会社法2条17号は譲渡制限株式を「**譲渡による当該株式の取得について当該株式会社の承認を要する旨の定め**」のある株式と定義している。甲社の株式は譲渡制限株式であるため，会社との関係で譲渡が有効になるためには譲渡承認が必要であることは疑いがないが，当事者間の譲渡の効力については，条文のみからは必ずしもはっきりしない。

従来より，会社にとって好ましくない者が株主となることを防ぐという譲渡制限の趣旨および本来は株式の譲渡は自由であることから，当事者間では譲渡は有効だと考えられてきた（最判昭和48年6月15日民集27巻6号700頁［商判 I-35］［百選18］）。株式の譲渡が自由とされている（127条）ことから，譲渡制限の制度趣旨を実現するのに必要な範囲でのみ制限を課すことが要請されるところ，当事者間の譲渡の効力を認めても，会社にとって望ましくない者が株主として議決権などの権利行使をすることは防げるためである。そして，現在の137条は，当事者間においては譲渡は有効であることを前提に，譲受人にも譲渡等承認請求を行うことを認めているといえる。

⑵　小問⑵では，A・Bともに譲渡等承認請求を行っていないが，甲社はBを株主として扱っている。このように，譲渡承認を得ていない場合に，従来の株主名簿上の株主（A）ではなく，譲受人（B）の方を会社側が株主として扱うことは認められるか。この例で，Bが「Aではなく自分を株主として扱え」と甲社に求めることは，もちろんできない。これに対して，会社側がBを株主と認めるのは，A・B間で譲渡があったことをふまえると適切であるようにもみえる。

しかし，上記⑴で説明したとおり，判例は，譲渡承認を得ていない譲渡制限株式の譲渡について，当事者間では有効，会社との関係では無効としている（前掲最判昭和48年6月15日）。そして，会社との関係では譲渡人（A）が株主としての地位を有している以上，会社（ひいては代表取締役C）は譲受人（B）を株主として扱うことができないとしてきた（最判昭和63年3月15日判時1273号124頁，最判平成9年9月9日判時1618号138頁）。このうち最判昭和63年3月15日については，会社が，競落による取得者と，その影響下にある譲渡人の両者

の権利行使を拒もうとしていた（いわば「空白状態」を作り出そうとしていた）と指摘されている（江頭240～241頁注14）。小問(2)のように，新しく取得した者に議決権行使を認める場合も，空白状態を作り出すのと同様の弊害をもたらすため，やはり譲渡人であるAを株主として扱うべきだといえる（なお，両最高裁判決はそうした事実に言及せず，一般的な形で会社との関係では譲渡人が株主であるとしている）。

　以上の結果，甲社はAを株主として扱う義務があり，Aに招集通知を発していないことは決議取消事由となる。

　(3)　譲渡承認を経ていない場合と似ているが，扱いが異なるのが，（譲渡承認と関係なく）名義書換未了の株主である（違いについては，LQ108頁 Column 3-12参照）。文言上も，譲渡承認と異なり，名義書換をしないと会社に対抗できないとされているのみである（130条1項2項）。

　より重要なのは，株主名簿への記載を会社への対抗要件としているのは会社の事務処理の便宜を図るためであり，一定の者を排除することが求められる譲渡制限とは制度の趣旨が大きく異なる点である。換言すると，譲渡承認を得ていない場合は，他の株主の利益のために譲受人を株主としてはならないが，名義書換をしていないからといって，その者を排除しなければならないとまではいえない。このため，判例も名義書換未了の株主については，会社の方から権利行使を認めることは可能であると判断してきた（最判昭和30年10月20日民集9巻11号1657頁。なお，基準日を設定している場合は124条4項）。小問(2)(3)に則していえば，Bが名義書換を請求していれば何の問題もなく，総会に出席できるのはBとなる。すなわち，譲渡承認がされていない場合とは異なり，Bはもともと権利行使しうる者であった。

　これに対して，権利行使の空白状態が生じることになる，あるいは代表取締役が自らに有利なように恣意的な権利行使を認めるのを肯定することになるとの批判もある。こうした批判が現在でも支持されているかはともかく，小問(2)(3)では，CがAを排除するために，恣意的にBを株主として扱っている疑いが強く，こうした批判が当てはまる場面といえそうではある。判例の判断枠組みを前提にするとしても，判例はそうした恣意的な扱いまで認めるものではないと理解することも可能である（前掲最判昭和30年10月20日は原審で取得者が名義書換の請求をしたことが認定されており，不当拒絶に近い事案であるともいえる）。

このように考えるならば，CがBを株主として扱ったのは，自らの選任を図った著しく不公正な招集の手続（831条1項1号）であると解して，決議取消しを認めることができそうである。

　しかし，Bを株主として扱う（Aを株主として扱わない）ことはあながち不当ともいえない。Bが名義書換を請求していれば甲社はそれに応じる義務があり，その上でBが欠席していたら結局，同じ帰結になる。そうだとすると，このような扱いは不当ではなく，かえって，すでに株主としての経済的な利害を失っているAに議決権行使を認める（その結果Cが選任されない）ことの方が弊害が大きいともいえる。このように考えるのであれば，上述の会社側から権利行使を認めることは可能であるという原則に従い，Aの請求を否定することになろう。

2 譲渡承認，名義書換を不当に遅延しているまたは拒絶する場合（問2）

　(1)　譲渡制限株式である以上，譲受人が会社との関係で株主となるには，譲渡承認を受ける必要がある。しかし，譲渡人が承認するかどうかを実質的に決定できる場面では，こうしたルールを逆手にとって機会主義的な行動に出ることもある。こうした場面について，最判平成5年3月30日民集47巻4号3439頁［商判I-34］は，平成17年改正前商法204条1項ただし書の趣旨は，「専ら会社にとって好ましくない者が株主となることを防止し，もって譲渡人以外の株主の利益を保護することにあると解される」として，譲渡制限会社において一人株主が株式を譲渡した場合には，取締役会の承認がなくても譲渡は会社との関係でも有効であるとした。

　これに対しては，一人株主が譲渡を認めても取締役会の意思決定と同じとは限らないといった批判もあった。もっとも，かつては承認機関を取締役会に限定していたのと異なり，会社法では，非取締役会設置会社では原則として株主総会が譲渡承認の判断を行うとされている（139条1項）。そのため，少なくともこのような会社については，上記の批判は当てはまらない。

　さらには，この判例は必ずしも一人株主の意思を取締役会の判断と同視しているわけではない。会社（＝既存株主全体）にとって望ましくない者が株主になることを防ぐという制度趣旨を掲げ，一人株主が譲渡を認めている場合には他の株主を害することはないことを理由としている。このことは，現在の会社法

において取締役会が承認機関である場合にも当てはまるため，判例としての意義は残っている。なお，上記の理由付けを重視すると，害される株主がいない同様の場面，すなわち，複数の株主がいるが，全株主が譲渡に同意している場合にも同様の結論となる。

　実質的にみても，小問(1)のGのような機会主義的な行動を防ぐ必要性は取締役会の有無とは関係なく，判例の立場を貫くのが望ましいといえる。

　(2)　会社に対して株主であることを主張するには，原則として，名義書換をしなくてはならない（130条1項2項。基準日を採用した場合につき，124条4項）。しかし，会社が正当な事由なく名義書換を拒絶する場合にまで，会社が株主名簿上の株主を株主として扱い，譲受人を株主として扱わないことは許されない（最判昭和41年7月28日民集20巻6号1251頁［商判 I-27］［百選15］）。これは，株主名簿への記載を会社への対抗要件とする趣旨は，会社の事務処理の便宜を図ったものであるため，こうした扱いを認めて譲受人に不利益を課す理由がないことによる。

　小問(2)では，すでに譲渡承認を得ており，Jは株券を提示して単独で名義書換を求めることができる（133条2項，会社則22条2項1号）。Kは法令に反して名義書換を拒絶しているので，もはやIを株主として扱うことはできず，Jを株主として扱わなければならない。そうである以上，株主総会の開催にあたってはJに招集通知を発する必要があり，これを欠いたことは招集手続の違法として取消事由（831条1項1号）に該当する（最判昭和42年9月28日民集21巻7号1970頁［商判 I-80］［百選36］参照）。

〔松中　学〕

No.6 振替株式

　甲株式会社は，上場会社であり，普通株式のみを発行している。会社法に加えて，社債，株式等の振替に関する法律（社債株式振替法）の条文も掲げた上で，次の問いに答えよ。

問1　甲株式会社の株主Ａは，甲社株式を1万株保有している。ＡはＰ証券会社に，ＢはＱ証券会社にそれぞれの口座を開設しており，Ｐ・Ｑはそれぞれ振替機関に口座を開設している。Ａは，Ｂに持株のうち1000株を譲渡しようとしている。

　(1)　ＡからＢへの譲渡にかかる情報はどのように伝達され，Ｐ・Ｑの振替口座簿の記載・記録（以下，記載とだけ記す）はどのように変化するか。図示して説明せよ。

　(2)　ＡからＢへの譲渡の効力はいつ生じることになるか。

　(3)　Ｂが，Ａの株式を差し押さえようとしている債権者Ｃに対して株式の譲渡を受けたことを対抗できるのはいつからか。

問2　平成28年2月1日，ＤはＰ証券会社を通じて，甲社の株式を1万株取得し，Ｐのもとにある Ｄの口座に増加の記載がなされた。甲社は，平成29年3月31日現在の株主が同年6月10日に開催される定時株主総会に出席できるものと定め，公告した（124条1項3項参照）。同年3月31日現在，Ｄは株式を保有したままである。

　(1)　Ｄがこの株主総会に出席する，あるいは書面投票を行うには，振替制度との関係でどのような手続をとらなければならないか。

　(2)　上記(1)の株主総会において，Ｄが議決権行使だけではなく，議題となっている剰余金処分について，会社提案の1株5円ではなく10円とすることを提案し，招集通知に自らの議案の要領を記載することを求めようとしている。Ｄは，権利行使に際して，振替制度との関係でどのような手続が必要か。なお，Ｄは株主提案権の行使に必要な数の議決権を必要な期間，保有し続けているものとする（305条1項参照）。

(3)　平成 30 年 6 月 10 日の甲社株主総会（基準日は同年 3 月 31 日）では，甲社が乙株式会社と，乙社を存続株式会社とする吸収合併契約（甲社株主には甲社株式 1 株あたり乙社株式 1 株が交付される）を承認するという議案が提案された。平成 28 年 2 月 1 日以来，甲社の株式を持ち続けてきた D は，合併対価（甲社株式 1 株あたり乙社株式 1 株）に不満があったので，株式買取請求権を行使しようと考えている。なお，甲社はこの対価が公正であると考えており，D は価格決定申立てを行うことを想定している。会社法上の株式買取請求の手続に加えて，社債株式振替法上，どのような手続が必要になるか説明せよ。

解　説

1　振替制度の基本と振替株式の譲渡の処理（問1）

⑴　**基本的な仕組み**　　株式一般の譲渡については会社法が規律しているが，**振替株式**については社債株式振替法が適用される（同128条1項）。上場株式はすべて振替株式なので，その譲渡は振替制度によることになる。

振替事項の通知と記載の変化は，**振替機関**（証券保管振替機構）を頂点とした階層構造を通じて行われる。**問1**の具体的な情報の流れ，振替口座簿における記載の変化，および条文は図を参照してほしい（小問⑴）。

■**図**■　振替口座

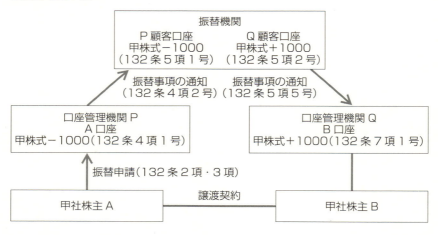

社債株式振替法132条4項以下の処理は，おおざっぱにいえば，振替申請を受けた振替機関等からみて譲受人の口座が①自分以下の階層にない場合（②③以外），②自分のところにある場合，③自分の下の階層にある場合に分けられている（ここで登場する社債株式振替法に定義のある語については，203頁の *Column* 参照）。より正確には，①**振替先口座**（社債株式振替132条3項4号）が振替申請を受けた**振替機関等**（同2条5項）またはその**加入者**（同条3項）のところにない場合（**共通直近上位機関**〔同条10項〕ではない場合）は直近上位機関に通知する，②振替機関等が自らの中だけで処理できる場合（共通直近上位機関で，かつ振替先口座がある場合）にはそうする，③自分の加入者のところに振替先口座がある

場合（共通直近上位機関であり，振替先口座が自らのところにない場合）は振替先口座がある直近下位機関（同条8項）に通知するという構造になっている。①の場合，通知を受けた直近上位機関も①から③と同様の処理をする（同132条5項6項）。そして，直近下位機関に向けた通知も同様に，振替先口座のある口座管理機関にたどり着くまでこれが繰り返される（同条7項8項）。このような複雑な構造になっているのは，振替機関と口座管理機関が多層の階層関係を構築できる制度とするためである。すなわち，すべての口座管理機関が振替機関に口座を有しているとは限らない（振替機関の直近下位機関とは限らない）制度となっている（LQ113頁図表3-6の口座管理機関R）。

本問は①であり，振替申請を受けたPは振替機関に通知を行い（同132条4項2号），振替機関はQ（振替先口座の加入者が口座を開設する直近下位機関）に通知を行う（同条5項5号）。そして，通知を受けたQはBの口座に増加の記載をする（同条7項1号）。

(2)　**振替口座簿への記載の効力**　振替株式は，譲受人（B）の口座（振替先口座）の保有欄に譲渡された株式にかかる増加の記載がなされてはじめて譲渡の効力を生じる（社債株式振替140条）。小問(2)では，Bの口座の保有欄に1000株の増加の記載がなされた時である。

また，第三者への対抗要件（小問(3)）についても口座への記載によって生じる。明確な規定がないようにみえるが，社債株式振替法161条3項が会社法130条1項の読替えを定めているため，株主名簿への記載が第三者に対する対抗要件ではなくなる（株券発行会社についての会社法130条2項と同じ構造）。

2　**振替株式の株主による権利行使**（問2）

(1)　**総　説**　会社法の原則では，株主が会社に対する権利行使をするには，株主名簿への記載がないと会社に株主であることを対抗できない（130条1項2項）。このため，株式を譲り受けた者は名義書換手続を行う（133条）。振替株式の場合は，株式の保有が振替口座への記載によって変動するため，これを株主名簿の記載につなげる（総株主通知），あるいは別のルートで株主であることを会社に対抗できるようにする制度（個別株主通知）が用意されている。

(2)　**総株主通知**　株主総会に出席する，議決権を行使する，あるいは配当を受けるなど**基準日**（124条）が設定される場合のように，権利のある株主を

決める一定の日が定められるときは，振替機関から発行者（会社）に対して**総株主通知**がなされる（社債株式振替 151 条 1 項 1 号 2 号。同項 3 号は振替株式ではなくなる場合）。また，毎事業年度 2 回（半年ごと），必ず総株主通知がなされる（同項 4 号）。発行者は，総株主通知を受けると，株主名簿に通知事項などを記載する必要があり，基準日などの日（正確には，同 151 条 1 項各号の日）に株主名簿に記載されたものとみなされる（同 152 条 1 項）。

このように，いっせいに権利行使がなされる性質のものについては，振替機関を通じて振替口座簿の情報を株主名簿にそのまま反映させることで，権利行使の処理を容易にしている。議場における議案提出権（会社 304 条）など，必ずしもいっせいに権利行使されるわけではないが，議決権に付随する権利もここに含まれると理解されている。議決権行使できる者と同じ株主が行使できる権利だから，と考えればよい。

小問(1)では，甲社が総株主通知を受けることで，平成 29 年 3 月 31 日に株主名簿に株主として記載されることになる。このため，D は何もしなくても，株主総会に出席したり，配当を受ける権利を行使できる。

(3)　**個別株主通知の基本的な仕組み**　　他方，以上のような権利と異なり，総株主通知のタイミングとは関係なく，株主が個別に行使する権利もある。総株主通知だけでは持株の変動は通知されないため，会社には権利行使の時点において，ある者が本当に「株主」といえるのか判然としない（例えば，小問(2)では，3 月 31 日の後に D が株式を売却しても甲社にはわからない）。また，少数株主権は継続保有要件も含め，権利行使の要件が個別に設定されているため，これを確認するには総株主通知の情報だけではやはり不十分となる（例えば，一定期間継続保有がなされているかどうかは，総株主通知のみではわからない。総株主通知の通知事項は，株主の氏名または名称，住所，当該株主が有する〔通知を受ける発行者が発行する〕振替株式の銘柄・数〔社債株式振替 151 条 1 項柱書〕，特別法に基づいて外国人などの権利行使が制限される場合については外国人などである旨〔社債株式振替命令 20 条〕であり，保有期間は含まれていない）。

そこで，こうした権利（**少数株主権等**〔会社 124 条 1 項に規定する権利を除く株主の権利。社債株式振替 147 条 4 項かっこ書〕）については，株主名簿への記載から切り離して権利行使できるように，**個別株主通知**という制度が用意されている（社債株式振替 154 条）。少数株主権等を行使しようとする株主が，口座を保有す

る振替機関等を経由して申出を行い（同条4項），振替機関から発行者に個別株主通知がなされる（同条3項）。株主は，個別株主通知がなされてから4週間以内に少数株主権等を行使する（同条2項，社債株式振替令40条）。個別株主通知がなされる場合，株主名簿への記載が会社に対する対抗要件となるという会社法130条1項の規定は適用されず（社債株式振替154条1項），個別株主通知が対抗要件となる（最決平成22年12月7日民集64巻8号2003頁［商判I-42］［百選17］参照）。

　さて，小問(2)の議案要領の記載を求める権利（議案要領通知請求権）を行使する場合は，総会の日の8週間前までに会社に記載を請求することになるが（305条1項），この権利は上記の「少数株主権等」に該当する。これは基準日時点の株主がいっせいに行使する権利ではない。さらに，議決権のように基準日株主であれば与えられる権利ではなく（ただし，議決権がないと認められない。同条3項），議決権基準に加えて，公開会社については6か月の継続保有要件も定められている（同条1項2項）。このため，総会における議案提出権（304条）のように議決権に付随する権利ともいえない。

　したがって，Dは権利行使に際して，個別株主通知がないと甲社に株主であることを対抗できない（社債株式振替154条1項2項）。具体的にいつまでに必要なのかは定まった見解があるわけではないが，権利行使の時点で会社が株主かどうかを判断できる必要があるため，権利行使時点または権利行使が可能な期間の末日（総会の日の8週間前）には個別株主通知がなされていることが必要となろう（大阪地判平成24年2月8日判時2146号135頁は後者の見解を採用している）。

　(4)　**株式買取請求と社債株式振替法上の手続**　　吸収合併消滅会社の株主であるDが株式買取請求を行うには，株主総会の前に甲社に反対通知を行った上で，株主総会でも反対の議決権行使をしなければならない（785条2項1号イ）。買取価格については，まずはDと甲社で協議を行うが，協議が調わない場合，効力発生日から30日経過後からさらに30日以内（効力発生日から60日以内）にD・甲社は裁判所に価格決定申立てを行うことができる（786条2項）。

　小問(3)において，Dが保有する甲社株式は振替株式であるため，これらに加えて，社債株式振替法上の手続として，①買取口座への振替申請，および②個別株主通知が必要となる。

　①　買取口座への振替申請　　**買取口座（社債株式振替155条1項）**とは，平

成26年会社法改正に伴う社債株式振替法の改正で新設された制度である。買取口座は、株式買取請求の対象となる株式を振り替えて、反対株主も会社も効力発生日までは手出しできないようにいわば「棚上げ」しておくための制度である。これは、濫用的な株式買取請求への対処として設けられたものである。従来から、株主が株式買取請求を行った場合、会社の承諾なくそれを撤回することはできないとされてきた（785条7項）。しかし、株式買取請求を行っても株主の振替口座に記載は残っているため、事実上は反対株主が株式買取請求後に市場価格をみながら市場で売却することができた。改正前は、株式買取請求を行う株主に、会社が自らの口座に振替申請をするように要請するといった取組みもなされていたが、これを法的な制度にしたのが買取口座である。

振替株式の発行会社が株主に株式買取請求権が生じる合併などの行為を行う場合、振替機関等に買取口座の開設を申請し（社債株式振替155条1項本文）、株式買取請求のための公告（会社785条3項4項）の際に買取口座の情報も公告する（社債株式振替155条2項）。反対株主は、株式買取請求権を行使するにあたって、買取口座への振替えを申請しなければならない（同条3項）。買取口座に振り替えられた株式については、株主が売却することはできず（効力発生日までは議決権行使や配当の受領はできる）、他方で会社も効力発生日までは自己の口座への振替申請を行うことはできない（同条4項。株式買取請求の撤回を認めた場合に反対株主の口座に振り替えることは可能である。同条5項）。要は、発行会社は効力発生日後に自己の口座に振り替えることができるだけである（同条4項ないし7項）。なお、特別支配株主の株式等売渡請求（会社179条の8第1項）および全部取得条項付種類株式の取得に対する価格決定申立て（同172条1項）については、株主は価格決定申立てはできるが株式買取請求を行うわけではないので、買取口座制度の対象ではない（社債株式振替155条1項で掲げられている行為を参照。普通株式など全部取得条項が付されていない株式に全部取得条項を付すための定款変更〔全部取得自体とは別の決議〕については、会社116条1項2号に基づいて反対株主に株式買取請求権が与えられるので、買取口座制度の対象になる点に注意が必要である）。

以上のとおり、Dは株式買取請求にあたって、甲社の設けた買取口座に振替申請をする必要がある（社債株式振替155条3項）。なお、甲社が買取口座を設けない、あるいは公告に買取口座を記載しない場合は、Dも買取口座への振替

申請なく買取請求ができると解されている。

　② 個別株主通知の要否　　次に，株式買取請求権およびそれに基づく価格決定申立権の行使に際しても，上記の個別株主通知が必要かという問題がある。

　判例は，株式買取請求権は基準日株主がいっせいに行使する権利ではなく，また，個別に行使される権利のうち議決権に付随するものともいえないため，いずれの権利も「少数株主権等」に該当し，会社が争った場合には価格決定の審理終結の時までに個別株主通知が必要であるとしている（最決平成24年3月28日民集66巻5号2344頁［商判 I-43］〔全部取得条項付種類株式の取得に対する価格決定申立て（会社172条1項）に個別株主通知が必要だとした前掲最決平成22年12月7日を引用する〕。全部取得条項を付すための定款変更に対する株式買取請求に基づく価格決定申立て〔同117条2項〕についての判示であるが，組織再編における株式買取請求にも当てはまる）。

　これらの判例は，通説的な扱いと同様に，個別株主通知を会社に対して株主であることを対抗する要件と捉えている。個別株主通知を対抗要件と捉える意味は，株主であることを証明するものでも，申立権を有することの要件でもないため，会社が争わなければ具備しなくてもよいことにある。また，必ずしも論理必然的に判例の結論が導かれるわけではないが，個別株主通知が必要となる時期とも関係している。仮に，個別株主通知がなければ権利行使自体ができないと捉えるのであれば，申立期間内（全部取得条項付種類株式の取得では，取得日の20日前から取得日の前日まで。172条1項）に行われる必要がある（個別株主通知を株主であることの証明と捉えて，このように判示した下級審裁判例もあった。東京高決平成22年1月20日金判1337号24頁）。他方で，対抗要件と捉えると必ずしもそのように理解する必要はなくなる。そして，申立人が株主であることを会社が争えるのは審理の間なのであるから，それが終わるまでになされればよいと理解できる。このような立場からは，審理終結の時点までに個別株主通知がなされなければ，株主であることを会社に対抗できず，申立人適格がないものとして申立ては不適法却下となる。

　こうした判例の立場には，不必要に株主の負担が重くなるという観点から批判もある。従来，全部取得条項付種類株式の取得に対する価格決定申立てについて，上場廃止後に個別株主通知ができなくなることが主に問題とされてきた。吸収合併では，効力発生日に反対株主は消滅会社の株主ではなくなるため

（786条6項），それより後は，当然，個別株主通知も名義書換もできない（上場廃止〔効力発生日の2日前の日。東証有価証券上場規程施行規則603条3号〕により，最終売買決済日の翌営業日〔効力発生日と同じ〕に振替株式としての取扱廃止にもなる。証券保管振替機構「株式等の振替に関する業務規程」6条1号・9条1項，同施行規則5条2項1号）。このため，価格決定申立てを行った後に，申立人が株主であることについて会社が争ってからでは個別株主通知は間に合わない。

　また，確かに，組織再編の承認を行う株主総会のための総株主通知だけでは，その後株主が株式を売却している可能性は否定できないが，平成26年改正によって創設された買取口座への振替申請がなされていれば，これを通じて会社は権利行使者が株主であることを確認できる。そうすると，個別株主通知に実益はないともいいうる（従来どおり個別株主通知は必要だとするのが立案担当者の立場である）。

　もっとも，社債株式振替法の文言・体系上は個別株主通知を不要と理解するのは困難である。さらに，いったんルールが明確になりさえすれば，価格決定申立てを行う可能性のある株主は，あらかじめ個別株主通知を行えばよい。そのため，個別株主通知が必要であると解する立場も不当とまではいえないであろう。

〔松中　学〕

― *Column*　社債株式振替法における様々な定義 ―

　社債株式振替法を読む際には，様々な用語の定義に注意しなければならない。すでにみた少数株主権等などの用語以外にも，関係する機関などについて詳細な定義が置かれている。また，会社法ほどではないにせよ，定義条項（社債株式振替2条）以外の場所に定義が置かれていることもあるので注意が必要である。以下では，解説 *1*(1)で登場したものについて，例示しつつ定義を示しておく（条数はいずれも社債株式振替法のもの。登場人物は 問1のもの）。

加入者（2条3項）　振替機関等が口座を開設した者。口座管理機関PにとってのAのみならず，振替機関にとっての口座管理機関P・Qも含まれる。

振替機関等（2条5項）　振替機関と口座管理機関。振替機関，P・Qが含まれる。

直近上位機関（2条6項）　加入者にとって口座が開設されている振替機関等。Aにとっての口座管理機関P，口座管理機関P・Qにとっての振替機関。

上位機関（2条7項）　Aからみた口座管理機関P（直近上位機関。同項1号）のみならず，Aからみた振替機関も含まれる（同項2号）。

共通直近上位機関（2条10項）　複数の加入者に共通する上位機関かつその下位機関のうちに共通する上位機関がないものと定義されている。複数の加入者にとって共通する上位機関のうち，最も下位のものである。例えば，Cが口座管理機関Pに口座を持っている場合，AとCの共通直近上位機関は振替機関ではなく，Pとなる。

直近下位機関（2条8項）　振替機関等が口座を開設した口座管理機関。振替機関からみた口座管理機関P・Q。口座管理機関しか該当しないので，Pにとって（株主）Aは直近下位機関ではない。

下位機関（2条9項）　振替機関からみた口座管理機関P・Q（直近下位機関。同項1号）。もし，口座管理機関Pが別の口座管理機関Rの口座を開設していれば，振替機関からみてRも下位機関に当たる（同項2号）。なお，直近下位機関は口座管理機関のみなので，加入者はやはり下位機関に該当しない。

振替先口座（132条3項4号）　顧客口座（129条2項2号）を除く増加の記載がなされるべき口座。AがBに株式を譲渡する場合，Qに開設されているBの口座のこと。

　甲社は東京証券取引所上場の株式会社（監査役会設置会社）である。甲社は普通株式のみを発行し，発行済株式総数は1億株，株主数は5000人である。代表取締役社長A，副社長B，常務取締役Cを含め，現在取締役は6名いる。また，同社の定款では取締役の定員を6名以内と定めている。甲社は平成29年6月20日に定時株主総会（以下，本件株主総会）を控えていた。取締役のうちA・B・Cの任期はこの株主総会終結時までであったため，Aらはこの3名を候補者とする取締役選任議案を提出すべく準備を進めていた。

　甲社は，4年前から続くAを中心とする体制の下で，当初は順調に業績を上げていた。しかし，2年前にAが主導して始めた新規事業が振るわず損失を出し続けた上，平成28年には取引先に暴力団関係者がいることが発覚したためイメージが悪化し，さらに業績が低下した。平成29年3月，甲社の創業者一族で大株主であるD・E（両者合計で保有株式数は2000万株。以下，Dらと総称）は，Aらに経営陣の刷新を求めたが，受け入れられなかった。そこで，Dらは，知人で同業他社の取締役を務めた経験のあるF・Gを取締役候補者とする株主提案を行った。また，Dは，同年5月25日に，金融商品取引法上の委任状勧誘規制に従って，甲社の全株主に対して委任状を勧誘する旨の文書と委任状の用紙および参考書類を送付した。

　甲社は，平成29年6月3日に本件株主総会の招集通知と議決権行使書面，参考書類を株主に送付した。参考書類にはA・B・Cを候補者とする取締役3名選任の件（1号議案）と他2件の会社側提案が記載されていた。また，4号議案として，Dらの作成したとおりにDらの提案と提案理由が記載され，それに続けて，株主提案である旨および現経営陣として株主に反対を呼びかける旨が記載されていた。議決権行使書面と招集通知には，「議決権行使書面に賛否の記載がない場合は，会社提案に賛成，株主提案に反対したものと扱います。」と記載されていた。

　本件株主総会には注目が集まり，書面投票，委任状を含めて8000万株の出

席があった。以下は，本件株主総会における議決権行使に関して生じた出来事である。

　Eは，招集通知の受領後，自らの代理人として，甲社株主ではない弁護士Hを株主総会に出席させ，議決権行使を行わせたいと甲社に対して繰り返し求めていた。甲社の定款には，「株主は，当会社の議決権を有する他の株主1名を代理人として，その議決権を行使することができる。」との定めがあり（本件定款規定），甲社はこの規定を理由にEの求めを拒絶していた。Eは本件株主総会当日にも，会場の受付でHを同行の上，同様の要求を行ったが拒否されたため，E自身が入場して議決権行使を行った。

　本件株主総会では，Dらが3000万株（Dらの持株2000万株＋委任状1000万株）の議決権を行使して1号議案に反対，4号議案に賛成した。また，議決権行使書面とDらの分を除く会場における議決権行使の合計5000万株のうち，4000万株が1号議案に賛成，4号議案に反対，500万株が1号議案に反対，4号議案に賛成であった。議決権行使書面のうち，500万株分は賛否の欄が白紙であった。本件株主総会の議長Aは，4500万株の賛成により1号議案が可決，同数の反対により4号議案が否決されたと宣言した。

問1　本件株主総会の1か月後，Dらは，株主総会決議取消訴訟を提起した。

⑴　Eは，甲社が弁護士HをEの代理人とするのを拒絶したことが法令・定款違反であると主張している。認められるだろうか。

⑵　Dらは，甲社による書面投票のうち賛否の記載がないものの扱いは不当だと考えている。決議取消しが認められるだろうか。

問2　上記の議決権行使の結果が下記のとおりであったら，決議の結果に不満を持つ株主等が株主総会決議取消訴訟を提起した場合に認められるだろうか。

⑴　本件株主総会の出席議決権数は9000万株，1号議案に反対，4号議案に賛成が4600万株であった（残りの4400万株は1号議案に賛成，4号議案に反対）。しかし，Aらは自分たちが再任されないことを恐れて，1号議案に反対，4号議案に賛成の議決権行使書面のうち600万株分を隠蔽し，Aは本件株主総会において「出席議決権数8400万株中，1号議案は4400万株の賛成により可決，4号議案は4000万株の賛成により否決された」と宣言し，会社側議案が可決されたものとした。

⑵　本件株主総会では，出席議決権数8000万株のうち1号議案に反対，4

号議案に賛成のものが4200万株であり，Dらの提案が可決された。この4200万株の内訳は，Dらの持株2000万株と代理行使によるもの1000万株，書面投票と会場におけるDら以外の議決権行使5000万株のうち1200万株であった。ところが，Dは，返送された委任状のうち，1号議案に賛成，4号議案に反対する旨の指示が記載された（委任状勧誘府令43条参照）もの500万株分について，委任を受任しないものとして議決権行使を行っていなかった。

解　説

　本問は，上場会社において会社提案に対抗する株主提案がなされた場面を念頭に置いて（東京高判平成22年11月24日資料商事322号180頁を参考にしている），議決権の代理行使と書面投票における問題を扱っている。**問1**，**問2(1)**は基本的なもの，**問2(2)**はやや発展的なものである。

1　問1について

　(1)　代理人の資格制限　　会社法は310条1項前段で，議決権の代理行使を明示的に認めている。そこで，代理人資格の制限の可否が問題となる。判例上，本件定款規定のような定めは，株主総会の攪乱を防止するという合理的理由のための相当程度の制限であるとして有効とされてきた（最判昭和43年11月1日民集22巻12号2402頁［商判I-74］［百選32］）。

　もっとも，そのような定めが有効であるとしても，弁護士（や親族）など一定の者については，攪乱のおそれが低いこと，および現実の必要性から，株主ではなくても代理人として認めるものと定款規定を解釈すべきではないかということが，閉鎖会社のみならず（宮崎地判平成14年4月25日金判1159号43頁），上場会社でも（神戸地尼崎支判平成12年3月28日判タ1028号288頁［商判I-75］）問題になってきた。なお，時折誤解されるが，判例を前提とする限り，本件のような定款規定自体を無効とするかどうかが問題になるのではなく，有効であることを前提に，当該規定の解釈として一定の非株主の代理人資格が肯定されるのか（＝代理行使を認める，または認めないことが定款違反となるか）が問題となる。

　最高裁判例では，会社や地方自治体である株主が，非株主の使用人・職員を代理人とすることについて，(ア)使用人が法人の代表者の意図に反する行動をとれないのであれば，攪乱のおそれは小さい，(イ)代表者以外は議決権行使をできないとすると，法人株主の議決権行使の機会を実質的に奪うことになるとして，このような定款規定に反しないとしている（最判昭和51年12月24日民集30巻11号1076頁［商判I-82］［百選37］）。この理由付けが，上場会社で弁護士を代理人とすることについても当てはまるだろうか。

　(ア)については，弁護士も委任契約上，株主たる依頼者の意思に反する行動を

とることはできない（前掲神戸地尼崎支判平成12年3月28日はこの点を挙げる）。しかし，弁護士の委任契約上の裁量は，会社や地方自治体の使用人・職員よりも広く，コントロールの強さは同じではない。また，そもそも株主の意思に服した行動をとる義務があることと，実際に攪乱しないことは別の問題ともいえる。

次に，(イ)は，上場会社であれば**書面投票**が通常は強制されており（298条2項），代理行使ができなくても議決権行使自体は可能である。もっとも，質問権の行使や動議に自らの意思を適切に反映させるには現実に株主総会に出席する必要がある。特に，議長の不信任などの議事進行上の動議は出席株主のみで決するのが通説である。このような点では，例えば，総会が集中している，あるいは本件のように会社提案に対抗する提案を自ら行っているなど，上場会社だからこそ代理人の出席を望む理由もある。ただし，この場合でも，非株主の弁護士を代理人と認めないと直ちに前掲最判昭和51年12月24日がいう実質的に議決権行使を奪う状態に匹敵するわけではない。他の株主やEの使用人を代理出席させればよいし，出席させたい弁護士に基準日前に株式を譲渡するといった手段もある。

別の考慮としては，一定の職種について定型的に例外を認めるとなると，株主総会の受付時に短時間で代理権を確認しなければ決議取消事由が生じてしまうなど，実務上の対応が困難になる点がある（前掲宮崎地判平成14年4月25日，前掲東京高判平成22年11月24日参照）。もっとも，小問(1)や一部の下級審裁判例の事案のように，Eが事前に甲社に通知している場合にどこまでこの理由付けが妥当するのかという問題は残る。

結論的にいずれと解することも可能であるが，論理的に整合した理由付け——閉鎖会社だから，上場会社だからといった乱暴な理由付けではなく——を示さなければならない。仮に，弁護士の代理人の排除が定款規定に反すると考える場合は，小問(1)ではEが結果的に議決権行使を行っていることをどう評価するかも考える必要がある。なお，上の説明は上場会社を前提としているが，閉鎖会社については孤立した株主が他の株主から代理人を探すのが難しい一方で，誰でも株主になれる上場会社よりも株主以外の者による干渉を防ぐ必要性が高いといった異なる考慮要素が存在する点に注意が必要である。

(2) **議決権行使書面の（不）記載の扱い**　　次に，小問(2)については，**議決権**

行使書面の議案への賛否を記入する欄に，賛否の記載がない場合に賛成，反対，棄権のいずれかとみなす扱い自体は認められている（会社則63条3号ニ・66条1項2号）。招集通知または議決権行使書面に記載する必要があるが（同66条1項2号・3項4号），本件ではいずれにも記載している。本件のような白紙の議決権行使書面の扱いの当否について論じる前に，これらの条文を参照して，どのような制度になっているのかをまず明らかにする必要がある（そもそも，白紙の場合に何らかの一律の扱いを行うことができる旨の規定が存在しないのであれば，下記の解釈も変わってくる——少なくとも，本件の扱いを解釈論上認めるハードルは高くなる）。

　それでは，本件のような扱いも認められるだろうか。一般的には，こうした記載も可能であると理解されている。まず，会社則66条1項2号の文言上は，すべての議案について同じ意思表示があったもの（問1の事案でいえば1号議案も4号議案も賛成など）とみなす扱いのみを認めているわけではない（札幌高判平成9年1月28日資料商事155号107頁）。実質的には，会社に白紙のまま議決権行使書面を返送しているということは，現在の経営陣に信任を与えていると理解することもできる。そうすると会社提案に賛成，両立しない株主提案には反対というのがその株主の意思に合致することになる。

　もっとも，上の実質論は，委任状を白紙で返送していた昭和56年商法改正前の時代の名残ともいえる。株主は単に来たものを返送しているだけだという場合に，どこまでこのような意思解釈が当てはまるのかは微妙である。このため，とりわけ，合理的な敵対的な株主提案もなされるようになっている中で，このような不平等な扱いが妥当なのかについては疑問も呈されている。他方，本件のように会社提案と両立しない株主提案がなされている場合には，一律に両方に賛成と扱うと矛盾した扱いになってしまう。こうしたことを考えると，本件のような扱いを肯定するのが一般的ではあるものの，「本件では（法令違反ではないが）著しく不公正な決議方法である」と論じる余地もある。

2　問2について

(1)　**書面投票の瑕疵**　　小問(1)のように，株主の意思に沿わない書面投票の扱いがなされた場合の効果は，あまり考えたことがないかもしれない（実際に小問(1)のような行為が行われることは考えにくい）。もっとも，答えは単純で，書面

投票は決議方法の一環であるため，その扱いに瑕疵がある場合には違法な決議方法（831条1項1号）として，決議取消事由に当たる。瑕疵がないかどうかを調査できるようにするため，株主には議決権行使書面の閲覧謄写請求権があり（311条4項），これを担保するために，会社には総会の日から3か月間，本店に議決権行使書面を備え置く義務が課されている（同条3項）。

現在の制度を作った昭和56年商法改正前は，会社側（正確には経営者や総務部長名などで）が委任状を勧誘していた。そして，勧誘した委任状について，株主の意思に沿わない議決権行使がなされたり，会社提案に反対するものは委任を受けないという扱いがなされても，決議の効力には影響を及ぼさないと解されてきた。そのため，株主の意思に反する扱いを決議の効力に直結させるべく，現在の書面投票制度が導入されたという沿革がある。

小問(1)では，決議の成否にも大きな影響を与えるため，もちろん裁量棄却（831条2項）は認められない。

(2)　**一部の委任状の無視**　小問(2)は，会社側ではなく委任状勧誘をした株主が，勧誘に応じた株主の意思に沿った議決権行使を行っていないという事案であり，小問(1)と比べてやや（かなり？）難しい問題である。このような議決権行使は望ましくないというのは簡単であるが，決議の効力を否定するにはクリアすべきハードルがいくつかある。

まず，(ア)株主による委任状勧誘自体が，831条1項1号の「招集の手続」にも「決議の方法」にも当たらないようにみえる。そうだとすると，株主の意思に合致した議決権行使が行われなくても，そもそも決議取消事由になりえないことになりそうである（なお，そもそも委任が有効に成立していないのに勝手に代理行使を行った場合は，株主でない者が議決権行使をしたことになるため，別問題である）。次に，(イ)Dが自らの意に反する500万株の株主からの委任を受任せず，議決権行使をしていないことが，違法，または著しい不公正と評価できるのか問題となる。

まず，(ア)からみよう。上記の解釈を貫くと，議決権行使書面であれば決議取消事由となるような瑕疵であっても，委任状であれば決議の成否に影響しないことになる。このような扱いは，特に，会社提案と対立する株主提案とともに委任状勧誘がなされる場面ではバランスを欠く。そこで，委任状勧誘に基づく議決権行使についても「決議の方法」に含まれると解し，株主の意思に反した

議決権（不）行使は，その違法または著しい不公正に該当すると理解すること
も考えられる（委任状勧誘府令に違反した委任状勧誘が決議方法の法令違反に該当し
ないとした東京地判平成 17 年 7 月 7 日判時 1915 号 150 頁も，株主の意思を反映してい
ない場合については著しく不公正と認める余地を残している）。

　次に，(イ)に関しては，かつて，主に会社側の委任状勧誘を念頭に置いて，受
任者の同意なく委任関係を成立させることはできないとして，委任状が返送さ
れたからといって受任を強制されるわけではないとも論じられてきた（これは
昭和 56 年商法改正につながった理由の 1 つである）。確かに，本問でも受任してい
ない「委任」に基づく議決権行使をしなかっただけと捉えるのであれば，著し
く不公正とはいえないとも思える。

　しかし，委任状勧誘府令（上場株式の議決権の代理行使の勧誘に関する内閣府令）
43 条は，委任状に議案ごとに賛否を示す欄を設けることを求め，受任者の希
望と異なる議決権行使を株主が委任できることを前提とした様式を定めている。
このため，委任状を返送した株主は自らの指示どおりに議決権行使がなされる
ものと期待すると考えられる。したがって，勧誘者は自らの望む議決権行使内
容と関係なく，委任状の返送があった場合には委任に応じる義務があると解す
ることも考えられる。

　甲社のような会社では，必ず書面投票か会社側の委任状勧誘がなされるのだ
から（298 条 2 項，会社則 64 条），株主提案に反対の株主はわざわざ D に委任状
を返送しなくてもよいと思うかもしれない。しかし，株主提案の一部について
は賛成という株主がいることも十分に考えられ（本件では一部の候補のみ賛成な
ど），このような場合にも委任状，書面投票のいずれを通じても意思を反映で
きるように制度が作られているという反論が考えられる。また，仮に後から受
任されない（あるいは自らの意思に合致した議決権行使が期待できない）ことが判明
した場合，不服のある株主は，委任状を撤回した上で議決権行使書面の返送ま
たは再発行を受けるか，現実に株主が株主総会の会場に出向いて出席した上で
議決権行使を行わざるをえない。そうすると，時期によっては株主は自らの意
思に沿った議決権行使を行うことが難しくなる。

　以上から，D の扱いは決議の方法が著しく不公正なものに該当し，このよう
な扱いで決議が成立したのであれば，他の株主や取締役は決議の取消しを求め
ることもできるといえる。なお，D らの議案を可決する決議を取り消しても，

211

否決された甲社側の議案が可決されたことになるわけではない。すなわち，甲社の立場としてはＤらの提案を取り消すだけでなく甲社側議案を可決させたいが，株主総会決議取消訴訟は成立した決議を取り消すものにすぎない（甲社側議案の否決を取り消す訴えは不適法なものとして却下される。最判平成28年3月4日民集70巻3号827頁［商判 I-85]）。

〔松中　学〕

— *Column* 判読不能な字と誤字 —

　株主による議決権行使書面の記載が汚くて判読不能な場合，無効あるいは棄権（前者では出席議決権数に算入せず，後者では算入する）と扱う。答案にも，無効や棄権と言いたくなるほど判読が困難な字が書かれていることがある。これは筆者のみの実感ではなく，例えば，司法試験の「採点実感」において毎年のように，しかも多くの科目で指摘されている。時間の制約が厳しい中で書き切ろうとして乱雑になることはあるだろう。しかし，例えば，文末が判読不明だと文意がとれず，「書き切る」意味がない（趣旨が不明なものとして扱われる。「平成29年司法試験の採点実感（民事系科目第2問）」1頁）。

　各種試験で手書きを廃止すれば，誰も字の汚さに悩まされない。筆者は手書きの書類が大嫌いであるが，試験に関する限り，手書きにも一定の合理性がある。同じ誤字でも，パソコンで入力した場合は変換・タイプミスと区別がつかないが，手書きであれば，意味を分かっていれば書くわけがないものもある（「平成29年司法試験の採点実感（公法系科目第1問）」2頁参照）ためである。つまり，「分かっていない」ことが分かる。例えば，「監査役」とすべきところで「検査役」と書いていれば，分かっていないことが多くあると想像できる。また，それ以前の問題として，言葉を音（読み方）だけで捉えて，意味を理解していないことによる誤字もある（法学部以外の学生は，よく（法などの）「適用」を「適応」と書く）。こうなると，専門用語としての理解以前に，日本語として理解していないのではないかと疑わざるを得ない。

　最後に，専門用語には特殊な読み方をするものもある。授業に出ずに「ひとりで」学ぶとそうした言葉の読み方を間違えることもある。心配であれば，こっそり調べておこう（筆者も間違えた経験がある）。

No.8 取締役と取締役会の権限

　以下の事例で，取締役の行為にどのような法的な問題があり，甲社の主張が認められるかを検討せよ。甲株式会社は非公開会社かつ取締役会設置会社である。

問1　甲社は機械部品の製造販売を業とする株式会社で，A（代表取締役社長），B（代表取締役），C（取締役）の3人が取締役であった。Aは愛人Dに高級外車を買ってくれとせがまれていたが，個人で購入すると高いことに加え，妻に発覚する可能性があることから，甲社の「社用車」という体裁をとることにした。そこで，平成29年11月8日，Aは，甲社を代表して自動車ディーラー乙社と650万円で自動車の売買契約を締結した。この際，Aは，乙社の担当者Eに「うちの会社も成長してきたし，ちょっといい車を社長の車にしたい」と伝えた。しかし，注文された内装の仕様が派手なことから，Eは「これを社用車にするのですか？」とAに確認したところ，AはEに「これでいい。私の趣味はちょっと変わってるんだ」と伝えた。

　代金はすぐに甲社名義の預金口座から乙社の口座に口座振込みによって支払われ，1か月後には甲社本店が入居するビルの駐車場に納車された。また，道路運送車両法に基づく登録も甲社を所有者として行われた。Aは納車当日にDを甲社本店に呼び出して自動車のキーを預け，「自分のものだと思って好きに使ってくれ」と伝えた。Bは平成30年2月に，甲社の預金をチェックする中でこの取引を発見した。甲社は取引の効果の帰属を否定したい。

問2　甲社は，飲食業を営む会社であり，規模は小さいが，有名な店も持つ業績のよい会社であった。甲社の取締役は，代表取締役Aと代表権を持たない取締役B・Cの3人であった。Aは代表取締役社長として業務全般を取り仕切っていた。また，Dは甲社の取締役ではなく使用人であるものの，「専務兼CFO」との肩書を名刺に印刷し，Aとともに取引先に出向く際には，「専務のDです」と自己紹介するのが通例となるなど，普段からこの肩書を対外的に使用し，Aもこれを黙認していた。

Dは平成29年11月1日，中小企業を顧客とする金融業を営む株式会社である乙社に架電の上，本店を訪れて，上記の名刺を差し出し，「専務のDです」と自己紹介をした上で，「銀行と行き違いがあって運転資金が不足している。300万円ほど融資してほしい」と申し入れた。乙社は，甲社とそれまで融資を含め取引関係がなかったが，甲社の業績が良好であり，信用情報もよいことに加えて，Dが甲社の有する担保権の設定されていない不動産の登記簿を持参していたため，乙社代表者Eは「短期間なら大丈夫だろう」と考えた。そこで，Dの持参した上場会社丙社が振り出した約束手形（満期日は同日の2か月後，500万円）を担保として預かった上で，返済期日を2か月後として，300万円の融資に応じることにした。乙社では新規融資先については会社の登記簿を閲覧することを常とし，融資先の実情を知るために営業所に出向くことも多かった。しかし，今回は規模がさほど大きくないことと，Dが急ぐ旨を伝えていたことから，いずれも行っていない。以上の経緯の下，同日，Dは「甲社代表取締役専務D」の名義で契約書類に記名捺印を行った上で，Eから300万円の交付を受けた。

　実は，Dはこの時点でヤミ金を含む複数の借入先に多額の借金を抱えていた。この甲社名義の借入れは，夜逃げと当座の生活資金のためのものであった。Dは現金を受け取った後，そのまま甲社に立ち寄らずに行方不明となった。返済期日になり，乙社は甲社に元利金を請求したが，甲社は貸付けの効力を否定しようとしている。

問3　甲株式会社は茶の製造販売を業とする会社である。平成29年11月1日時点で，甲社の財務状況は総資産10億円，負債1億円，資本金5億円であり，平成30年8月まで大きな変動はなかった。甲社の取締役は，代表取締役A・B，および代表権をもたない取締役C・D・Eの3人である。

　甲社は従来より紅茶を中心に扱ってきたが，同社には中国茶を扱う完全子会社の乙株式会社がある。乙社は代表取締役Bがかつて全株式を保有し，経営していた。平成26年に，BがAに請われて甲社の代表取締役に就任し，甲社がBから乙社の全株式を購入した。現在，乙社の経営は代表取締役F（Bの息子）が中心になって行っており，Bは乙社の役員ではない。

　乙社は新しい茶葉の輸入を検討していたが，資金調達の面で問題があった。そこで，平成29年11月1日，Fは甲社の助力を得られないかとBに相談を

もちかけた。Bは，甲社が乙社に直接融資を行うのは難しいが，乙社が銀行から融資を受けるのであれば手伝う旨の返事をした。同月10日，Bは，甲社本店でFら乙社関係者に丙銀行の法人営業部担当者Gを紹介した。丙銀行は甲社とは取引はなかったが，甲社がこの業界では優れた業績を上げているため，Gは甲社と関係を築こうとして，Bなどの関係者に接触を行っていた。

　GとFらの交渉の結果，平成30年1月，丙銀行が乙社に1億5000万円の融資を行い，甲社がこれを連帯保証することとなった。Fが乙社を代表して丙銀行と融資契約を締結し，Bが甲社を代表して丙銀行と連帯保証契約を締結した。交渉は主に甲社本店で行われ，甲社経理部の従業員が同席して同社の財務的な状況について説明することもあった。また，乙社が甲社の完全子会社であること，これまでに甲社と取引してきたことがFとBからGを含む丙銀行担当者に説明された。

　しかし，甲社ではこの連帯保証契約についてB以外の役員は誰も知らなかった。また，甲社には元本1000万円以上の借入れ，または5000万円以上の取引は担当役員限りで行うのではなく，取締役会決議を経るべき旨の内規が存在し，従来，遵守されてきた。しかし，本件については，取締役会決議を経ていなかった。

　Gら丙銀行の関係者は甲社が取締役会決議を経ていないことを知らなかった。丙銀行には，融資にあたっては，融資先および保証人の取締役会や理事会決議の有無を確認するため，議事録またはそれに代わる確認書を徴求する旨の内規があった。小規模な融資については省略されることもあったが，1億円以上のものについては省略することはなかった。しかし，Gは最近有力な融資先に恵まれず，Bが口頭で「甲社内部の手続は大丈夫。気にしなくてよい」と説明したこともあり，Bに丙銀行の手続が存在することは説明したものの，取締役会決議の存在を示す書面の交付を強く求めることもなく，結局，何も渡されることはなかった。

　平成30年8月，中国で反日運動による暴動が起きて，乙社の現地事務所も襲撃された。のみならず，乙社が茶葉を買い付けている農園も「日本と取引を行って儲けている」として襲われ，在庫の茶葉が燃やされるなど大きな被害を受けた。こうしたことから，安定的な茶葉の輸入が非常に困難になり，

乙社は平成 30 年 11 月についに資金ショートを起こし，支払不能に陥った。甲社の代表取締役 A らは同月になって一連の経緯を知るに至り，取締役会で B を代表取締役から解職した。甲社は，丙銀行から履行を求められそうなので，連帯保証契約の効力を否定しようと考えている。

解　説

1　総　　論

　本問は，いずれも取締役が会社の行為にみえる行為を行っているが，会社の行為として有効か問題になる事案である。これらの場面は以上の点では似ているが，法的には次の点に注意する必要がある。

　まず，(ア)問題の行為が無権限のものなのか，権限内のものなのかである。**問2および問3**は，そもそも行為を行った取締役に会社のために当該行為を行う権限がない事例であり，**問1**は行為者の権限内であることが出発点となる。そして，(イ)無権限の場合にはどのように会社の行為としての効力を認めていくのか，あるいは権限内であれば，どのようにして一定の場合に効力を否定するのかという法的な構成が問題になる。ここでは，それぞれの場合の第三者の主観的要件が問題になるが，法的な構成の違いをおろそかにしてはならない。例えば，「取引相手に悪意または（重）過失がある場合に効力を否定できる」という「規範」をいきなり持ち出すのではなく，どのようにして要件が導かれるのかを理解し，示す必要がある。

2　権限濫用（問1）

　この事例では，Aは代表権を有しており，甲社を代表して自動車を購入する契約を締結する権限を有している。しかし，Aは，愛人Dの利益を図るためにこの権限を用いている。このように，形式的には権限の範囲内であるが，その権限を会社ではなく自己または第三者の利益追求に用いることを権限濫用という。そもそも権限がなければ濫用もできない（権利濫用と同じ）ので，無権限行為（**問2・問3**）とは異なる。

　代表取締役が権限を濫用して行った行為について，平成29年民法改正前の判例は，民法93条1項ただし書を類推適用して，相手方が代表取締役が自己または第三者の利益のために当該行為を行っているという真意を知っている，または知りうべかりし場合に無効とする（最判昭和38年9月5日民集17巻8号909頁）。これを踏まえると，平成29年民法改正で新設された代理権濫用についての民法107条が代表権濫用にも適用されると考えられる（LQ188頁）（ここで代理権と代表権を区別する実益はない）。そのため，代表権を濫用して締結され

た取引の効果帰属を会社が否定するには，取引相手が代表権濫用をした者の目的を知り，または知ることができたことが必要となる（これを満たした場合，無権代理となり，民法117条が適用される）。

問1では，D（と，したがって自分自身）の利益を図るというAの「真意」を乙社の担当者Eが知っていたわけではない。そのため，知ることができたはずだ，といえるかどうかが問題になる。この点については，Aが一貫して甲社の取引であることを説明し，Eは不審に思った点を問い合わせている（それにもAが虚偽の回答をしている）。また，支払や引渡しなどの取引の処理においても甲社のための取引であるという外形が整っているため，それ以上甲社のための取引ではないことに気づく端緒はなく，調査義務が生じるわけではない。そのため，乙社が過失によりAの目的を知らなかったとまではいえない。

3 表見代表取締役（問2）

問2では，問題の取引を行ったDは代表権を持っていない。そのため，Dが何をしても原則として甲社に効果帰属しないはずである（349条1項4項参照）。しかし，会社法354条では代表取締役以外の取締役であっても，「株式会社を代表する権限を有するものと認められる名称を付した」場合には，その取締役の行為の効果は会社に帰属するとしている。Dにはそのような名称が与えられているようにみえるため，354条と後掲の判例から，本問では，(ア)Dは取締役ではなく使用人であるが，同条を類推適用できるか，(イ)Dに与えられていた「専務兼CFO」が同条の名称に該当するか，(ウ)甲社がその名称を「付した」といえるか，(エ)相手方の主観的な態様が問題になる。

(ア)については，判例は特に理由を示さずに，取締役ではなく使用人についても354条を類推適用してきた（最判昭和35年10月14日民集14巻12号2499頁）。354条は，文言上，取締役を対象としているものの，取締役会設置会社では取締役だからといって会社を代表・代理する権限があるわけではなく，その点では，使用人も変わらない。また，取締役かどうかは登記事項である（911条3項13号）ものの，そもそも代表権を有しているかどうかも登記事項であり（同項14号），「登記をみればわかるではないか」という理由付けを貫徹すると，(エ)において登記を確認していないことを重過失とはとらえないことと不整合が生じる。より現実的には，354条が用いられる企業では必ずしも役員と使用人

が厳然と区別されているとは限らない点も考慮すべきだろう。

　(イ)については，354条に明示されている社長，副社長のみならず，社会通念やその会社における通常の肩書きの使用状況を考慮して，代表権を示すように受け取られる名称であれば足りる（LQ188頁参照）。具体的には，これまでの裁判例では，常務，専務などがここに該当するとされてきた。判例の判断枠組みでは，この名称に当たるかは厳しく問わず，代表権の存在を疑うべき事情については，(エ)で考慮する。本問でも「専務兼CFO」がここに該当すると考えられる。

　次に，(ウ)甲社がこの名称を「付した」かどうか，すなわち，その名称の使用を認めてきたかが問題となる。代表者の了解の下に名刺などにおいて対外的に問題の名称を使用してきた場合には，会社が名称の使用を認めていることになる（後掲の判例に加え，前掲最判昭和35年10月14日）。そして，これは明示に限らず，黙示でも構わない。問2では，名刺，取引先とのやりとりにおける口頭の挨拶などでDが上記の名称を使用しており，代表者Aがそれを黙認していることから(ウ)も満たす。

　本問でやや難しいのは(エ)である。判例は，相手方に過失がある場合でも会社は表見代表取締役の行為による責任を免れないが，相手方が悪意の場合または重過失がある場合にも悪意と同視して，責任を免れるとする（最判昭和41年11月10日民集20巻9号1771頁，最判昭和52年10月14日民集31巻6号825頁［商判I-100］［百選48］。なお，悪意・重過失の証明責任は責任を否定しようとする側〔会社〕にある）。問2では，乙社は通常行っている登記簿（代表取締役は登記される。911条3項14号参照）の確認を行っておらず，貸付先に出向くといった確認も行っていない。そして，これらを行っていればDの代表権の欠缺に気づいた可能性は高い（ただし，ある取締役を代表取締役として定めたものの登記はしていないことはありうる）。

　もっとも，下級審裁判例を含め判例では，取引にあたって登記簿の確認を行わないとここでいう重過失に当たるとまではされてこなかった。問2では，運転資金の融通という比較的緊急性の高い取引をもちかけられていたことも，重過失を否定する方向に働く。また，貸付先に出向いていない点を含めても，乙社が常にそのような確認を行ってきたわけではないことからも，やはり重過失に当たるとまではいえない。

4 取締役会決議のない行為の効力 (問3)

問3では，問題の連帯保証契約を締結したBには代表権がある。もっとも，会社法では一定の行為について取締役会の決議を経させていることから（362条4項），まず(ア)本件の連帯保証について，甲社の取締役会決議を経る必要があったかどうかが問題になる。本件連帯保証契約は会社法362条4項に列挙された事項に文言どおり当てはまるわけではない。しかし，同項2号では「多額の借財」を取締役会決議事項としており，連帯保証契約も実質的な効果に着目するとここに含まれると解されよう（東京地判平成10年6月29日判時1669号143頁参照）。

では「多額」といえるか。「多額」かどうかは，単に金額だけで判断するのではない。当該会社の規模や内規を含む従来の扱いなどから**当該会社**にとって「多額」かどうかを判断することになる（最判平成6年1月20日民集48巻1号1頁［商判I-113］［百選63］〔362条4項1号の「重要な財産の処分」に該当するか〕，前掲東京地判平成10年6月29日）。本問では，総資産の15％，資本金の30％，これまでの負債より大きな金額であること，およびこれまで遵守されてきた内規による取締役会付議事項の基準を大きく上回るものであるから，取締役会決議が必要な「多額の借財」に該当するといえる。

次に，(イ)取締役会決議を経ていないことについて，取引相手である丙銀行の主観的な態様が問題となる。代表者が行った行為については，取締役会決議を欠くからといって常に無効を主張できるわけではない。代表取締役には，会社に関する包括的な権限があり（349条4項），内部的な制限は善意の第三者に対抗できない（同条5項）とされているところ，取締役会決議の有無も同様に外部からはわかりにくいものだからである。判例もこうした考慮に基づいて，必要な取締役会決議を欠く代表者の行為について，原則として有効であるが，相手方が決議がないことについて知っているまたは知りうべかりし場合に限って無効とする（最判昭和40年9月22日民集19巻6号1656頁［商判I-99］［百選64］）。これに対して，学説には軽過失の相手方が保護の対象から外れることを問題として，相手方に重過失がある場合に限定するべきだと主張するものもある。もっとも，重要なのはどのような要素から過失が認定されるかであり，それを抜きに抽象的に「重過失か軽過失か」を「論点」のように論じる意味はない（少なくとも学習の初期段階では有害である）。

　問3でも，過失の有無が多少なりとも困難な問題となる（過失の認定について
は，前掲東京地判平成10年6月29日とその控訴審判決である東京高判平成11年1月
27日金法1538号68頁，やや特殊な判示もあるが福岡高那覇支判平成10年2月24日金
判1039号3頁などの下級審裁判例を参照）。本問の事実のうち，丙銀行の過失を基
礎付ける方向に働くものとしては，第1に丙銀行内の手続として甲社の取締役
会決議があったことを証する書面（議事録や確認書）を徴求すると定められてい
たにもかかわらず，丙銀行の担当者Gがこれを結局行っていないことが挙げ
られる。また，この書面をめぐるBの説明とB以外の甲社役員がこの取引に
積極的に関与していないことからは，Bの独断であることが窺い知れる（ただ
し，後者は社内の分担にもよるので，1人の取締役しか関与していないからといって，
ただちにその者の独断といえるわけではない）。他方，丙銀行の過失を否定する方
向に働くものとしては，BによるFとGの引き合わせ，交渉の経緯（場所や甲
社の従業員による説明の存在）が挙げられる。また，乙社が甲社の完全子会社で
あり，一部門のようにみえることも甲社が連帯保証を行うことが現実的にみえ
る事情の1つといえる。

　結論としてはどちらを採用しても構わない。筆者自身は，このような事例で
取引相手である丙銀行が甲社の取締役会決議がないことを知っているべきであ
ったと評価すべきではないと考えている。会社の代表者が独断専行を行った場
合に，それを知りつつ協力したわけではない取引相手にそのリスクを負わせる
というルールを採用すると，独断専行のモニタリングを取引相手に行わせるこ
とになる。しかし，取引相手の方がモニタリングしやすいといえる場面は限定
的であり，（重）過失の認定は慎重に行うべきであろう。また，取引相手方の
内部手続は相手方自身の利益を守るものであって，独断専行を行った代表者の
いる会社の利益を守るのに用いるのはやや倒錯した結果ともいえるためである。

〔松中　学〕

問1

(1)　取締役会設置会社である甲株式会社とその代表取締役Aが利益相反取引を行うに際し，Aがなすべきことは何か。

(2)　(1)の行為を行わなかった場合，①甲社を代表してAがA個人に対し，甲社不動産を売却した，②乙銀行のAに対する貸付けを，Aが甲社を代表して保証した，という事例で，①の売買契約，②の保証契約の有効性はどうなるか。(1)の行為を行っていた場合はどうか。

(3)　利益相反取引を行うにつき，株主総会（取締役会）に開示されるべき重要な事実とはどのような事実か。このような事実を開示せずに承認を得た場合，決議の効力はどうか。

問2　甲株式会社の取締役会は，代表取締役A，取締役B・Cで構成されている。Aは，A個人が保有する土地を甲社の事業の用に供するために甲社に売却することを取締役会に諮り，Aを除くB・Cの賛成でこれが承認された。土地の売買価格は6000万円であったところ，売買契約成立から1年後，土地に環境汚染が見つかり，その価値は実際には2000万円であったことが判明した。

　　A・BおよびCは会社に対する責任を負うか。各々の責任に関する会社法の定めの内容を説明したうえ，結論を検討しなさい。

問3　甲株式会社は，乙社に対して売掛債権1000万円を有しているが，乙社は弁済期にこれを支払えなかった。そこで，甲社は，乙社と丙社（資本関係はない）の両方の代表取締役を兼ねているAに対し，乙社債務に対する保証人を立てるか，物的担保を供することを要求した。Aは，丙社取締役会において，乙社の甲社に対する債務を丙社が連帯保証することを提案した。丙社取締役は，AのほかB・C・Dであり，Cは取締役会を欠席し，Dは丙社に利益がないことから反対したが，A・B両名が賛成して，丙社による連帯保証を行うこととなった。

⑴　本件において，連帯保証契約は有効に成立しているか。

⑵　乙社が支払不能に陥ったため，甲社が連帯保証債務の履行を要求し，丙社がこれに応じた。このとき，A・BおよびDは丙社に対していかなる責任を負うか。各々の責任に関する規律と結論を検討しなさい。

⑶　⑵において，丙社は，甲社の請求を拒みたい。以下の事情がある場合，拒むことができるか。①甲社は，丙社に関する一切の事情を知らなかった。②甲社は，適法に取締役会決議が成立した旨をAから聞かされていた。③甲社は，Aが乙社・丙社両方の代表取締役であることを知っていたが，丙社取締役会決議の詳細については未確認であった。

解　説

1　利益相反取引の際の手続と取引の効力（問1）

　(1)　**利益相反取引**は，類型的に取締役と会社の利益が対立する可能性が高い取引であり，実際にある取引によって会社に損害を与えるか否かにかかわらず，事前には取締役会の承認を，事後には取締役会への報告を要求し，取締役会によるコントロールを通じて，会社に対する損害を防止しようとしている。したがって，Aは，取引を行う前に重要な事実を開示したうえで取締役会の承認を得て，取引後にその報告を行う必要がある（365条・356条）。

　(2)　①は**直接取引**のうち**自己取引**，②は**間接取引**と呼ばれるものである。その効力は，判例（最大判昭和43年12月25日民集22巻13号3511頁［商判Ⅰ-104]［百選58]）によると，「取締役と会社との間に直接成立すべき利益相反する取引〔＝自己取引〕にあっては，会社は，当該取締役に対して，取締役会の承認を受けなかったことを理由として，その行為の無効を主張し得ることは……当然であるが，会社以外の第三者と取締役が会社を代表して自己のためにした取引〔間接取引〕については，取引の安全の見地より，善意の第三者を保護する必要があるから，会社は，その取引について取締役会の承認を受けなかったことのほか，相手方である第三者が悪意（その旨を知っていること）であることを主張し，立証して始めて，その無効をその相手方である第三者に主張し得る」とされている。

　つまり，①②とも，契約は無効である。ただし，無効であることを会社が主張できるかどうかについて，①相手方が取引を行った取締役である直接取引においては，当該取締役の保護の必要性はないから，会社による無効の主張に制限は設けられないのに対して，②会社と取引を行った相手方が取締役以外の第三者である間接取引においては，第三者の信頼保護のため，契約が無効であることに変わりはないとしても，会社がその無効を主張できる場合を制限している（相対的無効説，LQ222～223頁）。

　このような判例の考え方は，(1)で述べたように，利益相反取引が類型的に高い危険性を有するため，取締役会の適切なコントロールに服させることを目的として設けられている。そのため，適法な手続に基づき取締役会が承認をしたのであれば，会社に損害を与えたか否かにかかわらず，取引の効力は有効とな

り，あとは，取締役（利益を得た取締役と承認を与えた取締役の双方）の責任の問題として処理される。

(3)　どのような情報が必要かは明文で規定されていないため，(1)で述べた制度趣旨に必要な範囲で開示すべき情報が決まることになる。このような情報を適切に開示しなかった場合，判例はないが，取締役会の承認の効力が否定されることになり，承認を得ずに取引をした場合と同様に処理されるか，承認がある以上取引は有効で，取締役の責任の問題として処理されることになろう。

2　直接取引の事例（問2）

(1)　問2は直接取引の事例である。この取引は甲社とその代表取締役Aとの間の土地の売買であるから，自己取引である。関係した取締役が責任を負うか否かは，423条1項の要件を充足するか否かにかかる。ここで，423条1項の要件のうち，役員等に該当することと，会社の損害については問題がない。AとB・Cに分けてその他の要件を検討しよう。

Aについて。Aは適切な手続を踏まえているので任務懈怠があるかは問題となりうるが，任務懈怠の推定は働き（423条3項），任務懈怠について無過失であったことを証明しても責任を免れない（428条）から，結果的には無過失責任を負う。利益相反取引から利益を得ておきながら，責任を免れさせることは適切ではないと考えられているからである。

B・Cについて。取締役会での承認を適法に行っていたのだとすると，与えてはいけない承認を与えたことに対して任務懈怠があるかを問題とすることになる。任務懈怠の存在は推定されるため（423条3項），その反証を行う責任はB・Cにある。

例えば，Aの土地の鑑定を注意深く行っていて，土壌汚染は誰にも気づけないようなものであったならば，任務懈怠がないという反証に成功する可能性はあるだろうし，調査もせずにAの申出をそのまま承認したという場合であれば，任務懈怠の反証は困難であろう。

そして，取締役会での提案・賛成を任務懈怠と把握するならば，取締役会で利益相反取引を承認しなければ売買契約は締結されず，損害も発生しなかったのであるから，A・B・Cの任務懈怠と損害の間の因果関係も認められる。

3　間接取引の事例（問3）

　問3は間接取引の事案である。議論の前提となる取締役会の承認の効力，取締役の責任，会社が履行請求を拒めるか，がそれぞれ問われている。順に考えよう。

　(1)　連帯保証契約が有効に成立しているか否かは，*1*(2)でみたように，有効に取締役会決議が成立しているか否かによる。この事例において，取締役はA・B・C・Dの4名であり，決議が成立するためには，取締役の過半数が出席し，出席取締役の過半数が賛成することが必要である（369条1項）。Cが欠席したが，A・B・Dの3名が出席し，Dは反対したがA・Bの2人が賛成しているため，決議成立の要件を満たしている――ようにみえる。

　しかし，この事例において，Aが賛成票を投じられる立場にあるかを考えてみよう。Aは，自らが代表取締役を務める乙社の債務の保証を丙社に依頼する立場であり，典型的な特別利害関係人である。そのため，取締役会において議決に加わることはできない（369条2項）。

　そうすると，Aが議決に加わったことで成立した**取締役会決議の効力**がどうなるかが問題となる。考え方としては，①**特別利害関係人**が議決に参加したことそれ自体が決議の無効事由になる，とするアプローチと，②Aを定足数・賛否のいずれからも除外した上で，決議の成否を判断する，という立場が考えられる（最判昭和44年3月28日民集23巻3号645頁［商判Ⅰ-117］［百選66］，LQ 184～185頁。この判決は，特別利害関係人の参加により決議が否決された事案であり，可決された事案である小問(1)とは異なる点に注意。他方，最判平成28年1月22日民集70巻1号84頁は，特別利害関係取締役が議決に加わってなされたとしても，当該取締役を除外してもなお議決の成立に必要な多数が存するときは決議を有効とする）。小問(1)では，①の立場からは承認決議は無効となるし，②の立場からも，定足数についてはAを除いた3人中2人が出席しているので問題はないが，議決に参加した取締役2人の過半数の賛成を得られていないことになるため，承認決議は不成立となる。したがって，いずれの考え方に立っても，本件においては取締役会の有効な承認はないことになる。

　そうすると，後は*1*(2)で述べたように，取締役会の適法な承認を欠くため，連帯保証契約の効力は無効であることを述べればよい。後の小問を考えれば，**相対的無効**であることも述べておけばよいだろう。

⑵　小問⑵は，丙社が保証債務を履行した場合の取締役の責任を問う問題である。423条1項の責任が認められるかが問題となる。役員等に該当することと損害については，本問でも問題なく認められる。

ここで，任務懈怠の中身を考えよう。⑴で検討したように，利益相反取引を承認する取締役会決議が無効となることを前提とすると，このことをどのように任務懈怠に反映するかは簡単ではない。

①　考え方の分岐点　1つのアプローチは，仮に取締役会決議が無効であっても，これに基づいて利益相反取引が行われ，AとBが決議に賛成していることを手がかりにするものである。このアプローチに基づくと，Aについては423条3項1号（および3号）に該当することから，任務懈怠の推定を受けることになり，任務懈怠の中身は，1号を使うならば会社に損害を与えるような取引を丙社に提案し，債務を引き受けさせたこととなり，3号を使うならば，そのような取締役会決議に賛成をして債務を引き受けさせたこととなるだろう。Bについては，423条3項3号に該当し，（実際には無効であったとしても）取締役会決議に賛成し，決議を成立させることで類型的に危険性の高い取引を承認したことに求めることになろう（いわばアクセルを踏んだ責任）。もちろん，次に述べるように，Bは監視義務違反（いわばブレーキを踏まなかった責任）と構成することも可能であろう。承認には両面の要素がある。

もう1つのアプローチは，適法な取締役会決議が存在していないことを手がかりとし，取締役会の承認なく利益相反取引が行われたに等しいことを手がかりにするものである。このアプローチに基づくと，Aについては，365条・356条1項3号に違反して，適法な取締役会の承認なく利益相反取引を行ったことが任務懈怠であるということになる。Bについては，連帯保証契約を承認したこと自体を，取締役会決議を成立させたという意味ではなく，会社に不利益な取引を行う意思決定をしたという（積極的な）任務懈怠と構成することもできるし，Aの善管注意義務違反による損害に対する監視義務違反と構成することもできる。

②　Dの責任　Dは取締役会決議に反対しているため，任務懈怠の推定を受ける立場にない。しかし，監視義務違反が問われる可能性は十分にある。本問では，取締役会で反対したことで監視義務を尽くしていると評価されるかが問題となる。①で取締役会決議の成立に着目したアプローチをとるならば，監

視義務で求められるのは取締役会決議の成立を阻止することであり，丙社に利益がないことを示し，反対したことで，Dができることを尽くしており任務懈怠はない，と評価をすることができようし，例えば監査役への報告義務（357条1項）を尽くしていたかまで問題とするならば，決議に反対してもなお任務懈怠を肯定することもできよう。①で適法な取締役会決議がないことを前提にするアプローチをとる場合も，監視義務を尽くしたか否かを同様に問題とすることになるが，取締役会決議の成立を阻止することまでが監視義務の中身である，という論述では足りなくなるであろう。

なお，本問ではCについて問うていないが，各自で考えてみよ。

③　解答上の注意点　　任務懈怠になりうるものは，いずれの取締役にも複数考えられるが，人ごとの論述に矛盾が生じないようにすることと，その任務懈怠と損害との間の因果関係を具体的に論述することが必要である。例えば，取締役会決議の成立を問題とするアプローチであれば，Bが賛成をしたという任務懈怠と，Bが反対すれば決議の成立を阻止することができたという因果関係を述べることができる。因果関係の論述は難しく，下級審判決でも詰められていないこともあるが，筋の通った因果関係を記すことが求められる。

(3)　小問(3)は，間接取引を承認した取締役会決議が無効であることから，これを有効にする取締役会決議が存在しないことを前提に，相対的無効説にいう「悪意」の対象を理解しているかを問う問題である。

悪意や重過失が問題となる場面では，読者は，教科書や判例を読む際に，必ず，何についての悪意・重過失なのかを丁寧に押さえていただきたい。それが事例問題で論じる必要のあるポイントである。

利益相反取引は，定型的に危険性の高い行為であり，直接取引について考えてみれば，民法で**自己契約**および**双方代理**が禁止されている（民108条1項）ことからも，類型的に本人に相当する会社を保護する必要性が高いはずである。しかし，相手方が，利益相反取引に該当することを知らなければ，通常は取引を行った取締役は代理権・代表権を有し，かつ取締役会の承認を得ている（この点が，民法108条2項との違いである）のだから，取引が無効とされることは取引の安全を害する（その取引だけでなく，一般に代表権の範囲内の取引が利益相反取引かを調べなければ無効にされかねない点で，一般に悪影響が出る。代表取締役の包括的な代表権が法定されていることもあわせて考えよう）。そこで，前掲昭和43年最

大判［商判Ⅰ-104］［百選58］は，「その取引について取締役会の承認を受けなかったこと」を悪意の対象とする。また，その前提には，その取引が取締役会の承認を受けるべき利益相反取引に該当することも含まれている（保証の場合は明らかである）。

　本問で，①は明確である。②は，取締役会決議が成立した旨を聞いていたにすぎず，決議の瑕疵について知らない。そのため，善意ということになろう。③は，取締役会の承認がないことについては善意である。しかし，取締役会の承認を必要とすべき取引であることについては悪意である。そこで，③は，取締役会決議が必要であるのにその成否を確認していなかったという重過失を問うことができるかが問題とされることになり，最高裁判決を文字どおり適用すれば悪意に限られる以上，丙社は甲社に対し連帯保証契約の無効を主張できないことになるし，重過失も悪意と同視すべきだと考えるならば，取締役会決議を確認しなかった（例えば議事録を徴求しなかった）重過失がある以上，丙社は無効を主張できてしかるべきとなる。そして，仮に重過失も悪意と同視すべきという立場を採るならば，②についても問題となりうる。利益相反取引により利益を受ける立場にある A の言うことを信じてよいのか，それとも，取締役会議事録の確認を行うなどの調査を行わなければ重過失がある，と考えるか，考え方は分かれるだろう。

　このように，本問は，判例が悪意のみを対象としている相対的無効説について，重過失をどのように考えるかを問う問題でもあるわけである。

〔榊　素寛〕

問1

① 　甲株式会社は，ソフトウエアの開発・販売等を業とし，新興市場に上場している。甲社は，平成26年1月頃，新しいソフトウエアの開発を行っていたが，技術的な問題に直面していた。

② 　同年2月，甲社の代表取締役Aは，知人Bの紹介で乙株式会社代表取締役Cと知り合った。Cは大学院を修了後すぐに乙社を設立し，以来5年間にわたって同社の全株式を保有していた。乙社の売上げの大部分はプログラミングの下請によるものであったが，Cはこのままではじり貧だと思い，新しい技術の開発を行っていた。Aは，Cと話すうちに，この技術が開発できれば，甲社が直面している問題を克服できると思うようになった。Aは，Cと交渉を進め，同年3月，何らかの形で乙社から甲社に技術を提供する関係を構築しようということになった。

③ 　同年4月，Aは，甲社の取締役Dに相談したところ，乙社は有望な相手であり，前向きに検討すべきとの結論になった。A・Dは，甲社従業員に乙社およびCの技術力について調査をさせた。同年5月，新しい企業であるためリスクはあるものの，Cの説明する新技術は実現性があること，乙社およびCは取引先からの評価も高いことから，乙社との関係構築は，リスクも大きいもののリターンも大きいと報告された。同月，甲社取締役会が開催され，Aらは，技術提携という形もありうるが，確実に乙社の技術を入手し，また，Cをはじめ乙社関係者に対して実効的なモニタリングを行うために乙社を完全子会社化する方向で進めるとの結論に達し，その旨の取締役会決議を全会一致で行った（取締役会決議1）。

④ 　これを受けて甲社は，同年5月，丙会計事務所に乙社のデューディリジェンスと同社株式価格の評価を依頼した。翌月の丙からの報告では，乙社株式は1株7万～10万円程度（総額3500万～5000万円）であるとされていた。A・DはCと乙社株式の譲渡について交渉を行い，同年7月，最終的に両社

の取締役会における承認を停止条件として，5000万円で完全子会社化するとの合意に至った。同月，甲社取締役会は2度目の審議を行い，Aが価格などの詳細を説明した上で，全員一致で乙社株式を取得する旨を決議した（取締役会決議2）。

⑤　その後，乙社における新技術の開発は難航した。平成29年，最終的にこの技術は完成し，甲社の製品に採用されたものの，すでに競合他社がより優れた技術を開発していた。そのため，甲社の製品の売行きは悪く，最終的に1億円の損失（乙社株式取得費用を除く）を出したところで販売を打ち切り，乙社を清算した。

⑥　甲社の株主Eは，A・Dの任務懈怠責任を追及すべく代表訴訟を提起した（代表訴訟は適法に提起されたものとする）。Eは，Aらは失敗の責任をとるべきだ，このプロジェクトを推進するにしても，完全子会社化するべきではなかったなどと主張している。

①〜⑥の事実の下でEの請求は認められるか。また，乙社の買収価格が6000万円または7000万円であった場合はどうか。

問2

問1の③④の事実を次の⑦〜⑨に変えた場合，Aらの責任は認められるか。

⑦　AはBからCを紹介され，会談した際に，乙社で開発中の技術が完成すれば甲社にとって非常に役立つと思ったものの，平成26年5月に甲社従業員に行わせた調査からその実現性について疑問に思う部分もあった。そこで，Aは秘密裏に従業員に追加調査を命じた。その結果，Aは，乙社関係者の説明する手法では甲社が直面している問題は解決できるものの，他に問題が多数生じることに気づいた。また，乙社関係者はそれらの問題を認識していないことも判明した。同月の甲社取締役会では，Aが乙社は一定の技術的な困難に直面する可能性もあると発言したことから，議論を経た後に，A以外の取締役の意見をふまえて，他の方法も検討した上で乙社の完全子会社化を進めるべきだと決議を行った（取締役会決議1'）。もっとも，上記の追加調査はD以外の取締役には示されなかった。

⑧　Aは，長年の友人Bからの強い推薦を断るわけにもいかず，また，Cが同じ大学院の同じ研究室の後輩であったことからも，丙の評価レンジ（問1④のもの）の上限5000万円で乙社株式を取得する案を推し進めた。平成26

年7月の取締役会において，ソフトウエアの開発を担当しているDは，Aに乙社・Cの技術力に懸念はないのかを尋ねたところ，Aは「問題はないとはいえないが，解決できるだろう」と回答した。しかし，Aは乙社が自らの抱いた懸念に応える対策などをとっていないことを知っていた。また，事務系の取締役F・Gは，取締役会決議1'を引き合いに出し，乙の完全子会社化ではなく，一定期間の技術提携と必要額の融資か開発料の支払にとどめてリスクを限定してはどうかという案を出した。財務担当の取締役Hは，財務的な観点からもこれは検討に値するとの発言を行った。これに対して，Aは，それでは他社に買収される可能性もあると回答した。結局，Fらの案は詳細な検討はなされず，この取締役会で，全員一致で総額5000万円で乙社全株式の取得が決議された（取締役会決議2'）。また，乙社の新技術の開発について追加的な調査を行うことはなかった。

⑨　Aの懸念していた問題が顕在化して，上記⑤のように甲社は損失を被った。

解　説

　取締役は会社と委任関係にあり，会社に対して善管注意義務（330条，民644条）および忠実義務（会社355条）を負っている。これらに違反した場合，取締役はそれによって会社に生じた損害を賠償する責任を負う（**任務懈怠責任**。423条1項）。もっとも，取締役の任務懈怠責任が問題になる場面にも多様なものがあり，義務の具体的な内容も異なる。本問では，主に経営判断が失敗した場面（LQ232〜233頁）を題材としている。

　経営にはリスクがつきものであるし，裁判所は取締役と比べてより適切な経営判断を行えるわけではない。そのため，経営判断が失敗して，会社に損害が生じたからといって積極的に取締役の責任を認めていては，取締役はリスクを避け，経営は萎縮してしまう（経営者は株主と違って，多数の会社に分散投資をするわけにはいかない）。このような結果は，株主にとっても望ましいものではない。そこで，法令違反および利益相反がない場合には，裁判所は事後的に取締役の経営判断を誤りであったとして責任を課すのに慎重であるべきと考えられている。こうした考え方を**経営判断原則**という。

　一般的な判断基準としては，東京地判平成16年9月28日判時1886号111頁が「……取締役によって当該行為がなされた当時における会社の状況及び会社を取り巻く社会，経済，文化等の情勢の下において，当該会社の属する業界における通常の経営者の有すべき知見及び経験を基準として，前提としての事実の認識に不注意な誤りがなかったか否か及びその事実に基づく行為の選択決定に不合理がなかったか否かという観点から，当該行為をすることが著しく不合理と評価されるか否かによるべきである」としている。最高裁も，一般的な判断枠組みは示していないものの，基本的にはこうした考え方を肯定している（最判平成22年7月15日判時2091号90頁［商判 I-125］［百選50］参照）。

　経営判断原則や具体的な善管注意義務違反の判断に関しては，意思決定の過程と内容自体の合理性を分けて考え，前者に重点を置いて後者より厳しく審査すべき（あるいは後者については審査すべきではない）との議論がある。その一方，両者を分けるのは困難である，どの程度・手法で情報収集を行うかなどの意思決定の過程も経営判断そのものであるといった批判もある。実際，前掲最判平成22年7月15日は，両者とも「著しく不合理」といえるかどうかを判断して

いる（*1*の同判決と前掲東京地判平成16年9月28日の引用部分を対照）。

　もっとも，意思決定の過程の中には，業界や取引などによってはある程度標準化されている（一定の規模のある取引を行うには，一定の専門家の調査を依頼するなど）こともあり，意思決定の内容よりは合理性を判断しやすい場面もある（常にではないことに注意）。また，明らかに不合理な経営判断や，利益相反取引・競業取引には該当しないものの，利益相反の要素がみられる場合は，都合の悪い情報を無視する，あえて情報収集を行わないなど，意思決定の過程にも反映されることが多い。そのため，意思決定の過程と内容で判断基準を変えるのは適切ではないとしても，両者を一応分けて検討するのは有用な面もある。

1　経営判断原則の考え方（問1）

　問1は，文字どおり経営判断が失敗しただけの事案である。上で引用した判断基準を参照しつつ，Aらの判断を検討してみよう。

　まず，甲社は新製品の開発に際して課題に直面していたところ，これを解決する技術を持っていそうな乙社・Cに出会い，乙社を完全子会社化することで会社丸ごと技術を「買う」という判断をしている。この際，乙社・Cが買収の相手として適切かどうか，Aらは従業員に命じて一定の調査を行い，肯定的な結果を入手している（③）。また，買収や提携の具体的な手法についても，取締役会をはじめ取締役間でメリット・デメリットをふまえて検討されている（③④）。そして，具体的な買収価格についても丙会計事務所の調査をふまえて交渉を行っている（④）。こうしたことから，意思決定の過程に著しく不合理な点はないといえるだろう。

　次に，意思決定の内容についても，甲社が直面していた課題を克服することができる蓋然性がなかったとはいえず，買収価格も丙会計事務所の評価レンジに収まっていることから，著しく不合理といえる点はない。評価レンジの上限ギリギリであることを問題視する者もいるかもしれないが，これはCとの交渉やその後の事業展開などを見据えて判断すべきもので，まさに取締役の裁量に属するものである。その後の新製品の失敗に関してもAらに不合理な処理は見当たらず（⑤参照），Aらに善管注意義務違反はない。

　買収価格が評価レンジを超えた場合はどうだろうか。判断内容としての合理性が失われるようにも思える。しかし，ここでも取締役に広い裁量を認めてい

ることに注意する必要がある。グループ再編に際して，監査法人が算定した価格の5倍の価格で子会社の株式をフランチャイズ加盟店から買い取った事案である前掲最判平成22年7月15日では，「株式取得の方法や価格についても，取締役において，株式の評価額のほか，取得の必要性，参加人の財務上の負担，株式の取得を円滑に進める必要性の程度等をも総合考慮して決定することができ，その決定の過程，内容に著しく不合理な点がない限り，取締役としての善管注意義務に違反するものではないと解すべきである」として，結論としても善管注意義務違反を否定している。

　このように，専門家による株式や不動産などの評価がある場合でも，それを取締役の善管注意義務の内容を決する，あるいは直ちに取締役の裁量を狭めるものと位置付けてはならない。それらの評価にも幅があるし，決して経営判断に代替するものではない。例えば，株式の評価では対象の会社の将来性がすべて反映されるわけではないが，それらを考慮した価格をつけるという経営判断はありうる。経営判断を行うのは取締役なのであり，これらの評価は経営判断の有力な判断材料にすぎない。そのため，法令違反や利益相反の要素がない限り，そうした評価を超える価格付けにどの程度の理由が必要になるか（あるいは，追加の調査が必要になるか）については，事案ごとに取締役の裁量を重視しつつ考える必要がある。問1では，Aらが（一定の情報収集をした上で），乙社およびCの将来性を重視した，買収を円滑に進めるなどの理由であえて評価レンジを超えた価格で買収したのであれば，やはり経営判断として尊重すべき，ということになる。

2　意思決定の過程の歪み（問2）

　問2が問1と異なるのは，Aが強引に乙社の完全子会社化を進めていることに加え，取締役会決議2'の際にDの質問に対して問題のある説明をしている点である（⑧）。利益相反取引や競業取引には該当しないものの，Aの判断には非金銭的ではあるが個人的な利害関係が影響している。このような場合に，問1のように単純に取締役の裁量を尊重してよいわけではない。もっとも，裁判例では，そうした「ソフトな」利益相反の要素がみられても，そこから直ちに経営判断原則を適用しない，あるいは，義務違反を肯定するというよりも，その結果生じる意思決定の過程や内容の歪みをとらえて善管注意義務違反の有

235

無を判断しているといえる。

　具体的な善管注意義務違反についてみよう。まず，平成26年7月の取締役会におけるAの説明は虚偽か少なくともミスリーディングであり，適切な説明がなされれば，Dらは他の取引形態や乙社との協力そのものを検討し直すことを主張した可能性が高い。そのため，Aは他の取締役に適切な情報を提供するべきであったところ，それをしておらず，善管注意義務違反がある。また，リスクを無視して他の取引形態の検討をしなかった点も同様にAの善管注意義務違反といえるだろう。

　他方，D，F，G，Hについては別途検討する必要がある。5月の取締役会においては，他の取引形態も検討した上で乙社との協力関係を進めるものと決議している（取締役会決議1'）。また，7月の取締役会においても，Aの案を鵜呑みにするのではなく，一定の質問や対案の提示を行っている。甲社の具体的な業務分担にもよるが，一般的には，直接の担当取締役以外の取締役は，虚偽だとわかっている場合や疑うべき状況にない限り担当取締役や従業員などの報告を信頼することができる（信頼の原則）。

　こうした観点に立ってみると，DはAから追加調査の結果を示されていたこと，および自らもソフトウエアの開発に携わっていたことからすると，少なくとも7月の取締役会において，Aにどのように技術的な懸念が解消される目途が立ったのかなどを質問する，あるいは，提示された追加調査について他の取締役に説明すべきであり，Aの説明を鵜呑みにすべきではなかったといえよう。他方，他の取締役については，そうした状況にあったといえず，善管注意義務違反はないことになる。

〔松中　学〕

── ***Column*** 「責任」を課せばよいわけではない ──

　問 1 の事案では，技術的な問題に直面したこと，競合他社が登場したことで最終的には乙社の買収は失敗しているが，これはまさに経営に伴うリスクである。そのため，**問 1** を読んで，Ａらの責任を問うべきだという感覚（直感）を得た者は，なぜ経営判断原則が必要とされているのか学習し直す必要がある。こうした事後的に発現したリスクに伴う失敗こそ，取締役の任務懈怠責任を肯定してはならないのである（実際の例として，前掲東京地判平成 16 年 9 月 28 日）。

　Ｅの主張の「失敗したのだから責任をとれ」という部分は，割合一般的な感覚かもしれないが──学生の答案でもしばしば責任を肯定することに拘泥したものをみかける──取締役を規律付けるのは，任務懈怠責任や他の法的な「責任」だけではない。報酬の減額，解任・不再任といった株主によるコントロールや経営者自身の評判など，様々な形で経営の失敗は取締役に跳ね返るのであり，すべてを任務懈怠責任で解決しようと思うのは間違いである。

公開会社である甲社は資本金50億円を超える商社である。甲社の名古屋支店の支店長Aは，海外の商社との間で大豆の先物取引を業務の一環として行っていたが，取引の規模や価格等の条件は辣腕のAの一存にゆだねられていた。平成27年度・平成28年度ともこの先物取引で3億円の利益をあげ，平成29年度においても5億円の利益をあげる見込みであるとAは甲社取締役に伝えていたが，実はAは，運用に失敗しており，平成27年度は実際に3億円の利益を出していたが，平成28年度には1億円，平成29年度には15億円の損失を出していたことが発覚した（以下「本件損失」という）。この損失の発生は，取締役・監査役・会計監査人による監査では見つけられないものであったが，仮に甲社が，内部統制システムを適切に構築し，これが機能していれば，平成29年度途中に発見できる可能性があり，仮に発見できていた場合，平成28年度の損害は発生していたが，平成29年度の損害は発生していなかった。

　甲社取締役はB・C，およびDであり，監査・内部統制に関しては，コンプライアンス担当取締役Dがその運用を担当していた。

問1　甲社は，内部統制システムの構築に関する決定をする義務を負っているか。

問2　甲社取締役会が内部統制システムを構築していなかった場合，B・Dは会社に対する責任を負うか。その結論と，責任を負う場合の任務懈怠・損害・因果関係の内容を説明せよ。

問3　問2において，甲社取締役会が内部統制システムは導入していたが，これが違法行為を発見できる水準のものとはなっておらず，仮に十分な水準で構築されていたならば本件損害を発見できていた場合はどうなるか。

問4　問3において，内部統制は通常の損失の発生を防ぐ程度には十分に機能していたが，Aが行った方策が極めて巧妙で通常容易に想定できないものであった。そして，このような不正まで発見できるようにするには甚大なコ

ストがかかることから，本件損害の発生を発見できない程度に内部統制の水準が決められていた場合はどうなるか。

問5　**問4**において，内部統制システムは取締役会決議に基づいてBとDにより適切に策定されていたが，運用面の負担から，取締役会の承認を得ずにDがその水準を緩め，**問3**と同水準で運用されていた場合，BとDは責任を負うか。

1　内部統制システム構築義務について（問1）

　取締役会設置会社において，内部統制システムの構築の決定は取締役会の専決事項とされ（362条4項6号），大会社においては，内部統制システムの構築に関する決定をすることが必要である（362条5項）。甲社は，資本金が50億円を超えることから大会社である（2条6号イ）ため，内部統制システムの構築に関する決定を行う義務を負っている（LQ181頁Column4-17と235～236頁を参照）。

　警備の方法にたとえると，通常の監視は，警備員が警備対象区域を巡回する方法で警備をするのに対し，内部統制システムは，防犯システムを導入して異常や侵入者を発見した場合にアラームを鳴らし，異常を検知した場合に対応する方法で警備をする，というものである。警備対象の状況により，警備員の監視のみの場合，防犯システムを導入する場合，両者を併用する場合が考えられる。

　防犯システムの導入には高いコストがかかるため，すべての会社に導入が義務付けられるわけではないが，導入しなければ必要な警備ができない会社であれば自発的に導入するであろうし，巨大な施設であれば，警備員だけではなく，防犯システムを入れなければ効率的かつ効果的な防犯はできない。また，一般の会社と貴金属を扱う会社では求められる防犯の水準が異なることからもわかるように，どのような水準の防犯システムを導入するかは，会社にゆだねられる。内部統制についても同様である。

　内部統制を用いた監督では，取締役の主たる役目は，仕組み作りと，その適切な運用の確保にあり，内部統制が機能する限り，問題を防げるか，早い段階で問題が発覚し損害が膨らまないことが期待される。内部統制を機能させるための，企業や従業員の負担は重く，一切の不正を許さない仕組み作りは，効率性を損ねる可能性もある（近距離で電車に乗るために見積書と領収書と使用済切符の提出を必要とする極端な例を考えてみよう）。このことが，会社法で義務付けを行っているのが大会社に限られていたり，内部統制の水準が問題とされたり，監視義務の系譜の話なのに経営判断の話が出てくる理由である。

　もちろん，内部統制の導入の有無にかかわらず，問題を発見した場合に，取

締役や監査役がそれを是正することはその法的義務であり，内部統制に関する問題は，どのような方法で問題を発見・抑止するか，という段階の議論である。

2　内部統制システム構築義務違反と因果関係（問2）

(1)　甲社は大会社であるから，内部統制システム構築に関する決定を行う義務を負い（362条5項），取締役の善管注意義務には，内部統制システム構築の決定義務が含まれる。したがって，決定を行っていないことは取締役の任務懈怠となる。

(2)　会社法362条4項の構造上，甲社取締役会は，内部統制システム構築に関する決定を取締役に委任できないだけであり，構築する義務を負っているわけではない（指名委員会等設置会社・監査等委員会設置会社では，導入自体が義務である）。例えば，小規模の企業でコスト倒れと判断して内部統制システムを導入しなかったとしても，そのことが当然に任務懈怠となるわけではない。

　もっとも，甲社は，大会社であるため，取締役の善管注意義務の内容として取締役会において内部統制システムの構築に関する決定を行う義務がある。そして，平成29年度の15億円の損害は，内部統制システムを構築できていたならば発見し，阻止できた損害であるから，それを構築しなかった任務懈怠と因果関係のある損害である。他方で，平成28年度の1億円の損害は，内部統制システムを構築していても発見できなかった損害であるため，内部統制システム構築義務違反との因果関係は認められない。

(3)　また，取締役は，上記の内部統制システム構築義務に限らず，一般的な監視義務も負っている。両義務の関係は，いずれも善管注意義務の一内容となるが，監視義務の一内容として，一定の場合に内部統制システムの構築義務（内部統制システムを用いて監視を行う義務）があることになろう（このような性格が明確なのが指名委員会等設置会社である）。したがって，内部統制システム構築義務を果たした場合であっても，なお監視義務違反が成立する可能性はあるし，内部統制システム構築義務違反とは因果関係がない損害であっても，一般的な監視義務違反との因果関係が肯定されることはありうる。

　本問においては，取締役の監督によっては発見できない（それゆえに，内部統制システムを導入しない限り発見できない）違法行為であるため，一般的な監視義務違反の有無にかかわらず，損害との因果関係はなく，監視義務違反を理由と

する損害賠償責任は認められない（この点については以下同じ）。

(4) このように，考えられる任務懈怠が複数あるときは，どの任務懈怠が損害と関係を有するかを考え，明確に論じることが求められる。異なるものを混ぜて論述することのないよう，注意されたい。

3 内部統制システムの最低水準と任務懈怠の関係（問3）

問3は，問2とは異なり，内部統制システムが導入されている事例であり，導入した内部統制システムが不十分であったために損害が生じていた。

内部統制システムを導入していれば，どのような水準の内部統制システムを導入するかは，取締役会の経営判断の問題であり，取締役に広範な裁量が認められる。判例（最判平成21年7月9日判時2055号147頁［商判Ⅰ-129］［百選52]）は，通常想定される不正行為を防止しうる程度の管理体制を整えていたかを基準としており，このような水準を満たさない内部統制システムを導入していたのであれば，経営判断原則にいう，意思決定内容の著しい不合理と考えられ，そのような内部統制しか導入しなかったことに対して，善管注意義務違反を問われる。そして，本件の損害はこの義務違反と因果関係があるので，取締役の責任は肯定される。

4 一定水準を満たした内部統制システムと任務懈怠の関係（問4）

問4において，任務懈怠があるとは考えづらい。内部統制システムは，あくまで組織的な監督体制の充実を図るものであり，利益を生み出せないほどに内部統制システムの水準を強化することは要求できない。すなわち，どのような水準の内部統制システムを導入するかについては，コストとベネフィットを考慮して取締役会が水準を決定することができ，最低水準のシステム構築は義務であるとしても，その具体的な手段・水準の選択については，経営者の裁量の範囲内であり，コストとの兼ねあいで妥協させるのは，経営判断として適切と考えてよいと思われる。

判例（前掲最判平成21年7月9日）は，通常想定される架空売上げの計上等の不正行為を防止しうる程度の管理体制は整えていたこと，不正行為の発生を予見すべきであったという特別な事情がないこと，回収遅延の理由が合理的で，販売会社との紛争もなく，監査法人も財務諸表を適正と判断していたことなど

の事情から，問題となった売掛金債権の存在を確認していなかったとしても，財務部におけるリスク管理体制が機能していなかったということはできないとして，内部統制システム構築義務違反を否定している。

　本問は判例と同様に考えられる事例であり，通常の損失を防ぐ程度には内部統制システムが構築され，機能していたこと，本件での違法行為は，通常の内部統制システムでは発見できないような，容易に想定しがたい方法で行われていたこと，導入された内部統制の水準を強化して本問での違法行為を見抜くためには甚大なコストがかかることから経営判断として通常の違法行為を発見できる水準にとどめたこと等を考えると，内部統制システム構築義務違反がないために取締役らの責任が認められない，あるいは，経営判断原則が適用される結果任務懈怠責任は問われない，ということになる。

5　取締役の違法行為と信頼の権利（問5）

　問5は，取締役会の内部統制システム構築義務は適切に果たされている事案である。ここでは，内部統制システムを構築する義務ではなく，構築された内部統制システムを適切に運用する義務が問題となる。

　Bについては，いわゆる「**信頼の権利**」から保護されるかが問題となる。各取締役は，それぞれの役割において監視義務を負うとしても，自己の役割分担の範囲を超えた部分については，疑念を差し挟むべき特段の事情がない限り，他の取締役がその報告どおりに職務を遂行しているものと信頼することが許されることになる。それゆえ，疑念を差し挟むべき事情がない限り，Bは善管注意義務が否定されよう。

　これに対し，Dについては，取締役会で決定された業務執行を適切に行っていないという任務懈怠が考えられる。内部統制システム運用義務違反とでもいうべき，損失の発生を適切に管理するシステムを構築し，その適切な運用に努める義務があるところ，これをD個人の判断で緩めていた点が任務懈怠になる。運用面の負担のゆえに内部統制を緩めるとすれば，それは取締役会の決定事項であり（内部統制は取締役会の専決事項である。362条4項6号），Dにこれを緩める裁量はないのだから，構築された内部統制システムを適切に履行していないことが任務懈怠となる。損害と因果関係は明らかである。

〔榊　素寛〕

　甲株式会社は，全国においてマンションの建設・分譲等を業とする会社である。また乙株式会社も全国においてマンションの建設・分譲等を業とする会社である。乙社はその100% 子会社として有価証券の保有・運用のみを目的とする丙株式会社を有しており，丙社は甲社の全議決権の 3.4% に相当する株式を 10 年以上継続して保有している。なお，丙社の保有する有価証券は乙社が従来保有していたものまたは乙社の拠出した資金によって取得したものであり，丙社はもっぱら乙社の指示により資産運用を行っていた。また，丙社保有株式についての議決権行使は乙社の指示に従って行使されていた。

　丁株式会社は鉄製品の卸売りを業とする会社であり，甲社の全議決権の 4.0% に相当する株式を 20 年以上保有している。丁社社長は乙社社長の親友だが，乙社と丁社が何らかの業務提携関係や資本関係にあるわけではない。

　乙社は平成 29 年 3 月，甲社に対し，乙社傘下に入り業務提携を行うよう提案したが，甲社取締役会はこれを拒否した。この直後，甲社と友好的な大株主が株式市場において相次いで甲社株式を購入していると報じられた。そして同月末，それまで毎年ほぼ一定の利益を計上していた甲社が，今年度は大幅な利益減少となるとの業績予想が公表された。甲社の業績予想公表の直後，利益減少は株主工作費支出の結果だとする週刊誌報道がされたが，今のところ支出が事実であること，または不実であることを証明できる明確な証拠はない。

　平成 29 年 6 月 1 日の営業時間中に，丙社と丁社は共同して，甲社の経営陣が大株主に対して違法な資金供与を行った可能性があり，取締役の責任の有無を調査する必要があるとして，甲社に対し関係する会計帳簿の閲覧謄写を請求した。なお丙社は請求に当たり，閲覧・謄写した情報については親会社を含む第三者に伝達しない旨の誓約書を提出した。丁社は乙社による甲社への業務提携の提案に賛意を示しているが，提携推進に積極的に関与してはいない。

　甲社が請求を拒否したため，丙社と丁社は甲社を相手どって，上記帳簿の閲覧謄写を認めるよう訴えを提起した。丙社と丁社の請求は認められるか。

解　説

1　総　説

　一定割合以上の議決権または株式を有する株主は，会社に対して会計帳簿またはこれに関する資料の閲覧謄写を請求することができる（433条1項）。そして請求を受けた会社は，法定の拒絶事由がない限り，これを拒絶することができない（同条2項）。しかし，会計帳簿には会社の財務に関する詳細な情報や営業秘密が含まれることが多く，権利行使を拒絶することが多い。このような紛争においては，まず株主の権利行使が正当になされたかを検討し，その後拒絶事由の有無を検討すべきことになる。

2　本問請求の433条1項適合性

　⑴　**保有議決権数などの要件**　　本問では，丙社と丁社の双方とも単独で433条1項の定める保有議決権数要件を満たしていること，また営業時間中に請求を行ったことは明らかである。

　⑵　**「請求の理由の明示」**　　では，本請求は「当該請求の理由を明らかにして」（433条1項）されたといえるだろうか。判例は，「請求の理由は，具体的に記載されなければならないが，……その記載された請求の理由を基礎付ける事実が客観的に存在することについての立証を要すると解すべき法的根拠はない」（最判平成16年7月1日民集58巻5号1214頁［商判Ⅰ-156］［百選77］）と述べている。

　事実の具体性を求めるのは，開示すべき帳簿の範囲に関する判断材料を会社側に与えるため，および抽象的な理由による濫用的な閲覧請求の抑制のためである。そして，事実の客観的な証明を不要とするのは，本来はそのような事実の有無を調査するために閲覧謄写請求権が認められた権利であるのに，その行使に際して事実の存在の証明を求めるのは背理だからである。ここまでは，学説もほぼ一致している。

　他方で，請求の理由を基礎付ける事実について株主が何も証明しなくてよいのかどうかについては，見解の対立がある。多数説は，そのような事実の不存在を会社が証明することにより当該請求が権利行使以外の目的である（433条2項1号）か，または会社を害する目的でなされたもの（同項2号）であることが

推認できるから，株主側の立証は不要とする。しかし，株主の野放図な請求によって会社が事実の不存在という困難な証明に奔走させられる危険性を指摘し，株主の側に請求を基礎付ける事実の存在を疑わせる一定の事情の証明を要求する少数説もある。

(3) **本問へのあてはめ**　では本問へあてはめてみよう。まず丙社らが提示した理由については，時期の面からも行為の態様の面からも問題とする事実が限定されており，どの帳簿を開示すればよいのかを判断することができるかという観点からは，具体性を有しているといえるのではないか。請求を基礎付ける事実の証明の要否について多数説をとる場合，ここまでの判断によって丙社らの請求は433条1項に合致しているといえ，あとは甲社の側で拒絶事由等を立証すべきことになる。

これに対して少数説をとる場合，さらに請求の理由を基礎付ける事実の存在を疑わせる一定の事情の証明が要求される。本問においては，乙社による事業提携提案の直後に大株主が株式を買い増している事実，甲社の利益が急減している事実，これが株主工作費の支出によるものとの報道がなされている事実をどのように評価するかがポイントとなる。筆者はこれらの事実から不正支出の存在を疑うことは可能ではないかと考えるが，評価は分かれうる。

3　拒絶事由はあるか

(1) **請求する事実の不存在**　すでに述べたように，請求の理由を基礎付ける事実の存在の証明について多数説をとる場合，会社は当該事実の不存在を立証することで，請求が権利行使以外の目的である（433条2項1号）か，会社を害する目的である（同項2号）として閲覧等を拒否することが考えられる（この点は丙社・丁社の双方に共通する）。もっとも，そもそも本問では「不実であることを証明できる明確な証拠はない」とされているため，そのような立証はできないと解される。

(2) **丙社に対する拒絶事由**　そこで次に，丙社について他の拒絶事由があるか考えてみよう。甲社としては，丙社が乙社の完全子会社であることから，433条2項3号（実質的競争関係にある者からの請求）または4号（閲覧等により知りえた事実を第三者へ通報するための請求）を主張して閲覧等を拒絶することが考えられる。もっとも，4号事由については，問題文中の事実からは丙社が乙社

から「利益を得て」通報するとはいえそうにないため，難しいであろう。

　では 3 号事由はどうだろうか。丙社自体は有価証券等の保有・運用を目的とする会社であり，甲社とは競争関係にはない。しかしその完全親会社である乙社は実質的競争関係にあるといえる。このような場合，3 号事由該当性はどのように判断するのか。

　過去の裁判例では，「請求者（完全子会社）がその親会社と一体的に事業を営んでいると評価することができるような場合には，当該事業が相手方会社の業務と競争関係にあるときも含む」と解するものがある（東京地判平成 19 年 9 月 20 日判時 1985 号 140 頁［商判 I -158]）。これは，3 号事由が拒絶事由として認められる理由を競業相手に会社の秘密等を知られることにより甚大な被害が生じることを防止するためと解した上で，そのような危険は請求者の親会社が競業を営む場合にも生じることから，子会社が親会社と一体的に事業を営んでいる場合には両社の事業を一体として観察しようとするものである。形式的な文言解釈を採用すると子会社を利用することで拒絶事由を回避できてしまうから，このような実質的判断を取り入れた解釈が妥当であろう。なお，この解釈をとる場合には，「完全子会社であるかどうか」という形式面よりも「一体的に事業を営んでいるといえるか」という実質面を重視すべきである（たとえ完全親子会社でなくても，一体的に事業を営んでいるならば情報が伝達される可能性は高くなるであろう）。

　以上の解釈を前提に本問をみると，丙社はもっぱら乙社のために有価証券を保有・運用しているという実態があり，かつ保有する有価証券の議決権行使においても乙社の意向に従った形でなされているなど，独立した事業運営がなされているとはいえなさそうである。そうであるとすれば，丙社は実質的には乙社の一部門であり，両者は実質としては一体的に事業を行っているといってよいように思われる（無論これは筆者の評価であり，他の結論を否定するものではない）。

　なお，丙社が情報を親会社に伝達しない旨の誓約書を提出していることをどう評価するかであるが，請求者が競業者であるとの客観的事実がある以上は当該請求者の主観的意図にかかわらず 433 条 2 項 3 号に該当すると考えるのが判例である（最決平成 21 年 1 月 15 日民集 63 巻 1 号 1 頁［商判 I -159]［百選 78]，平成 17 年改正前商法 293 条ノ 7 に関する事例）。情報が競業者に伝わることによって発

生する会社の損失リスクは大きく，競業者が株主としての権利を行使する機会を制限することになっても株主全体の利益を確保するためにはやむをえないと評価するなら，判例のように請求者の主観的意図を考慮しない解釈が妥当だと考えることになり，誓約書の存在によっても丙社の請求が433条2項3号に該当するという判断は左右されないことになる。

これに対して株主の権利行使の機会を確保することを重視し，請求者が情報を流用しないという主観的意図を証明できれば433条2項3号による拒絶を回避できるとの立場もある。この立場をとるならば，丙社が情報を適正に株主としての権利行使のためだけに用いるという主観的意図の証明として誓約書の存在をどう評価するかの問題になる。

(3)　**丁社に対する拒絶事由はあるか**　　丁社に対する拒絶事由はあるだろうか。問題になるのはやはり433条2項3号と4号であるが，後者については，本問中の記載からは丁社が閲覧・謄写によって得た情報を乙社に伝達して利益を得るとは立証できなそうである。

となると問題となるのは3号事由であるが，まず丁社自体は甲社と競業関係にはない。また，社長同士が親友である，あるいは乙社の業務提携提案を丁社が支持している，といった事情からだけでは，乙社と丁社が「一体的に事業を営んでいる」とはいえないであろう（競業を営む会社の代表取締役の親であり，閲覧謄写申請を当該代表取締役と同時に行った，というだけでは競業する者に該当しないとした例として前掲最決平成21年1月15日）。それゆえ，3号事由にも該当しないと解される（もちろん，これも評価の分かれる問題である）。

〔久保大作〕

— *Column*　本当に見たいのはこれなのに —

　会社の財務状況を一番正直に示すと考えられるのは税務署に提出する法人税確定申告書だが，その控えを閲覧できるかは度々争われている。裁判例の多くは，会計帳簿の意義を「計算書類等の作成の基礎になる帳簿」，資料の意義を「会計帳簿の記録材料となった資料，その他会計帳簿を実質的に補充する資料」と理解する（例えば横浜地判平成3年4月19日判時1397号114頁［商判Ⅰ-157］［百選A30]）。これに従うと，法人税確定申告書は会計帳簿を基に作成されるものなので，会計帳簿でも資料でもない。他方，学説は会計に関する一切の書類を指す，という理解を示すものが多い（LQ274頁，江頭709頁注1）。

剰余金の配当が違法であった場合の責任

　甲株式会社はその発行する株式を東京証券取引所第二部に上場していた。事業年度末である平成28年3月31日現在の貸借対照表は次のとおりであった。

（単位：百万円）

【資産の部】		【負債の部】	
現　金	1,200	流動負債	1,800
売掛金	500	固定負債	4,500
商　品	500		
有価証券	1,000	合　計	6,300
機械・備品	1,000		
土地建物等	4,000	【純資産の部】	
		資本金	800
合　計	8,200	資本準備金	800
		その他資本剰余金	0
		利益準備金	0
		その他利益剰余金	300
		合　計	1,900

　甲社は業績不振であり，平成28年3月期の決算では当期純損失を計上し，配当も見送っていた。代表取締役Aは経営改善の努力をしていたが，その見通しは立っていなかった。そこでAは財務担当取締役であるBに対し，粉飾を行うよう指示した。Bが架空売上げの計上などをした結果，平成29年3月期の損益計算書では，本来は2億8000万円の当期純損失となるべきところ，逆に4億2000万円の当期純利益が計上された。なお甲社では適切なレベルの内部統制システムが構築・運用されていたが，今回の不正行為はこれをかいくぐる巧妙なものだった。

　平成29年6月2日，甲社の取締役会が開催され，A・Bのほか営業担当の

常務取締役 C，取締役大阪支店長 D，社外取締役 E が出席した。取締役会では上記粉飾のある計算書類の承認が議題とされ，会計監査人からは当該計算書類が適正に作成されている旨の，監査役会からは会計監査人の監査手続に不適切な点はない旨の意見が述べられた。C は，自己の知る営業活動の状況からすると利益が不自然に多く，不正があるように感じたが，変に異議を述べてかえって営業不振の責任を追及されたくないと思い，意見を述べなかった。また D・E は事前に取締役会資料を精査し，疑問点について調査するなどしたが，自己の有する知識等からは特に計算書類の数値に不自然さを感じなかったため，会計監査人や監査役会の意見を信頼し，特に意見を述べなかった。当該計算書類は取締役の全員一致により承認された。

またAは同じ取締役会において，定時株主総会に現金 8000 万円を配当財産とし，効力発生日を平成 29 年 6 月 29 日とする剰余金の配当を行うことを株主総会決議案とする旨を提案した。粉飾された貸借対照表をみる限りでは，流動負債を上回る現金を保有しており，資金流動性について不安を惹起するような情報はなかった。剰余金の配当については，財務基盤の安定に慎重を期すべきであるとして C と E が反対したが，A・B・D の賛成により可決された。

平成 29 年 6 月 28 日に甲社の定時株主総会が開催され，上記の剰余金配当決議案は代表取締役 A によって提案された。そして出席した議決権の 90％ を超える賛成により可決された。翌日，配当事務担当であった B は部下に指示して，決議に基づく配当を各株主に支払った。

なお，平成 28 年 4 月 1 日から 29 年 6 月 29 日までの間，上記の事実のほかに剰余金の額や分配可能額の算定に影響を及ぼすような事実はなかった。

平成 29 年 7 月 25 日，配当の払出しによって資金流動性に不足が生じ，資金繰りに行き詰まった甲社は，振り出していた手形が同年 7 月 15 日に続いて 2 回目の不渡りとなり，事実上倒産した。倒産の責任をとって甲社のすべての取締役が辞任した後，臨時株主総会によって新たな取締役が選任された。新経営陣は，本件配当について A～E の責任を追及したいと考えている。

問　A～E は，本件剰余金の分配に関連して，甲社に対して何らかの責任を負うか。負うとすれば，どの法条に基づくどのような責任か。それらの責任の全部または一部の免除は可能か。

解　説

1　総　　説

本問では，粉飾決算により法的効力に疑義のある剰余金の配当がなされ，これによって甲社が倒産に至っている。この場合，取締役は会社に対して何らかの責任を負うだろうか。財源規制違反の配当に関する責任の規定（462条1項）のほかに，粉飾決算を含む一連の行為について取締役の任務懈怠に伴う責任（423条1項）が問題となりうる。両者の違いは，①責任主体の違い（462条1項の責任を負う者として定められていない取締役も，任務懈怠がある限りは423条1項の責任主体となりうる），②立証すべき事項の違い，③責任の生じる範囲の違い（462条1項の責任は財源規制に反して分配された会社財産の額であるのに対し，423条1項の責任は当該額に限らず，因果関係のある損害を立証できる限りは賠償責任が生じる）にある。

2　財源規制違反の剰余金の配当に関する責任（462条1項）

まず462条1項の責任について検討しよう。

(1)　本問における剰余金の配当は財源規制（461条1項）に違反するだろうか。本件配当の効力発生日は平成29年6月29日であるため，その日現在の分配可能額がいくらだったのかが問題になる。そして問題上，他に分配可能額の算定に影響を及ぼす事情はないため，分配可能額は剰余金の額に等しくなる（同条2項を参照）。そこで剰余金の額を計算すると，まず「その他資本剰余金」の額はゼロであり，変化していない。他方「その他利益剰余金」については平成28年3月31日には3億円であったが，平成29年3月期の決算時に本来であれば当期純損失が2億8000万円生じていたから，遅くとも取締役会によって計算書類が承認された平成29年6月2日までには，その他利益剰余金の額は2000万円になっていたはずであった。したがって，本問配当が行われた当時の分配可能額は2000万円となる。

しかし，実際に配当された財産の総額は8000万円である。したがって分配可能額を超えた額の剰余金の配当がなされており，本問配当は財源規制に違反している。それゆえ，462条1項の責任発生要件を満たすことになる。

(2)　では，本問において462条1項の責任を負うのは誰か。

取締役が剰余金の配当に関して本条の責任を負うのは，取締役が「当該行為に関する職務を行った業務執行者」に該当するか，同項6号に該当する場合である（同項柱書）。以下検討してみよう。

　Aは総会開催日において分配可能額を超える額（462条1項6号イにより決議の日にも分配可能額を超えていることが必要だが，これを満たしていることは明らかである）の剰余金の分配に関する株主総会決議案を上程しているから，462条1項6号イの「総会議案提案取締役」（その定義は同項1号イ，および会社計算160条）に該当する。また，B・Dも同様に「総会議案提案取締役」に該当する（会社計算160条3号参照）。加えてBは実際に財源規制違反の剰余金の分配を行っているから，会社計算規則159条8号イに該当し，よって「当該行為に関する職務を行った業務執行者」にも該当する。これに対して，CおよびEについては，会社法462条1項，会社計算規則159条に定める者には該当しない。

　そこで，A・B・Dが「職務を行うについて注意を怠らなかったこと」を証明して義務を免れることができるかが問題となる（462条2項）。このうちA・Bは意図的に粉飾に関わっており，注意を怠らなかったとはいえない。これに対してDは粉飾に関わっておらず，また粉飾を疑うべき事情を知っていたわけでもない。さらに，取締役会資料を精査し疑問点を調査するなどしている。それゆえ取締役会での決定のために必要と考えられるだけの注意は払っていたと考えられるので，注意を怠らなかったと評価してよさそうである。よってDは義務を免れ，A・Bが，当該剰余金の配当を受け取った各株主と連帯して，会社に対して責任を負うことになる。

　そして，462条1項は交付した配当額につき会社に対して責任を負うものとしており，A・Bは配当を受けとった全ての株主と連帯責任を負うことから，責任の総額は8000万円となる。

3　任務懈怠責任（423条1項）

　次に，423条1項の責任についてである。

(1)　任務懈怠の有無　　本問において，取締役らに任務の懈怠があるだろうか。

　まずAおよびBについてであるが，株式会社は，「一般に公正妥当と認められる企業会計の慣行」に従って会計を行うことが求められている（431条）。そ

して，架空の売上げを計上して利益を粉飾することが公正妥当な会計慣行といえないことは明らかである。よって，かかる行為を行うことが法令遵守義務（355条）に反することも明らかであり，意図的に粉飾を指示ないし実行したAとBが任務を怠ったことは争う余地がないであろう。

では，C・D・Eは，本件粉飾決算について任務を怠ったといえるだろうか。三者が直接には粉飾決算に関与していないとしても，取締役の善管注意義務の一環としての監視義務ないし内部統制システム構築義務に反していれば，任務懈怠による責任を問われる可能性がある。

もっとも本問では，甲社では内部統制システムが適切に構築されており，また当該システムが機能している点について会計監査人の監査を経ている。しかも，本問での不正は通常想定できるレベルのものではなかった。そうだとすると，内部統制システムの構築について義務違反はないと考えられる（最判平成21年7月9日判時2055号147頁［商判Ⅰ-129］［百選52]）。

また，取締役会において取締役や会計監査人，監査役から，計算書類について特に不正を疑うべき事情についての発言はなされていないことからすれば，DやEについては，これらの制度が適切に運営されていることを信頼することができると考えられよう。DやEには監視義務違反もないといえる。

これに対してCは，不正を疑うべき具体的な事情を知っており，本来であれば取締役会においてその旨を発言し，より詳しい調査を促すべきであったといえる。しかし，自己の成績不振を追及されたくないという私的な理由によって発言を控えているのであり，監視義務に違反しているといえよう。よって，Cは取締役としての任務を懈怠している。

以上により，A・B・Cの3人が任務を懈怠しているといえる。そしてこれら3人について，当該任務懈怠が責めに帰することができない事由によるものであることを示す事情はない（帰責事由については，〔Stage 1-13〕も参照）。よって，423条1項により，損害を賠償すべき責任を負う（なお，430条により連帯責任になる）。

(2)　**因果関係のある損害**　　では，賠償すべき額はいくらか。A・B・Cの任務懈怠行為がなければ本件配当はなされなかったであろうから，任務懈怠と本件配当との間に因果関係は存在すると考えられる。そのため，本件配当による損害は任務懈怠と因果関係ある損害であるといえる。もっとも，本件配当によ

る損害は配当財産額全額である 8000 万円だという考え方と，分配可能額に相当する 2000 万円については分配可能である以上は損害とはいえず，損害額は 6000 万円にとどまるという考え方とがありうる。462 条 1 項では行った配当全額が賠償の対象であることからしても，行われた配当全額が損害と考えるのが妥当というのが筆者の考えである。

さらに，支払った配当以外にも，任務懈怠から生じた損害があるなら，423 条 1 項に基づく責任が生じる。もっとも，本問の事実からは違反に支払われた配当以外に損害の発生をうかがわせるような事実はないから，本問では 462 条 1 項による責任の額と変わらない（ないしそれより少ない）ということになる。

4 責任の免除，および事前の責任限定契約

423 条 1 項に基づく責任と 462 条 1 項に基づく責任のそれぞれについて，どの範囲で責任を免除できるだろうか。

(1) **423 条 1 項による損害賠償責任の免除**　　423 条 1 項により生じた損害賠償責任を免除するには，一部免除であれ全部免除であれ，総株主の同意を必要とするのが原則である（424 条）。会社に損害を与えることは，最終的に企業価値の低下ひいては株価の下落という形で各株主の利害につながるため，利害関係者たる株主全員の同意が必要であると考えているのである。

もっとも，免除額が一定の範囲にとどまる一部免除は，株主総会の決議によって免除の決定をすることも可能であるし（425 条 1 項），定款の定めがあれば取締役の過半数の同意（取締役会設置会社では取締役会決議）によることもできる（426 条 1 項）。これらは，過大な額の責任を課されることによって取締役が過度に萎縮しないよう，一定の範囲で免除を容易にするための制度である。もっとも，いずれの場合も任務懈怠が軽過失にすぎないことが要件であるが，AおよびBは意図的に粉飾を行っており，悪意といわざるをえない。Cについても，不正の可能性に気づいていながら黙していたのは重大な過失に相当するのではないか，というのが筆者の考えである。

なお問題では触れていないが，Eのように業務執行取締役等（定義は 2 条 15 号イ）に該当しない取締役（＝業務執行に直接には関与しない取締役）などは，423 条 1 項の責任について，事前に責任限定契約を締結することができる（427 条 1 項）。過大な損害賠償に対する不安を取り除くことで，社外取締役など，もっ

ぱら監視監督を行う人材を確保できるようにするためである。

(2)　**462 条 1 項による支払責任の免除**　　業務執行者らが負う 462 条 1 項の責任は，原則として免除できない。ただし総株主の同意があれば，分配行為時点の分配可能額を限度として責任を免除できる（以上につき，462 条 3 項）。この免除規定を 423 条 1 項による責任の免除と比較した場合，次の 2 点が重要である。

第 1 に，分配可能額を超える部分についての責任は，総株主の同意があっても免除できない。その部分は会社債権者の利益のために会社財産として留保されるべきだったのであり，株主の利益というよりもむしろ会社債権者の利益のために責任が生じているからである。

第 2 に，462 条 1 項の責任については，425 条 1 項や 426 条 1 項のような一部免除についての手続の特例は存在しない（425 条・426 条は，ともに 423 条 1 項による責任だけが対象であることを明示している）。したがって，免除額がどれほど少額でも総株主の同意が必要である。

〔久保大作〕

有利発行・不公正発行

問1 甲株式会社は上場会社（公開会社，監査役会設置会社。普通株式のみを発行しており，保有する自己株式はない）であり，現在の発行済株式総数は1000万株（総議決権数1000万，発行可能株式総数は2500万株）である。甲社には総議決権数の51％を保有する大株主Ａがいる。Ａは，甲社の創業者であったが，現在は甲社の役員などのポストからすべて引退している。甲社は，平成27年から29年までの2年間，上場以来最も業績が悪く，無配に転落していた。Ａは甲社の現経営陣である代表取締役Ｂらの経営方針に疑問を抱き，平成28年の定時株主総会の後に，Ｂらに「来年度に無配から脱出できなければ次はないぞ」と伝えていた。他方，Ｂら現経営陣は，Ａは創業者としての功績はあるものの甲社を取り巻く環境が激変していることを理解しておらず，かつての栄光にすがっているとして，Ａを疎んじていた。

　平成29年1月，ＡはＢらと甲社の今後について話し合いを行った。休憩時，トイレに入ったＢと代表取締役副社長Ｃが「Ａのじいさんもいい加減にしてほしいよな。これこそ老害ってもんだぜ」「ポックリいかないですかねえ。まあ，バカ息子が相続しても困りますが」などと会話を交わしていたところ，個室に入っていたＡはこれを耳にした。激高したＡは，再開した話し合いの場で，Ｂらに対し，同年の甲社定時株主総会（基準日同年3月31日）においてＢらの再選に反対すると怒鳴りつけ，帰ってしまった。そこで，Ｂらは対策を考えるようになった。

(1) Ｂらは，従来からの取引先である乙社を中心とする3社（乙社・丙社・丁社）に大規模な新株発行を行い，Ａの影響力を減殺しようとした。Ｂらはこれら3社の経営者と懇意にしており，乙社とは従来から相互に議決権の1％の株式を保有していた。甲社は，平成29年2月1日に，以下の新株発行を行う旨の取締役会決議を行った。なお，乙社・丙社・丁社の3社間には資本関係は全くないものとする。

・800万株を発行する。

- 発行価格は1株100円とする。
- 乙社・丙社・丁社の3社に，それぞれ400万株，200万株，200万株を割り当てる。
- 調達した資金は当座は預金や国債などの低リスクな運用を行い，有効活用を図るべく新たなプロジェクトを探索する。
- 払込期日は平成29年2月15日，効力発生日は翌16日とする。

　甲社の株価は，発行決議の6か月前から発行決議時までの間，140～150円前後で推移していたが，本件新株発行決議の公表によって，120円程度に下落した。この新株発行によって，甲社の発行済株式総数は1800万株となり，乙社は従来からの持株とあわせて410万株（22.8％）を有し，丙社・丁社（それぞれ200万株，11.1％）とあわせると810万株（45.0％）を保有することとなる。一方，Aの持株数は510万株のままであり，持株比率は51.0％から28.3％に低下する。A（やその他の甲社の株主）は有価証券届出書によってこれを知った。Aは効力発生日までにどのような手段をとれるか。

(2)　(1)において，甲社が乙社のみに1000万株発行した場合（発行後の乙社の持株数は1010万株）はどうか。

問2　甲社が非公開会社（監査役設置会社）であるとして，**問1(1)**と同様の新株発行を行った場合を考える。なお，ここでは甲社は上場会社ではないので，株式の市場価格は存在しない。継続企業としての甲社の企業価値をもとに発行前の甲社の1株あたりの価値を計測すると，おおむね150円だったとする。甲社はこの新株発行を行うという取締役会決議は経たが，株主総会決議は経ておらず，非公開会社なので公示も行っていない。

　効力発生日までにこの新株発行のことを知ったAはどのような手段をとれるか。また，効力発生日を過ぎた平成29年10月1日にこの新株発行を知った場合はどうか。

1　有利発行について（問 1(1)）

　公開会社では原則として新株発行の権限は取締役会にある。すなわち，募集事項の決定は株主総会ではなく取締役会の決議によって行う（201 条 1 項・199 条 2 項）。しかし，「特に有利な」価格による発行の場合は，公開会社でも株主総会の特別決議によって募集事項を定めなければならない（201 条 1 項が **199 条 3 項〔有利発行〕**の場合を除外している）。

　ここにいう有利発行に該当するかどうかは，市場価格のある株式の場合は，市場価格をもとに判断されてきた。すなわち，市場価格を基準に，一時的に供給が増えることによる株価の下落をふまえたディスカウントが認められる（最判昭和 50 年 4 月 8 日民集 29 巻 4 号 350 頁［商判 I-52]。なお，市場価格のない株式の有利発行については，最判平成 27 年 2 月 19 日民集 69 巻 1 号 51 頁［商判 I-58］［百選 23］参照）。通常は 10％ 程度までしかディスカウントは認められない（日本証券業協会の自主規制である「第三者割当増資の取扱いに関する指針」〔平成 22 年 4 月 1 日〕は，原則として発行決議の直前の日の株価に 0.9 を乗じた価格以上としつつ，「直近日又は直前日までの価額又は売買高の状況等を勘案し」，最長で決議の日の 6 か月前からの平均株価に 0.9 を乗じた価格を用いることもできるとする）。もっとも，理論的には，単純に発行前の株価を基準にするのではなく，新株発行によって調達する資金を用いたプロジェクトの価値や，発行前の時点の発行会社の企業価値（および負債の価値）を知る必要がある。

　新株発行に先立って市場価格が高騰していた場合は，基準にするべき市場価格から高騰した価格を排除してよいかが問題になることがある。高値買戻しなどのために買集めが行われて，株価が高騰している場合には，排除することが認められる（他方，提携などの場合は別の考慮が必要である。LQ317～319 頁参照。排除が認められない場合として，東京地決平成 16 年 6 月 1 日判時 1873 号 159 頁［商判 I-56］［百選 22]）。

　以上を前提に本件を考える。本件では，市場価格より明らかに低い価格（140～150 円のところ 100 円）であり，これはディスカウントを認められる幅を明らかに超えている。そして，そもそも特に市場価格が高騰しているといった事情も見当たらない。そのため，有利発行に該当する。それにもかかわらず，

特別決議を経ていないのは，法令違反に当たる（210条1号）。また，差止めを認めないと甲社の株式の価値は大幅に希釈化されるので，株主は不利益を受けるおそれ（同条柱書）もある。したがって，甲社株主Aは差止めを求めることができる。

2　不公正発行と主要目的ルール（問1(1)）

　問1の新株発行は，**総会決議のない有利発行**という具体的な法令違反（210条1号）だけではなく，「**著しく不公正な方法**」による新株発行（**同条2号**）にも該当する。

　(1)　**不公正発行の意義**　　不公正発行とは，不当な目的の達成のために新株発行を行うこととされている。裁判例では，株主間，株主と経営者の間で支配権争いがある状況で，既存株主の持株比率に重大な影響を及ぼす数の第三者割当てが行われる場合に，特定の株主の持株比率を低下させ，現経営者の支配権維持を主要な目的とするときは不公正発行となる，とされてきた（代表的な裁判例として，東京地決平成元年7月25日判時1317号28頁，東京高決平成16年8月4日金判1201号4頁［商判I-54］［百選98］）。

　ここに該当するかどうかは，①支配権争いが存在するかどうか，②支配権争いの帰趨を決める効果を有するか，③支配権維持の効果があるとして，支配権維持が主要な目的といえるか，によって判断する。②は，当該新株発行によって，支配権争いの帰趨が決せられるか，すなわち新株発行の影響を持株比率の変化，割当先などから判断する。③は，新株発行と支配権争いの先後関係などの経緯から，単に支配権維持の効果があるだけでなくそれを目的としているか（例えば，新株発行が支配権争いの勃発後に企図されていれば，支配権維持目的があるという判断に傾く），および資金調達などの他の正当な目的の存否から「主要な」目的といえるかどうかを判断する。

　問1(1)をみてみよう。①甲社ではBら経営者と支配株主Aとの間に，経営方針をめぐる対立があり，次期定時株主総会でBらは再任されない可能性が高まっているので，支配権争いがある。②次に，この新株発行で，Bらを支持するであろう乙社ら3社が総議決権1800万個のうち810万個を保有することになる。これは過半数には達していないものの過半数に近い上に，従来の過半数株主であったAの議決権割合を大幅に上回る。そのため，この支配権争いの

帰趨を決する効果を有している。③そして，この新株発行はAがBらの不再任を伝えた後にその対策として計画されたことから，支配権維持目的があるといえ，資金使途をみても他に新株発行を行う目的があるとはいえない。したがって，支配権維持が主要な目的であり，不公正発行である。

(2) **主要目的ルールの現実の運用**　もっとも，現実にはこの設問のように単純に自らの再選を確保する，特定の株主の持株比率のみを下げるためだけの新株発行がなされることは珍しい。通常，仮に持株比率を下げる目的しかなくても，差止仮処分を請求された場合に備えて，何らかの資金調達の目的を準備する。また，割当先と提携して何らかの事業を行うなど，合理性のありそうな使途が同時に存在することもある。

このような場合は，上記③が問題になる。裁判例では，一定の合理性のある事業のために資金を調達する，提携を行うという目的が認められれば，不当な目的が主な目的ではないと判断してきた。

具体的に資金調達目的があるといえるかどうかについては，特に次の2点が問題とされてきた（後述のとおり，両者は別個独立のものではない）。第1に，会社（経営者）側が主張する使途が架空・仮装のものかどうかである。これは，使途の具体性の有無，使途に当たるプロジェクトなどが支配権争いが生じる前から検討されていたかどうかといった事実から判断する。第2に，使途に一定の合理性があるかどうかである。これは，どの程度厳しく審査するのか，そもそも実質的に審査されているのか必ずしも明確ではない。もっとも，全く合理性のない資金使途であれば，支配権維持目的を隠すための仮装の目的といえるため，第1の点の一部として考慮されているとはいえる。

3　会社法206条の2 (問1(2))

問1(2)についてみてみよう。(1)との違いは，割当先（引受人）が乙社のみであることおよび発行数（議決権数）である。平成26年会社法改正で新設された206条の2では，公開会社において，特定の割当先（その子会社等の保有する議決権数も含まれる）が新株発行後に総議決権の過半数を有することになる新株発行について，割当自由の特則を定めている。まず，

ある引受人（その子会社等を含む）がすでに保有する議決権＋新株発行によって獲得する議決権（206条の2第1項1号）
新株発行後の総議決権数（同項2号）

260

が2分の1を超える場合（そのような引受人を**特定引受人**という。206条の2第1項柱書），新株発行の払込期日（または払込期間の初日）の2週間前までに，株主に対して特定引受人の氏名・名称，その子会社等を含む当該引受人の新株発行後の議決権数などの情報を通知または公告しなければならない（同条1項，会社則42条の2。公告につき会社法206条の2第2項。なお，金商法上の開示がなされている会社は通知・公告は不要である〔同条3項，会社則42条の3〕が，以下の規制は適用される）。

　そして，この公告などを行った日（206条の2第3項による場合は，有価証券届出書の届出・提出日。会社則42条の4）より2週間以内に，総株主の議決権（新株発行前）の10分の1以上から反対の通知があった場合は，原則として，その特定引受人への割当てには株主総会決議が必要になる（206条の2第4項）。決議要件は，役員選任と同じ，総議決権の過半数の定足数（定款で3分の1まで引下げ可能）と出席株主の過半数の可決要件が定められている（同条5項）。

　ただし，特定引受人が新株発行を行う会社の親会社等である場合，または株主割当てを行う場合は本条は適用されない（206条の2第1項ただし書）。また，これらに当てはまらなくても，事業の継続のために緊急の必要性がある場合には反対通知にかかわらず株主総会決議は不要である（同条4項ただし書）。

　問1(2)では，$\dfrac{\text{新株発行後の乙社の議決権数}}{\text{新株発行後の総議決権数}}=\dfrac{10\,万+1000\,万}{1000\,万+1000\,万}>\dfrac{1}{2}$ であり，206条の2第1項が適用される。Aは新株発行に反対すると考えられるため，総会決議が必要となるが，Aの議決権数を考えると可決されず，新株発行はできないことになる。206条の2の手続を無視して新株発行を行おうとする場合，法令違反に当たるとしてAは差止め（仮処分）を求めることができる（210条1号）。**問1(1)**と異なり，ここでは不公正発行であることをAが証明（疎明）しなくてよいことに注意してほしい。また，甲社が公告・通知をしない場合は新株発行無効事由となると考えられている。ただし，Aが反対通知をしたにもかかわらず株主総会決議を経なかったときは，差止めを求める機会があったともいえるため，無効事由にはならないと考えられる。

　なお，ある引受人が特定引受人に該当するかどうかの判断に際しては，その引受人の子会社等が保有することとなる議決権数は考慮する（206条の2第1項1号かっこ書）ものの，同時に共同して引き受ける者の議決権を合算するわけではないというのが基本的な考え方である（公開買付規制における3分の1ルールと対照的である。金商27条の2第1項7号参照）。もっとも，本規制の潜脱と評価で

きるような場合は，複数の引受人を一体とみる余地があるとも議論されている。

4　非公開会社の新株発行（問2）

　非公開会社でも，このような新株発行は不公正発行，総会決議のない有利発行に当たるとして差止めを求めることも考えられる。もっとも，公開会社と異なり，有利発行かどうかに関係なく募集事項の決定に株主総会決議が必要である（199条2項）。

　そのため，総会決議を経ていないこと自体を法令違反と捉えて対処する方が（株主にとっては）簡便である。換言すると，会社法は，不公正発行や有利発行に該当することの主張立証（仮処分では疎明）までしなくても，支配株主が自らの意向を無視して行った新株発行を差し止めることを可能としている。

　もし，効力発生日までに気づかなかったらどのような手法が考えられるか。効力発生日を迎えると，差止めの利益は失われる。そこで，新株発行無効の訴え（828条1項2号）を提起することを検討しなければならない。

　公開会社については，**問1**のような上場会社のみならず，仮に閉鎖的な会社であっても不公正発行自体は無効事由とはならないとするのが判例の一貫した態度である（最判平成6年7月14日判時1512号178頁［商判 I -60］［百選102］，東京高判平成19年3月29日金判1266号16頁）。

　他方で，非公開会社については持株比率の維持が重要であること，および有利発行に該当するかどうか容易に判断する手がかり（市場価格）がないことから，会社法は募集事項の決定を総会の特別決議によるものとしている（199条2項・309条2項5号）。そのため，公開会社と同じように考えるのは妥当ではない。したがって，非公開会社においては，株主総会決議が必要であるにもかかわらず，それを欠く新株発行は，重大な法令違反があるため無効になる（最判平成24年4月24日民集66巻6号2908頁［商判I-63］［百選29］）。

　以上から，甲社の株主Aは新株発行無効の訴えを提起することができ（828条1項2号・同条2項2号），この新株発行は無効となる。なお，新株発行無効の訴えの提訴期間は非公開会社の場合は6か月ではなく1年である（同条1項2号かっこ書）ため，**問2**でも提訴期間を徒過していないことに注意が必要である。

5 補足：証券取引所の自主規制

上場会社の資金調達については，会社法，金融商品取引法といった法律による規制に加えて，証券取引所の自主規制も存在する。**問1**のような第三者割当てには，次の2つが関係する（いずれも東証のものである）。

まず，①新株発行を行う場合には，適時開示により，払込金額の算定根拠とその内容を開示することが求められる（東証有価証券上場規程〔以下，上場規程〕402条1号a，上場規程施行規則402条の2第2項2号a）。また，②東証が求めた場合は（有利発行に当たりそうな払込金額にもかかわらず，株主総会決議を経ていない場合と考えられる），払込金額が割当てを受ける者にとって著しく有利ではないと判断したことの適法性について，監査役，監査等委員会または監査委員会の意見（有利発行適法性意見）が求められる（同施行規則402条の2第2項2号b）。

さらに，大規模な第三者割当ての規制も置かれている。③（第三者割当てにかかる株式の議決権数／発行決議前の総議決権数）×100（同施行規則435条の2。以下，この比率を希薄化率という）が300%を超える第三者割当てを行うことは原則として上場廃止の対象となる（上場規程601条1項17号，上場規程施行規則601条14項6号）。そして，④希薄化率が25%以上となる場合は「経営者から一定程度独立した者」（例えば，独立性のある社外役員）から必要性・相当性についての意見をとるか，総会を通じた株主意思の確認が求められる（上場規程432条）。

問1(1)の場合，②の有利発行適法性意見が求められる（ただし，この事例では有利発行に該当することは比較的明確なので，有利発行に該当しないことが適法であると監査役が判断した場合は善管注意義務違反になりうる）。また，希薄化率は（800万/1000万）×100＝80%なので，④の適用の対象となる。

〔松中　学〕

Column 条文は最後まで読もう

ある条文の1項には気づいても，2項以下に気づかない学生は意外と多い。また，新株発行のように続く条も読まないと全体が分からないものもある（〔stage 1-22〕参照）。条文を確認するのは教科書などを読むついで，という感覚なのかもしれない。どうせある条文を確認するなら，ケチケチせずに最後までじっくり読もう。そして，前後も眺めておこう。最初は時間はかかる。しかし，その時間を節約しても，後で高くつくだけである。

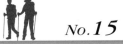

　ともに取締役会設置会社であるＰ社とＱ社は，Ｐ社を存続会社，Ｑ社を消滅会社とする吸収合併を企図している。この吸収合併に必要な手続を考えよう。

問1　上記の吸収合併につき必要な手続のあらましについて，「株主総会の開催および承認」「吸収合併契約の締結」「登記」「効力発生日」「事前開示の開始」「Ｐ社による事前開示および事後開示の終了」「Ｐ社による事後開示の開始」を，時系列に並べ替えて示しなさい。

問2　Ｐ社およびＱ社が，それぞれ，その株主・新株予約権者に対して行うべき（であれば）事前の情報開示の時期・内容・方法について，条文を示して説明しなさい。

問3　Ｐ社およびＱ社が，それぞれ，その債権者に対して行うべき（であれば）事前の情報開示の時期・内容・方法について，条文を示して説明しなさい。

問4　Ｐ社およびＱ社が，書面投票・電子投票を行う会社である場合に，Ｐ社およびＱ社が，合併承認総会前にそれぞれの株主に対して行うべき情報開示の内容を説明しなさい。

問5　Ｐ社の株主総会において，株主からの質問がなくとも取締役が一定の事情について説明をしなければならない場合があるか。それはいかなる場合か。条文を示して，説明しなさい。

問6　Ｐ社およびＱ社における株主総会の承認決議について，以下の問いに答えなさい。

(1)　承認の決議要件を説明しなさい（ただし，以下の(2)に該当する場合を除く）。

(2)　Ｑ社が公開会社である場合に，Ｑ社株主に交付される合併対価等の一部でも譲渡制限株式等である場合に必要な手続を，条文を示して説明しなさい。

(3)　Ｐ社またはＱ社が種類株式発行会社である場合に必要な手続を，条文を示して説明しなさい。

(4)　Q社が種類株式発行会社であり，Q社の譲渡制限のない種類株主が，合併対価として，P社の譲渡制限株式を割り当てられる場合に必要な手続を，条文を示して説明しなさい。

問7　P社がQ社の総株主の議決権の95％を有する場合について，以下の問いに答えなさい。

(1)　それぞれの会社における株主総会の承認の必要性について，条文を示して説明しなさい（ただし，以下の(2)に該当する場合を除く）。

(2)　Q社が種類株式発行会社でなく，定款に株式譲渡制限の定めはないが，合併対価に譲渡制限株式等が含まれる場合の，それぞれの会社における株主総会の承認の必要性について，条文を示して説明しなさい。

問8　P社の純資産額が100億円であり，合併対価の額が15億円である場合について，以下の問いに答えなさい。

(1)　それぞれの会社における株主総会の承認の必要性について，条文を示して説明しなさい（ただし，以下の(2)～(4)に該当する場合を除く）。

(2)　P社がQ社の資産・負債を簿価のまま引き継ぐ場合（持分プーリング法による場合）で帳簿価額上は債務超過となる場合における，それぞれの会社での株主総会の承認の必要性について，条文を示して説明しなさい。

(3)　P社が非公開会社であり，かつ合併対価としてP社の発行する譲渡制限株式を交付する場合における，それぞれの会社での株主総会の承認の必要性について，条文を示して説明しなさい。

(4)　株主に対する吸収合併の通知・公告の日から2週間以内に，議決権の20％の株式を有する株主が（P社の特別決議の定足数は定款の定めにより軽減されておらず，また，特別決議の多数決要件も加重されていない），合併に反対する旨をP社に通知したときに，P社はいつまでにどのような手続をとる必要があるか，条文を示して説明しなさい。

問9　吸収合併の効力が生じる前に合併を差し止めることができるのは，どのような場合か。通常の手続による合併，略式合併，簡易合併それぞれにつき，条文を示して説明しなさい。

1　吸収合併の手続の流れ（問1）

　まず，両当事会社P社とQ社の業務執行権限を有する取締役が，直接あるいは第三者を介して，合併の可能性や条件について協議を行い，合意に達すれば，両当事会社の代表取締役が**吸収合併契約**を締結する（748条・749条）。合併契約の締結には，**取締役会の決定が必要である**（362条4項。「重要な業務執行」に該当する）。通常は，まずは合併契約を締結してから株主総会で承認決議をする例が多い。吸収合併契約の内容およびその他法務省令で定めるもの（782条1項1号，会社則182条〜184条）は，以下に述べる**備置開始日**から，効力発生日後6か月を経過する日まで，両当事会社の本店に備え置き（★782条1項・☆794条1項〔☆＝存続会社に関する条文，★＝消滅会社に関する条文，以下同じ〕。もっとも，消滅会社〔Q社〕は効力発生日以後消滅するため，消滅会社の備置期間は効力発生日までである〔782条1項柱書第四かっこ書〕），株主および債権者の閲覧等に供しなければならない（★782条3項・☆794条3項）。上述の備置開始日は，消滅会社（Q社）においては，①株主総会の2週間前の日，②株主に対する通知・公告（ただし，効力発生日の20日前まで。★785条3項4項，存続会社については☆797条3項4項），③新株予約権者に対する通知・公告（ただし，効力発生日の20日前まで。★787条3項4項），④債権者に対する催告・公告（最低1か月間，★789条2項ただし書・☆799条2項ただし書），のいずれか早い日（★782条2項），存続会社（P社）においては，上記①②④のいずれか早い日（☆794条2項）である。なお，合併の効力発生日は，吸収合併契約の内容として定められるが（749条1項6号），上記④に伴う**債権者異議手続が終了していなければ，合併の効力は生じない**（750条6項）。よって，少なくとも，備置開始日は，株主総会の開催・承認より以前であることがわかる。

　効力発生日に，消滅会社（Q社）の権利義務を存続会社が引き継ぎ（750条1項），消滅会社の株主に存続会社（P社）株式その他の対価を合併対価として割り当てることとなる（750条3項）。

　効力が生じた日から2週間以内に，その本店所在地において，消滅会社（Q社）については**解散の登記**をし，存続会社（P社）については**変更の登記**をする（921条）。存続会社（P社）は，効力発生日後遅滞なく，吸収合併に関して必要

な事項を記載した書類または記録した電磁的記録を作成し（801条1項），効力発生日から6か月間，その本店に備え置かなければならない（801条3項1号）。存続会社の株主および債権者は，営業時間内であればいつでも閲覧等の請求をすることができる（801条4項）。このほか，存続会社（P社）が公開会社である場合には，吸収合併があった年度に関する**事業報告への記載**（会社則120条1項5号ハ。重要なものに限る）も必要である。事後の情報開示を通じて，合併手続の適切な履行を間接的に担保するほか，株主や債権者が合併無効の訴えを提起すべきか否かを判断する資料を提供することをその目的とする（LQ429頁）。なお，消滅会社は消滅しているため，このような事後の情報開示は不要である。

　以上から，**問1**の解答は，①「吸収合併契約の締結」→②「事前開示の開始」→③「株主総会の開催および承認」→④「効力発生日」→⑤「P社による事後開示の開始」→⑥「登記」→⑦「P社による事前開示および事後開示の終了」となる。

2　株主・新株予約権者に対する事前の情報開示（問2）

　両当事会社の株主，消滅会社の新株予約権者に対しては，それぞれ次のような手続を行わなければならない。まず，株主に対しては，合併に反対する株主に**株式買取請求権**（★785条・☆797条）を行使する機会を与えるため，両当事会社は，効力発生日の20日前までに，吸収合併する旨と存続会社の商号・住所を通知しなければならない（★785条3項・☆797条3項）。両当事会社が公開会社である場合，および合併が総会の承認を受けた場合は，公告をすれば足りる（★785条4項・☆797条4項）。（→株式買取請求権については〔Stage 2-17〕参照）。

　消滅会社の新株予約権は，消滅会社とともに消滅してしまう（750条4項）。そのため，合併契約に，消滅会社の新株予約権者に交付する対価とその割当てが定められることがあるが（749条1項4号5号），その内容が新株予約権者に不利になる場合もありうるため，新株予約権者には**新株予約権買取請求権**が認められている（787条）。その行使の機会を確保するため，消滅会社は，効力発生日の20日前までに，吸収合併する旨と存続会社の商号および住所を通知・公告をしなければならない（787条3項4項。存続会社は不要）。他方で，**存続会社の新株予約権者**については，特別の配慮はなされていない。

3 債権者異議手続 (問3)

吸収合併により両当事会社の債権者は不利益を受ける可能性がある。そのような債権者に異議を述べる機会を与えるため，両当事会社は，必要な事項を**官報に公告**し，かつ，**知れている債権者には各別に催告**をしなければならない（★789条1項1号2項3項・☆799条1項1号2項3項）。また，異議を述べることができる期間は1か月を下ってはならない（★789条2項ただし書・☆799条2項ただし書）。所定の期間内に異議を述べなかった債権者は，合併を承認したものとみなされる（★789条4項・☆799条4項）。他方，異議を述べた債権者に対しては，会社は弁済もしくは相当の担保を提供し，または弁済目的で信託会社等に相当の財産を信託しなければならない。ただし，合併が債権者を害しないときは，この限りでない（★789条5項・☆799条5項）。これらの手続は，効力発生日までにとらなければならない（→債権者異議手続の詳細は〔Stage 2-17〕）。

4 株主総会参考書類における情報開示 (問4)

吸収合併契約の内容のほか，事前の情報開示書類として，「法務省令で定める事項」（★782条1項・☆794条1項）は，消滅会社については会社法施行規則182条1項各号に，存続会社については同施行規則191条1項各号にそれぞれ定められている。上記2で述べた通知・公告（★785条3項4項・☆797条3項4項）のほか，書面投票・電子投票を行う会社は，**株主総会参考書類**における情報開示をしなければならない（301条・302条，会社則86条各号）。

5 取締役の説明義務 (問5)

取締役は，株主からの質問がなくとも，以下の場合には，積極的に説明する義務を負う。すなわち，存続会社の株主総会で，①存続会社に「**合併差損**」が生じる場合―(a)承継債務額が承継資産額を超える場合（☆795条2項1号），(b)消滅会社の株主に交付する金銭等の簿価が消滅会社から承継する純資産額を超える場合（☆同項2号）にはその旨，②消滅会社から承継する資産に**存続会社株式が含まれる場合**（155条11号12号参照）はその株式に関する事項（☆795条3項），である。①(a)の場合は，DCF法等により当該承継資産の**継続企業価値**を評価すれば，承継負債額を上回ることもあるため，そのような説明をすることになろう。他方，継続企業価値をもってしても，当該承継資産額が承継負債額

を下回る場合には，実質債務超過の会社を吸収合併する必要性について説明すべきことになろう（LQ406頁）。①(b)の場合は，存続会社の株式の価値が減少することになり，存続会社の株主に不利益を生じうるため，株主総会での説明が必要である（森本滋編『会社法コンメンタール(18)』〔商事法務，2010〕223頁〔柴田和史〕）。②の場合に株主総会で取締役が説明しなければならないのは，自己株式取得規制を補充するためである。すなわち，**消滅会社以外の株主に160条3項所定の権利は認められておらず，当該自己株式取得には，剰余金の分配可能額を上限とする財源規制もないことを理由とする。**

6　両当事会社における株主総会決議（問6）

(1)　株主総会の承認決議は，原則，両当事会社（P社・Q社）での**特別決議**を受けなければならない（309条2項12号）。

(2)　ただし，消滅会社が公開会社である場合に，その株主に交付される合併対価の一部でも**譲渡制限株式等**（会社則186条参照）であるときには，議決権を行使できる株主の半数以上（定款で加重可）であって，議決権の3分の2（定款で加重可）以上の賛成が必要である（309条3項2号3号。〔**特殊の決議**〕）。

(3)　当事会社が**種類株式発行会社**である場合には，通常の株主総会の承認に加えて種類株主総会の承認をも受ける必要がある（322条1項7号）。この種類株主総会では，議決権を行使できる株主の議決権の過半数（3分の1以上と定款で定めた場合には，その割合以上）の定足数で，出席した当該株主の議決権数の3分の2（定款で加重可）以上の賛成が必要である（324条2項4号）。

(4)　(3)とは別に，消滅会社が種類株式発行会社である場合において，譲渡制限のない種類株式の株主が，合併対価として**譲渡制限株式等**を割り当てられる場合は，その種類株主総会で，議決権を行使できる株主の半数以上（定款で加重可）で，議決権数の3分の2（定款で加重可）以上の賛成が必要である（★783条3項・324条3項2号）。種類株主総会決議に加えて，必要な株主総会決議は，特別決議でよい（309条3項柱書第一かっこ書）。なお，**問6**では問うていないが，株主が「持分等」（会社則185条）の交付を受けるときは，**総株主の同意が必要である**（783条2項）。

7 略式合併（問7）

⑴　存続会社が消滅会社の総株主の議決権の 90%（定款で加重可）以上を有する場合（この場合，当該存続会社は「**特別支配会社**」〔468 条 1 項参照〕である），消滅会社の株主総会で合併契約の承認を付議する必要はない（★784 条 1 項〔**略式合併**〕）。消滅会社の株主総会で合併契約の承認が否決されることはありえないからである。逆に，消滅会社が存続会社の総株主の議決権の 90%（定款で加重可）以上を有する場合は，存続会社の株主総会で合併契約の承認を付議する必要はない（☆796 条 1 項）。小問⑴の場合，P 社は特別支配会社に該当し，Q 社での株主総会での承認は不要である一方，P 社では株主総会の特別決議が必要である。

⑵　次の場合には，略式合併は認められない。①消滅会社が種類株式発行会社でなく，公開会社である場合に，合併対価に**譲渡制限株式等**が含まれる場合（784 条 1 項ただし書），②存続会社が非公開会社であり，合併対価に存続会社の**譲渡制限株式**が含まれる場合（796 条 1 項ただし書）である。①の場合は，消滅会社での承認は，**特殊の決議**によらなければならない（309 条 3 項 2 号）。②は，非公開会社で株式の発行等を行う場合は，新たな株主の加入を慎重にするという配慮および持株比率の維持に対する配慮から，株主総会**特別決議**が必要であるところ（199 条 2 項・309 条 2 項 5 号），吸収合併により，非公開会社である存続会社には，新たな株主が加入し，かつ，存続会社の株主の持株比率の変動が生じるため，吸収合併においても株主総会の特別決議を省略することができないとするものである（森本編・前掲 233 頁〔柴田〕）。小問⑵の場合，上記①に該当するため，消滅会社 Q 社の株主総会での承認は，**特殊の決議**によらなければならない。

8 簡易合併（問8）

⑴　消滅会社株主に交付する合併対価が，存続会社の純資産額の 20% 以下（定款で引下げ可）の場合，存続会社の株主総会の承認は不要である（796 条 2 項〔**簡易合併**〕）。こうした合併は存続会社の株主の利害に及ぼす影響は少ないと判断されうるためである。小問⑴では，合併対価 15 億円は P 社の純資産額の 20% 以下であるため，P 社での株主総会の承認は不要である（Q 社の株主総会の承認が必要なのはいうまでもない）。

(2)・(3)　ただし，①合併差損が出る場合，②存続会社が非公開会社であり，かつ合併対価として存続会社の発行する譲渡制限株式を交付する場合は，**存続会社の株主総会決議を省略できない**（796条2項ただし書・同条1項ただし書）。①の場合は，株主に判断させる必要が大きいと考えられるためである。②の場合は，非公開会社の株式発行は株主総会の特別決議を要するという原則（199条2項・309条2項5号）に則り，総会決議を省略できない。小問(2)は上記①，(3)は②にそれぞれ該当するため，P社での株主総会の承認は省略できない。

(4)　合併の通知・公告の日から2週間以内に，反対の意思を会社に通知した株主が総議決権の一定割合（会社則197条）に達する場合，つまり，**特別決議の成立を阻止する可能性があるほどの反対がある場合**（定款で特別決議の定足数を軽減していない場合は，総議決権の6分の1超，定款で特別決議の定足数を軽減している場合は，定款で定める数を超える株式を持つ株主の反対がある場合）には，効力発生日の前日までに，株主総会を開催しなければならない（796条3項）。

9　合併の差止め（問9）

次に掲げる場合のいずれかに該当し，これにより株主が不利益を受けるおそれがあるときは，**合併の差止めを請求することができる**（★784条の2・☆796条の2）。①当該吸収合併が法令または定款に違反するとき，②略式合併において，合併の対価が著しく不当であるとき。

このうち②が差止事由とされるのは，略式合併においては株主総会が開催されないために，対価の内容に不満がある場合でも株主総会で承認を阻止することができないからである。これに対して通常の手続による合併の場合，対価に不満があれば株主総会で合併契約の承認を否決すればよい。そのため，対価が不当であることは差止事由に該当しない。ただし，**特別利害関係人が関与する**ことで合併契約が承認された場合には，831条1項3号による決議の取消しが可能であるから，これを根拠に法令違反を主張できると考えられる。なお簡易合併については，原則として差止めが認められていない（★784条の2ただし書・☆796条の2ただし書かっこ書）。

〔森　まどか〕

組織再編の手続（事業譲渡・新設分割）

　P社は味噌・醬油等の製造販売を行う株式会社であるが，味噌・醬油のほかに，いわゆる「ご当地ビール」を製造販売するビール事業を営んでいる。Q社は日本酒の製造販売を行う株式会社である。両社はともに，取締役会設置会社である。

問1　(1)　P社がその事業全部をQ社に事業譲渡することを企図しているとする。

①　この事業譲渡に必要な手続のあらましについて，「（P社およびQ社それぞれの）株主総会の開催および承認」「事業譲渡契約の締結および（P社およびQ社それぞれの）取締役会の承認」「効力発生日」「個々の財産等の移転手続（第三者への対抗要件の具備を含む）」「株主への通知・公告」を，時系列に並べ替えて示しなさい。ただし，「株主への通知・公告」は，「（P社およびQ社それぞれの）株主総会の開催および承認」の前に行われるものとする。なお，下記③④に該当しないものとする。

②　P社およびQ社が書面投票・電子投票を行う会社である場合に，P社およびQ社が，株主総会前にそれぞれの株主に対して行うべき情報開示の内容を，条文を示して説明しなさい。

③　P社の総株主の議決権の95％をQ社が有する場合に，それぞれの会社における株主総会の承認の必要性について，条文を示して説明しなさい。

④　Q社の純資産額が20億円，P社の事業の全部の対価として交付する財産の帳簿価額の合計額が3億円である場合に，P社およびQ社における株主総会の承認の必要性について，条文を示して説明しなさい。

(2)　P社がそのビール事業をQ社に事業譲渡することを企図しているとする。

①　P社の総資産額が5億円，当該ビール事業の資産の帳簿価額が1億円であるときには，どのような手続が必要か，条文を示して説明しなさい。

問2　P社がそのビール事業を，分割によってP社が設立するR株式会社に

272

承継させる新設分割を企図しているとする。

⑴　上記の新設分割につき必要な手続のあらましを，吸収合併におけるそれらと対比して，条文を示して説明しなさい。なお，R社に承継させる債務が履行されるかどうかが，どこで開示されるか，条文を示して説明しなさい。

⑵　上記の新設分割について，P社が，いわゆる「人的分割（会社分割の対価であるR社株式を自社の株主に交付）」を企図している場合に，どのような手続が必要か，条文を示して説明しなさい。

⑶　P社の新株予約権者に対して，新株予約権買取請求権が与えられる場合を，条文を示し，可能であれば，内容について説明しなさい。

1　事業譲渡（問1）

⑴　まず，吸収合併と同様に，両当事会社間で事業譲渡につき協議を行い，合意に達すれば代表取締役が**事業譲渡契約**を締結することとなる。**問1**の契約の締結は，P社（譲渡会社）およびQ社（譲受会社）にとって，「重要な財産の**処分及び譲受け**」に該当すると考えられ，それぞれの会社の**取締役会の承認が必要**であると解される（362条4項1号。ただし，373条1項）。株主総会の特別決議による承認が不要とされる場合（468条。後述）であっても，事業譲渡契約の締結自体，重要な経営判断であるといえるから，取締役会での慎重な検討を経た上での承認が必要であると考えられよう（362条4項柱書）。

譲渡の対象である「事業」の意義については，①一定の事業目的のために組織化され，**有機的一体**として機能する財産の全部または重要な一部の譲渡であって，②譲渡会社がその財産によって営んでいた事業活動を譲受人に引き継がせることを要件と解するのが，判例（最大判昭和40年9月22日民集19巻6号1600頁〔商判I-169〕〔百選85〕）の立場である（要件として，競業避止義務を負うとする向きもあるが，詳しくは，LQ439頁以下および藤田友敬・商法（総則・商行為）判例百選〔第5版〕18事件参照）。この立場によれば，P社の事業全部を譲渡することは，467条1項1号にいう「事業の全部の譲渡」に該当する。したがって，P社側では，事業譲渡の**効力発生日**の前日までに，株主総会の特別決議による承認を受けなければならない（309条2項11号）。

また，Q社側にとっては，「他の会社」の「**事業の全部の譲受け**」（467条1項3号）となるため，事業譲渡の**効力発生日**の前日までに，株主総会の特別決議による承認を受けなければならない（309条2項11号）。他の会社の事業の全部の譲受けに，株主総会の特別決議が要求されるのは，簿外の偶発債務を含む譲渡会社の全債務を引き受ける行為が吸収合併の存続会社となることと同様に危険が大きいからであるとされる（落合誠一編『会社法コンメンタール⑿』〔商事法務，2009〕37頁〔齊藤真紀〕）。

両社とも，効力発生日の20日前までに，株主に対し，P社は「事業の全部の譲渡」をする旨，Q社は「P社の事業の全部の譲受け」をする旨を，**通知・公告**しなければならない（469条3項4項）。これは，この事業譲渡等に反対す

る株主に**株式買取請求権**（469条1項）を行使する機会を確保するためである（→株式買取請求権の詳細は〔Stage 2-17〕）。

　合併・分割と異なり，事業譲渡には，包括承継は伴わないため，事業に属する個々の資産については，**個別に移転手続をする必要がある**。移転する権利については，譲受人は各権利の移転・譲渡に対抗要件を具備する必要があり（民177条・178条・467条），契約の地位の移転についても相手方の承諾を要する。移転される債務については，譲受会社による免責的債務引受になる場合には，個別の債権者の同意が必要となる（→〔Stage 1-25〕）。

　以上より，小問(1)①の解答としては，(i)「事業譲渡契約の締結および（P社・Q社それぞれの）取締役会の承認」を経た上で，(ii)「株主への通知・公告」がなされ，(iii)「（P社およびQ社それぞれの）株主総会の開催および承認」が行われて，(iv)「効力発生日」となり（これより20日前までに(ii)がなされる），(v)「個個の財産等の移転手続（第三者への対抗要件の具備を含む）」がなされることになる。

　(2)　小問(1)②について。株主への情報開示としては，上述の通知・公告（469条3項4項）のほか，書面投票・電子投票を行う会社は，**株主総会参考書類**で次の事項を開示しなければならない（301条・302条）。(i)議案，(ii)提案の理由，(iii)384条により議案につき監査役により報告すべき調査の結果があるときは，その結果の概要（会社則73条1項各号），(iv)当該事業譲渡等を行う理由，(v)当該事業譲渡等に係る契約の内容の概要，(vi)当該契約に基づき当該株式会社が受け取る対価または契約の相手方に交付する対価の算定の相当性に関する事項の概要（会社則92条各号）。(ii)と(iv)は実際上重なる場合が多いであろう。

　(3)　小問(1)③について。「事業譲渡等」（467条1項1号～4号に掲げる行為，468条1項第一かっこ書。事業譲渡そのものに限られないことに注意せよ）の相手方（Q社）が，当該事業譲渡等をする会社（P社）の**特別支配会社**である場合（総株主の議決権の90％以上〔定款で加重可〕を有する場合）には，事業譲渡等をする会社（P社）側の承認決議は不要である（468条1項，〔**略式事業譲渡等**〕）。事業譲渡等の承認が否決されることはありえないからである。他方，Q社にとっては，事業全部の譲受け（467条1項3号）となるため，承認決議が必要である。ただし，簡易なものに該当する場合は不要である（468条2項）。この場合，特別支配会社（Q社）は株式買取請求権を有しない（469条2項2号かっこ書）。そのよ

うな場合に特別支配会社を保護する必要性がないためである。

(4) 小問(1)④について。他の会社の事業全部を譲り受ける場合に，譲受けの対価として交付する財産の帳簿価額が，譲受会社（Q社）の純資産額の20%（定款でそれを下回る割合を定めたときはその割合）を超えないときは，譲受会社（Q社）の株主総会の承認は不要である（468条2項，〔簡易の事業譲受け〕）。その趣旨は簡易合併と同様である。この場合，譲受会社において簡易事業譲渡の要件を満たす場合には，反対株主の株式買取請求権は否定されている（469条1項2号・468条2項）。特別決議の成立を阻止する可能性があるほどの反対がある場合には，効力発生日の前日までに，株主総会を開催しなければならない点も，簡易合併の場合と同様であり（468条3項，会社則138条），この場合には反対株主の株式買取請求権も復活する（469条1項2号かっこ書）。

(5) 小問(2)①について。**事業の重要な一部の譲渡**であっても，譲渡する資産の帳簿価額が譲渡会社（P社）の総資産額の20%（これを下回る割合を定款で定めた場合はその割合）以下である場合には，譲渡会社（P社）の株主総会の承認は不要である（467条1項2号かっこ書，〔**簡易の事業譲渡等**〕）。「事業譲渡等」にあたらないため（467条1項2号かっこ書で除外されている），反対株主の株式買取請求権も認められない（468条1項第一かっこ書・469条）。事業の「重要な」一部であるかどうかは，それが会社事業全体において占める地位を考慮して決することになるが，その判断は容易でない。そこで，取引の迅速および取引の安全に配慮し，たとえ質的に重要な一部である場合であっても，移転する財産等の規模が一定の規模以下である場合には，一律に株主総会決議を経ることなく，取締役会の決議により事業譲渡を行うことができることとされた。

2 会社分割（新設分割）（問2）

(1) 小問(1)について。手続のあらましは，すでに説明した吸収合併の手続のあらましとほとんど変わらない（とはいえ，読者においては，条文を引いて確認してほしい）。ただ，新設分割の場合には，吸収合併や吸収分割の場合と異なり，相手方会社が存在しないので，新設分割をしようとする会社（P社）が**新設分割計画**を作成し（762条1項），分割会社の株主総会の特別決議による承認を得ることになる。小問(1)は該当しないが，複数の会社が共同で新設分割を行う場合は，新設分割計画は各当事会社が共同して作成する（762条2項）。なお，会

社分割の定義規定（2条29号30号）によれば，会社分割とは，分割会社が「その事業に関して有する権利義務の全部又は一部を」，設立会社または承継会社に承継させることとなっている。本問では，「ビール事業」を承継させることにしているが，会社分割の対象は，「事業」に限られない点に留意しなければならないことについては，すでに〔Stage 1-25〕の解説 **5** で述べた。

　事前開示としては，新設分割会社（P社）は，新設分割計画の内容と法務省令で定める事項を開示しなければならない（803条1項2号，会社則205条）。事前開示事項のなかでも注目すべきは，新設分割会社は，新設分割が効力を生ずる日以後における新設分割株式会社の債務または新設会社の債務（分割により承継されるものに限る）の**履行の見込みに関する事項**（会社則205条7号）を開示しなければならない，とされている点である。これは，吸収合併と異なり，**特定の債務を切り出すため**である。なお，**詐害的会社分割**については，〔Stage 3-3〕で扱う。

　事後開示については，吸収合併と異なり，分割後も分割会社はそのまま存続するため，事後開示に関する書面等は，分割会社と新設会社が共同して作成する（811条1項1号）。

　新設分割においては，新設会社の成立の日，すなわち，**新設会社の設立登記の日**に新設分割の効力を生じ，新設分割計画の定めに従い，分割会社の権利義務を承継する（764条1項・49条）。（→債権者異議手続については，〔Stage 2-17〕）。

　なお，新設分割をするP社の反対株主には，株式買取請求権が認められる（806条1項。ただし，簡易新設分割の場合〔806条1項2号〕には認められない）。

　(2)　小問(2)について。いわゆる「**人的分割**」を行う場合は，新設分割計画において，新設分割会社（P社）が，新設分割設立会社（R社）の成立の日に，全部取得条項付種類株式の取得，または剰余金の配当を行う旨を定めなければならない（763条1項12号イロ）。P社が自社の株主にこのようにしてR社株式を交付するにあたって，**分配可能額の規制は受けない**（812条）。

　(3)　小問(3)について。平たく説明すると，新株予約権を発行した会社（P社）が，新設分割によって形式的に変更するのでなければ，その新株予約権の新株予約権者に新株予約権買取請求権は与えられない。また，**新株予約権の内容が，当初予定されたものから変更する場合には，新株予約権買取請求権が与えられる**。

　条文に沿って詳しくみてみよう。新設分割における分割会社（P社）は存続

するから，分割会社の発行した新株予約権の新株予約権者には，買取請求権は与えられない。他方，次の2つの場合は，新株予約権の内容が最初の取決めと異なるために買取請求権が与えられる。すなわち，(1)新設分割計画において，新設分割会社（P社）の新株予約権の新株予約権者に，新設分割設立会社（R社）が新たに発行する新株予約権を交付することを定めることができる（763条1項10号11号）。このとき，新設分割会社（P社）の新株予約権の新株予約権者の有する新株予約権のことを，「**新設分割計画新株予約権**」（763条1項10号イ）という。この場合，新設分割会社（P社）の新株予約権の内容が，当初予定されたものから変更することになるため，新設分割計画新株予約権の新株予約権者に対しては買取請求権が与えられる（808条1項2号イ）。ただし，新設分割計画に定められた新株予約権の扱いが，発行当初に定められた236条1項8号ハの条件に合致する場合には，新株予約権買取請求権を行使することはできない（808条1項2号第二かっこ書）。発行当初の新株予約権の内容と異ならないためである（ちなみに，236条1項8号の定めは必ずしもしている必要はなく，新設分割計画に定めを置けば，新株予約権者に対し新設会社の新株予約権を交付することは可能である。江頭憲治郎編『会社法コンメンタール(6)』〔商事法務，2009〕31頁〔江頭〕参照）。

次に，(2)(1)以外の新株予約権であって，新設分割をする場合において当該新株予約権の新株予約権者に新設分割設立株式会社（R社）の新株予約権を交付することとする旨の定めがあったにもかかわらず，新設分割計画でその取扱いがなされていない場合である。この場合も，最初の取決めと異なるために，新株予約権買取請求権が与えられる（808条1項2号ロ）。

〔森　まどか〕

No.17 組織再編の手続（株式買取請求権と債権者異議手続）

問1 P社（取締役会設置会社）は味噌・醤油等の製造販売を行う株式会社であるが，味噌・醤油のほかに，いわゆる「ご当地ビール」を製造販売するとともに，ご当地グルメと自社ビールを飲食できる店舗を営業していたが，ビール事業は極端に採算が悪かった。一方，Q社（取締役会設置会社）は，高原の自家農園で栽培したブドウを使った自然派ワインのほか，高原で穫れたフルーツ・野菜を使ったジャム等の自然食品を製造販売していたが，ビール事業にも新たに着手しようと考えていた。そこで，P社とQ社は，ビール事業を，Q社に承継させる吸収分割を行い，P社が分割の対価として受け取ったQ社株式を，P社の株主に配当することとした。

　S社は，P社の営業する飲食店で使用する厨房什器・備品等に関するリース契約を締結したが，それに基づくリース料をP社は滞納しており，合計2000万円の残額債権を有しているが，この債権はQ社には承継されていない。また，この会社分割前に，P社の営業する飲食店で食中毒が起こり，aほか10名（以下，「aら」）が健康被害を受けていることが判明している。aらがP社に対して有する不法行為債権（合計1000万円）は，吸収分割契約においてQ社に移転しないこととされていた。

(1) 以下の各場合において，P社株主pおよびQ社株主qによる株式買取請求権の行使の可否について，条文を示して説明しなさい。

① pおよびqがこの吸収分割に反対する場合。

② pまたはqが議決権制限株式（108条1項3号）を有する場合で，この吸収分割を承認する株主総会において議決権を行使できない場合。

③ P社・Q社ともに総資産額が10億円であり，Q社に承継させる資産の帳簿価額の合計額が1億8000万円であり，かつ，Q社がP社に交付するQ社株式の数にQ社の1株あたりの純資産額をかけたものが1億8000万円である場合。

④ Q社の総株主の議決権の90％をP社が有する場合。

279

⑤　P社の総株主の議決権の90％をQ社が有する場合。

(2)　以下の問いに答えなさい。

①　S社がP社に対して異議を述べることができるか。できる場合は、その手続の流れを、条文を示して説明しなさい。

②　P社は、知れている債権者aらに対して、どのような手続をとるべきかを、条文を示して説明しなさい。

③　②の場合で、P社がaらに各別の催告をしていなかったときの効果について、条文を示して説明しなさい。

問2　P社（取締役会設置会社）は、主に都市部において味噌・醬油等の製造販売を行う株式会社であるが、最近、ビール製造事業にも着手した。しかし、酒造のノウハウが蓄積しておらず、社内の職人も不足していた。一方、長年にわたり、高原の自家農園にて栽培したブドウを使用したワインや高原ビール、高原で穫れたフルーツ・野菜を使ったジャム等の自然食品を製造販売していたQ社（取締役会設置会社）は、最近の「麹ブーム」を生み出した発酵食品事業に注目し、自社でも味噌等の発酵食品の製造販売にも進出し、さらには都市部への販売網を拡大することを考えていたが、Q社は、その分野のノウハウ・人材が不足し、また、高原ではなく都市部での販売網や人脈もなかった。そこで、Q社はP社の完全子会社となり、P社から発酵食品製造のノウハウ等やP社製品の販売拠点である都市部での販売網等を獲得し、また、P社も、ビール製造のノウハウ等をQ社から獲得できるとし、ともに経営上の相乗効果を得られるとして、P社を完全親会社、Q社を完全子会社とする株式交換を行うことで合意した。

　この株式交換に際し、P社およびQ社の債権者が異議を述べることができる条件について、条文を示して説明しなさい。

解　説

1　株式買取請求権（問1(1)）

　組織再編等を行う場合に，反対株主は，それぞれの会社に対し，その有する株式を公正な価格で買い取ることを請求することができる（**株式買取請求権**）。ここで，組織再編の手続に関する条文を引く際に必要な知識を確認しておこう。会社法は，①吸収合併消滅株式会社，②吸収分割株式会社，③株式交換完全子会社を，「**消滅株式会社等**」として（782条1項第一かっこ書・同項各号），①'吸収合併存続株式会社，②'吸収分割承継株式会社，③'株式交換完全親株式会社を，「**存続株式会社等**」（794条1項かっこ書）として定義付け，組織再編にかかるそれぞれの手続を分けて規定している。したがって，本問におけるp（＝消滅株式会社等の株主）の買取請求権には，785条と786条が，q（＝存続株式会社等の株主）は797条と798条がそれぞれ適用されることになる。

　(1)　小問(1)①の場合，p・qは，吸収分割を承認する株主総会に先立って，この吸収分割に反対する旨をそれぞれの会社（pは分割会社であるP社，qは承継会社であるQ社）に対し通知し，かつ，当該株主総会においてこの吸収分割に反対しなければならない。pについては，785条2項1号イ，qについては，797条2項1号イが適用される。

　(2)　小問(1)②の場合，pは，785条2項1号ロにより，qは，797条2項1号ロにより，「当該株主総会において議決権を行使することができない株主」として，反対の意思表示をすることなく，株式買取請求権を有する。なお，小問(1)②では問うていないが，**相互保有株式**（308条1項かっこ書）や**単元未満株式**（同項ただし書）を有する株主は，「議決権を行使することができない株主」に該当すると解されている。問題となるのは，基準日前に名義書換を行わなかった株主や基準日後に株式を取得した者が，これに該当するかである。これについては，LQ408～409頁を参照。

　(3)　小問(1)③の場合，P社・Q社ともに総資産額10億円に対し，Q社に承継させる資産の帳簿価額の合計が1億8000万円（＜P社の総資産額×1/5）であり，かつ，Q社が交付するP社株式の数にQ社の1株あたりの純資産額を乗じたものが1億8000万円（＜Q社の総資産額×1/5）であるから，この会社分割は，両社にとって，**簡易分割**（784条2項・796条2項）に該当し，pにつ

いては株式買取請求権が適用除外される（785条1項2号）。分割対価次第では分割会社（P社）に損害が生じ，ひいてはその株主（p）が損害を被ることがありうるが，会社分割の規模にかんがみ，株主に及ぼす影響が軽微であることを理由に，反対株主に株式買取請求権を付与するまでのことはないとされた（森本滋編『コンメンタール会社法(18)』〔商事法務，2010〕98頁〔柳明昌〕）。

一方，承継会社（＝存続株式会社等）（Q社）にとっても**簡易分割**に該当し，その株主qについても株式買取請求権は適用除外される（797条1項ただし書）。ただし，簡易分割といえども株主総会決議が必要な場合（795条2項各号・796条1項ただし書・同条3項）には，株式買取請求権は付与される（797条1項ただし書かっこ書）。なお，**簡易の事業譲受け**の場合も同様の規律を定める（→組織再編の手続〔Stage 2-16〕）。

(4)　小問(1)④の場合，分割会社（P社）が承継会社（Q社）の**特別支配会社**であるため，承継会社（Q社）における株主総会の決議は不要である（796条1項本文〔略式吸収分割〕）。この吸収分割に反対するqは，株式買取請求権を有する（797条2項2号）。分割会社（P社）の反対株主pについては，785条2項1号が適用される（→上記(1)参照）。（→会社からの情報提供については，「組織再編の手続〔Stage 2-15〕」参照。→買取価格の「公正な価格」（785条1項・797条1項・806条1項）については，LQ411頁以下参照）。

(5)　小問(1)⑤の場合は，承継会社（Q社）が，分割会社（P社）の**特別支配会社**であるため，P社の株主総会の決議は不要である（784条1項本文〔**略式吸収分割**〕）。この吸収分割に反対するpは，株式買取請求権を有する（785条2項2号）。承継会社（Q社）の反対株主qについては，797条2項1号が適用される（→上記(1)参照）。なお，本設問の対象とするところではないが，**略式組織再編**および**略式事業譲渡等**の場合，特別支配会社は，これに反対するはずがないので，株式買取請求権を有しない（797条2項2号かっこ書）。これを仮に小問(1)⑤にあてはめると，特別支配会社であるQ社は，株式買取請求権を有しない。

2　債権者異議手続（問1(2)）

(1)　小問(2)①について。吸収分割をする場合，通常は，(i)吸収分割後，分割会社に対して債務の履行を請求することができない分割会社の債権者のみが，分割会社に対して異議を述べることができる（789条1項2号）が，(ii)吸収分割

契約に全部取得条項付株式の取得または剰余金の配当として承継会社の株式が配当される場合（758条8号〔**人的分割**〕）は，分割会社の債権者全員が異議を述べることができる（789条1項2号第二かっこ書）。つまり，分割会社に対して債務の履行を請求することができない債権者はもちろん，分割会社に対して債務の履行を請求することができる債権者も，分割会社に対して異議を述べることができる。この場合，分割対価としての株式の交付について，分配可能額の制限が外されており（792条），債権者の地位に変動を生ずるおそれがあるためである。

　小問(2)におけるS社は，引き続きP社に対して債務の履行を請求できるが，P社が分割の対価として受け取ったQ社株式を，P社の株主に配当しているため，上記(ii)（**人的分割**）に該当し，S社はP社に対して異議を述べることができる。よって，P社は，789条2項各号に定める事項を官報に公告し，かつ知れている債権者には，各別の催告をしなければならない（789条2項）。ただし，公告を，官報のほか，定款に定めることにより，日刊新聞紙または電子公告（939条1項2号3号）によりするときは，各別の催告を省略することができる（789条3項）。そして，所定の期間内に異議を述べなかった債権者は，当該吸収分割について承認をしたものとみなされる（同条4項）。債権者が異議を述べたときは，分割会社は，当該債権者に対し，弁済・担保提供・信託の設定のいずれかの措置をとらなければならないが，会社分割がその債権者を害するおそれがないときはこの限りでない（同条5項）。

　(2)　小問(2)②について。aらは，P社の**不法行為債権者**であるが，その不法行為債権はQ社に移転していない。よって，aらはP社に対して債務の履行を求めることができる債権者であるが，小問(2)については，人的分割が行われるため，P社に対して異議を述べることができる（789条1項2号第二かっこ書。上記(1)(ii)参照）。P社は，**不法行為債権者に対しては**(1)で述べた**各別の催告の省略はできない**（789条2項3項かっこ書）。これは，契約債権者であれば自衛策をとることができる一方，不法行為債権者は自衛策をとることができないし，公告のチェック等を要求することは酷であるからである（LQ422頁）。

　(3)　小問(2)③について。(2)で述べたように，P社はaらに対して各別の催告を省略できないが，それにもかかわらず各別の催告をしなかった場合には，aらは，吸収分割契約において分割後に承継会社（Q社）に対して債務の履行を

請求することができないものとされているときであっても，承継会社（Q社）に対して，承継した財産の価額を限度として，当該債務の履行を請求することができる（759条3項）。つまり，aらは，P社にもQ社にも，債権の全額を請求できるが，Q社の責任は，承継した財産の価額を限度とする（**連帯責任であるが，Q社の責任は有限責任**）。

小問(2)では特に問うていないが，仮にaらがP社に**知れていない債権者**であった場合はどうか。P社はその存在を知らないaらに各別の催告を行うことは不可能であるが，会社法はそのこと自体は問わず，結果的に各別の催告を受けなかったことを理由として，連帯責任の追及ができる（759条2項3号）。よって，aらがP社に知れていない不法行為債権者であったとしても，各別の催告を受けなかった以上，P社に対してもQ社に対しても，その債権全額の履行の請求をすることができる。なお，各別の催告を省略できる場合には（789条3項），この連帯責任の保護の対象となる分割会社債権者は，不法行為債権者に限られる（759条2項第三かっこ書→同条3項。つまり，3項の「各別の催告を受けなかったもの」は2項のそれと同様。ちなみに，不法行為債権者以外で，分割会社に知れていない残存債権者の典型例として，**無記名社債権者**が挙げられるが，これらの者は，各別の催告が省略された場合に連帯責任を追及することはできないものと解される）。

3　株式交換における債権者異議手続（問2）

まず，①株式交換の対価として**完全親会社の株式**（これに準ずるものとして，会社則198条。なお，次頁の*Column*を参照）**以外のもの**が交付される場合には，完全親会社（P社）の債権者は異議を述べることができる（799条1項3号前段）。このような場合には，対価が不当であれば不当な財産の流出が生じるためである。

次に，②株式交換における完全親会社（P社）が，完全子会社（Q社）の発行した新株予約権付社債の新株予約権部分も社債部分も承継する場合には，完全親会社（P社）の債権者は異議を述べることができる（799条1項3号後段）。親会社の借金が増えるためである。さらに，③上記②の場合，完全子会社（Q社）の発行する当該新株予約権付社債の社債権者は，完全子会社（Q社）に対して異議を述べることができる（789条1項3号）。なお，**問2では問うていな**いが，株式移転の場合，株式移転計画の定めにより，完全子会社が発行してい

る新株予約権付社債を株式移転設立完全親会社が承継する場合も，当該新株予約権付社債の社債権者は同様に異議を述べることができる（810 条 1 項 3 号）。

〔森　まどか〕

┌─ *Column*　「完全親株式会社の株式その他これに準ずるもの」以外の場合 ─┐

　本問の解説 *3*①（799 条 1 項 3 号前段）の「完全親株式会社の株式その他これに準ずるもの」（会社則 198 条）とはどのようなものであろうか。会社法施行規則 198 条を読み解くと，それは，完全親会社の株式とあわせて，株式以外の財産を交付する場合であって，当該株式以外の財産の合計額が完全子会社の株主に交付する金銭等の合計額の 20 分の 1 未満になるような場合，となる。これは，例えば交換比率の調整のための少額の現金である。したがって，そのような場合「以外の場合」（799 条 1 項 3 号前段），すなわち，親会社の株式以外の財産の合計額が，交付する財産の合計額の 20 分の 1 以上の場合には，親会社の債権者は当該株式交換について異議を述べることができる。20 分の 1 未満の場合には，親会社の債権者に及ぼす影響が軽微であるといえることから，債権者は異議を述べることができないのである。

285

株主総会決議の瑕疵と組織再編の効力

　公開会社である甲株式会社には，株主A（甲社株を80％保有）とBを含む複数の少数株主（合計で甲社株を20％保有）がいる。甲社と乙社（Aが株式を100％保有）は，甲社を存続会社とする吸収合併契約を締結し，平成29年6月20日の甲社株主総会において，その承認を求めることとした。

　本件吸収合併契約において，本来ならば適切な合併比率は，乙社株式1株に対して甲社株式0.3株とされるべきであったが，合併比率は乙社株式1株につき甲社株式1株とされた。

　Bは，平成29年6月2日に甲社株主総会の招集通知を受け取り，合併比率に疑義を抱いたため，反対の意思を固めていた。

　甲社株主総会において，本件吸収合併は，賛成83％，反対17％により承認された。ここでは，Aが賛成をしていたが，Aが賛成したのは，Aは乙社の100％株主であり，乙社に有利な合併比率による合併はAに有利だからであった。また，Bは反対票を投じている。

　本件吸収合併契約において，効力発生日は平成29年8月1日とされており，合併登記などは適法に行われた。

　以下の各時点において，Bはどのような手段をとることができるか，論じなさい。なお，各時点以降の事実はないものとして，その時点で可能な手段を考えること。また，甲社取締役に対する損害賠償請求については考えなくてよい。

問1　平成29年6月14日時点
問2　平成29年7月10日時点
問3　平成29年8月21日時点
問4　平成29年12月24日時点
問5　平成30年11月11日時点

解　説

1　基本的な考え方

　本問では，吸収合併契約が締結され，完了するまでの各時点において，不満を有する少数株主がとりうる手段が問われている。以下の5点を意識して論じてほしい。

　第1に，時点ごとに可能な法的手段は決まっており，対応関係を明確にすることである。何か言えそうなことを列挙するだけの答案は論外である。

　第2に，過去の行為を攻撃するだけでは，株主が救済を得られるとは限らないため，次に起きる行為を阻止する（差し止めて仮処分を得る）ことも必要である。このように，いわば使える法律構成を考えるだけでは足りず，その主張を実効的にする思考が必要となる。

　第3に，第2の点と関連するが，基本的な法的手段の組み合わせは，「直前に起きた行為の効力を否定する」とともに，「次に起きる行為を差し止め，仮処分まで得る」ことである。可能な法的手段を洗い出す段階では，この組み合わせで探していけば，漏れは少なくなる。

　第4に，法的論点としては，株主総会決議の取消事由の有無，合併無効事由の有無，そしてその両者の関係を論じることが必要となる。

　第5に，このような問題では，時系列を図示するとわかりやすくなる。以下の矢印が一例であるが，このような図を描けていれば，本問の出題意図は理解されていることになる。

2　株主総会開催前（問1）

　株主総会開催前の時点では，次に開催される株主総会において，合併を承認する決議が成立しない方策を考えるべきことになる。

　本件株主総会の議案は，法令・定款違反の行為ではなく，それゆえに，差止めを求めるのは難しい（事案が異なれば，Aの議決権行使禁止の仮処分命令や，総会開催差止めの仮処分は考えられるが，本問では困難）。それゆえに，Bにできること

287

は，株主総会決議が成立しないように，反対票を投じたり，委任状勧誘をすることである。とはいえ，Aが80％の議決権を握っている状況では，株主総会決議の成立を阻止することは困難であり，実効的な法的手段はない。

3　株主総会後，合併の効力発生日前（問2）

本問で考えるべきことは，すでに成立した株主総会決議の効力を否定することと，次に起きる合併の効力発生の阻止である。

本問で株主総会決議の瑕疵として考えられる主張は，甲社にとって合併比率が不公正な本件株主総会決議は著しく不当な決議であり，これが成立したのは，乙社の一人株主であり，甲社に不利な決議を成立させることについて特別な利害関係を有するAが議決権行使をしたことによるとして，831条1項3号の決議取消事由があるとするものである。

これに加え，本件吸収合併の差止めも考えなければならない。差止めおよび仮処分の基礎付けとしては，2つの説明が考えられる。

第1に，本件株主総会決議に取消事由があるとはいえ，株主総会決議取消訴訟は形成訴訟であり，請求認容判決が確定するまでは，有効なものとして取り扱われる結果，合併の効力発生日までに請求認容判決が下されない限り（そしてその期待は困難である），このまま吸収合併契約の効力が発生してしまう。そのため，株主総会決議取消訴訟を本案として，本件吸収合併の差止めを求める仮処分（民保23条2項）を併せて提起するとの構成である。

第2に，本件吸収合併契約の承認決議に取消事由があり，そこに法令違反があることから，端的に本件吸収合併に法令違反があるものとして，差止めの請求をし（796条の2第1号），その仮処分を併せて提起するとの構成である。796条の2は，平成26年改正で新設された規定であり，その解釈はまだ固まっていないが，従来考えられていた第1の差止めの法律構成に加え，第2の差止めの法律構成が認められる可能性がある。

別の方法としては，合併比率が著しく不公正であることを差止事由として，本件吸収合併の差止め（796条の2）ができるかも問題となる。本件吸収合併自体には法令・定款違反はないため1号事由には該当せず，略式合併でもないため2号事由にも該当しない。そのため，合併比率の著しい不公正を差止事由とすることは認められないと考えられるのが自然とも思われる。他方，本問のよ

うに，特別利害関係人である A の賛成票の行使により決議が成立してしまう状況においては，略式組織再編の場合と同様に，796 条の 2 第 1 号に基づいて差止めを認めるという解釈も考えられる。もちろん，このような解釈を否定して，株式買取請求権や価格決定の文脈でのみ争えるとの解釈も説得的である。

　以上の，差止めの可否は，平成 26 年改正の解釈が固まっておらず，裁判所がどのような判断を下すかわからない。そのため，本問においては，筋の通った解答が示されていればよいということになろう。読者は，まずは上記の第 1 の説明を理解されたい。

4　吸収合併の効力発生後，株主総会決議取消訴訟の出訴期間経過前（問 3）

　本問で考えるべきことは，すでに吸収合併の効力が生じているのであるから，吸収合併の効力を否定することである。そのため，用いるべき法的手段は，吸収合併無効の訴え（828 条 1 項 7 号）である。

　吸収合併無効の訴えにおける無効事由は法定されておらず，解釈にゆだねられているが，一般には，重大な法令違反と解釈されている。ここで，重大な法令違反に相当する可能性があるものは，吸収合併契約を承認した株主総会決議に取消事由があることと，合併比率が著しく不公正であることである。

　このうち，前者については，承認手続の瑕疵は重大な法令違反であり，通説は，合併契約の無効事由になると考えている。この際，B としては，問 3 の時点で初めて訴訟を提起するのであれば，合併無効の訴えを提起することになるが，吸収合併の効力発生前に株主総会決議取消しの訴えを提起していたのであれば，株主総会決議取消しの訴えは，吸収合併の効力発生後は吸収合併無効の訴えに吸収されると考えられているため，訴えの変更をしなければ，株主総会決議は訴えの利益を欠くことになると考えるのが多数説である。

　後者については，争いがある。裁判例においては，株式買取請求権があることを理由に，合併比率の不公正は無効事由にならないとするものがあり（東京高判平成 2 年 1 月 31 日資料商事 77 号 193 頁［商判 I-176］［百選 91]），学説においてもこれが多数説であるが，合併比率の著しい不公正それ自体を合併無効事由とする見解も有力である（例えば神田 374 頁）。

　本問においては，手続違反を主張するのが容易であるが，問 4・問 5 との関係を考えて，合併比率の著しい不公正それ自体を無効事由とする論陣を張るこ

とでも差し支えない。

5 吸収合併の効力発生後，株主総会決議取消訴訟の出訴期間経過後 (問4)

問3と本問の違いは，株主総会決議の瑕疵を主張することができるか否かである。すなわち，すでに株主総会決議取消しの訴えを提起していたのであれば，問3同様に，訴えの変更をすることができるのは当然である。しかし，まだ株主総会決議取消しの訴えを提起していない場合には，出訴期間が経過しているため株主総会決議取消しの訴えを提起できないにもかかわらず，株主総会決議の瑕疵を理由として合併無効の訴えを提起できるかが問題となる。

通説は，この問題については消極の態度をとる。すなわち，出訴期間が経過し，株主総会決議の効力を争えなくなっている以上は，その瑕疵を理由として合併無効の訴えを提起することはできないと考えるのである。

この通説を前提とすると，本問でBが合併無効の訴えを提起するためには，すでに株主総会決議取消しの訴えを提起しているか，あるいは，株主総会決議に取消事由があること以外の合併無効事由を主張することが必要となる。

問3でみたように，合併比率の著しい不公正がそれ自体で合併無効事由となるかには争いがあり，その立場次第で，本問で合併無効事由があるか否かが分かれることになる。これを無効事由とする立場をとるのであれば，合併無効の訴えは認められることになるし，無効事由としない多数説の立場からは，合併無効の訴えは認められない。

6 合併無効の訴えの出訴期間経過後 (問5)

本問においては，合併無効の訴えの出訴期間が経過しているため，これを提起することはできない。したがって，Bは救済を求められない。

7 その他の注意

本問では，Bは存続会社である甲社の株主であるため，796条の2が適用条文であるが，仮に消滅会社である乙社の株主であれば784条の2が適用される。また，甲社と乙社が新設合併により丙社を設立するという事例であれば805条の2が適用される。似た内容の条文であるが，組織再編の条文の構造を関連付けて，確認されたい。

〔榊　素寛〕

290

Climbing

上場企業である甲株式会社（公開会社であり，監査役会設置会社である）は，平成27年6月26日，六甲ホテル会議室において，第42回定時株主総会を開催した。本株主総会の招集通知は平成27年6月9日に全ての株主に対して発送されたが，一部の株主（株主数3000人のうち，100人程度と見積もられている）に対する計算書類に落丁があったため，6月14日，全ての株主に，落丁のない招集通知を再度発送した。

　甲社は，食品製造会社であるが，平成26年末，篠原工場において，粉ミルクを製造する際に，食品衛生法上認められていなかった食品添加物が混入したことに気付かずに粉ミルクを製造・販売し，数件の健康被害が報告された段階では特に何のアクションも起こさず，取締役会の判断でそのまま販売を継続したため，少なからぬ乳幼児の健康障害を引き起こし，リコールを行っていた。甲社篠原工場の生産品質には以前から問題があり，このことは平成17年末ごろから一部の人間には知られていたが，招集通知発送後の平成27年6月16日に大々的に報道され，これにより，社会的な批判が巻き起こる事態となった。

　この第42回定時株主総会において，甲社株主Aは，株価低迷が続く甲社経営陣に対して質問をするため，総会の開始時刻である午前10時の4時間前，午前6時に株主総会会場に並び，開場と同時に入場したが，会場の前方3列には，甲社従業員である株主が優先的に席を割り当てられており，Aは，希望する最前列に着席することはできず，真ん中後方に着席した。また，議事の最中，Aは雑誌を高く掲げ，発言の機会をたびたび求めたが，質問する株主が多かったため，議長は，最終的に30人が発言した時点でAに発言の機会を与えないまま，質問を打ち切り，採決を行った。これにより，取締役5名（B，C，D，EおよびF）および監査役2名（GおよびH。ただしGは社外監査役）の選任決議が成立した。

　平成27年7月15日，Aは，第42回定時株主総会で成立した決議のうち，粉ミルク製造に関わった取締役Bの選任決議および粉ミルク問題発覚時に会

社側の行動を漫然と追認したと批判を受けた監査役 H の選任決議の取消しを求め，神戸地方裁判所に対して株主総会決議取消訴訟を提起した。この訴訟において，A 代理人は，取消事由として，甲社従業員を前列に座らせたことに関する株主平等原則違反と，議長が A に発言の機会を与えないまま質疑を打ち切り，採決を行ったことが決議方法の法令違反に該当する旨を主張している。

　平成 28 年 2 月 10 日，A 代理人は，友人の話から，落丁のあった一部の株主に対する招集通知の再発送が株主総会の会日から 2 週間を切ってから行われたことを知ったため，これを理由とする招集手続の法令違反を取消事由として追加した。

　訴訟係属中の平成 28 年 6 月 26 日に第 43 回定時株主総会が，平成 29 年 6 月 22 日に第 44 回定時株主総会が開催され，これらに瑕疵はなく，終了した。B は，第 44 回株主総会において，取締役に再任された。

問　平成 29 年 9 月 29 日時点で，裁判官であるあなたは神戸地方裁判所において判決文を起案する立場にある。A による取締役選任決議および監査役選任決議の取消しの訴えに対し，どのような判決を書くことを考えるか。甲社代理人，A 代理人のいずれも考えられる法的問題点について適切な主張を行っている前提で，訴え却下・請求認容・請求棄却のいずれであるかを明示したうえ，あなたの考えを整理し，説明しなさい。

〔榊　素寛〕

 Hint

1：本問で，訴訟要件は充足しているか。
2：裁判所は，原告のどの主張を取り上げる必要があるか。
3：当初の原告の主張は，誰のどのような義務違反を問題とするものか。
4：裁量棄却は認められるか。

No.2 違法な自己株式の取得とその効力

甲株式会社は，ゲーム等の開発・販売を業とする公開会社である。甲社株式は設立当初から，創業者であるA，B，Cがそれぞれ300株，事業には関わっていないDが100株を所有していた（なお，甲社は株券発行会社ではない）。また，甲社の取締役は設立当初からA，B，C，Eであり，Aが代表取締役であった。

甲社は当初，立て続けにパズルゲームのヒット作を出したことで急成長したが，ここ数年は人気作がなく，平成28年12月31日現在の帳簿上の純資産の額は1億円，分配可能額3000万円と，最盛期の半分以下になっていた。

Aは，苦境を脱する施策として，平成28年10月頃，同じくゲーム等の開発を業とする乙株式会社との提携を提案した。B，Eはこれに賛意を示したが，CはAの提案に強硬に反対した。話し合いはその後も続けられたものの，業績回復策に関する考え方の違いは埋まらず，平成29年1月になってCが取締役辞任と甲社株式の売却を申し出た。A・B・Eともこれを了承したものの，各人ともCの持ち株を自ら買い取る財力はなかった。そのため，甲社がC保有の甲社株式を取得することとし，その対価として金銭1500万円のほか，簿価500万円の内社株式を交付することで話がまとまった。そこで，平成29年1月30日，Cに上記の金銭等を交付するとともに，C保有の株式について株主名簿上の名義を甲社に書き換えた。また同日，Cの取締役退任登記がなされた。なお，Cからの株式取得に関する株主総会は開かれておらず，Dはこの件について何も知らなかった。

甲社取締役会は平成29年2月10日，乙社との業務提携のため乙社から3000万円の払込みを受け，その対価としてCから取得した自己株式300株を処分することを決定した（なお，処分価額が「特に有利な価額」にあたらないことに争いはない）。乙社からの払込みは同月15日に行われ，直ちに株式名義が乙社に書き換えられた。

平成29年3月25日，甲社定時株主総会が開催され，A，Bおよび乙社代表者であるFが出席したほか，DがAに議決権の行使に関する一切の権限を委

任する旨の委任状を提出した。ここで，乙社の幹部であるGを甲社取締役に選任することが提案され，全会一致で可決された。

ところが平成29年4月，甲社のゲームにおいて模倣行為があったと報道された。実際には模倣行為はなかったものの，煽動的な報道とSNSでの根拠ない中傷によって甲社のイメージは決定的に毀損してしまった。このため，同年5月中旬には甲社は事業活動を停止して私的整理に入らざるを得なくなった。

弁護士Hが私的整理のために甲社の財務状況を調査したところ，自己株式取得の際Cに交付された丙社株式の交付時点での時価が実は2500万円であったこと，現在では3000万円になっていることを知った。

Hとしては，甲社からCに対して何らかの請求が可能であれば，私的整理の進行にとって有益であると考えている。

問1　甲社として，Cに対してどのような請求が可能であろうか。

問2　Cは，問1の請求が認められるとしても，甲社に引き渡した株式と引換えでなければ履行しないと主張している。この主張は認められるか。

問3　Cは，甲社による自己株式取得が解消されるのであればCは相変わらず株主であったはずであり，Gを甲社取締役に選任する株主総会決議には瑕疵が生じると主張している。この考え方は正しいか。

〔久保大作〕

Hint

問1：甲社がCから自己の株式を取得する際の手続に問題はあるか。問題があるとした場合，瑕疵ある手続に基づく自己の株式の取得の効力はどうなるか。また，今回の自己の株式の取得価額は分配可能額の範囲内といえるか。もし範囲外だとすると，そのことによってどのような請求が可能になるだろうか。また，当該取得行為の効力はどうなるだろうか。

問2：問1で考えた請求（もし複数あるならばそれぞれ）について，同時履行の抗弁（民533条）は認められるだろうか。

問3：甲社による自己の株式の取得を有効と考えるか，無効とするかによって論理の筋道が変わるので要注意。特に無効と考えた場合には，さらに甲社から乙社への自己株式処分が甲社とCの関係に影響するかどうかを考えなければならなくなる。

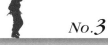

No.3　　　　　　　　　　　　　　　詐害的会社分割

　(1)　甲株式会社は，飲食店の運営および食品の製造販売などを業とする会社である（取締役会設置会社・監査役設置会社）。甲社は会社法上の非公開会社であり，普通株式のみを発行している（発行済株式総数1000株，発行可能株式総数4000株）。

　(2)　甲社の取締役はA，BおよびCであった。Aは甲社の筆頭株主（400株）であり，B・Cはそれぞれ100株ずつを保有していた。平成29年2月1日現在の他の甲社株主は，D，E，F，G（各100株）であった。

　(3)　従来，甲社の飲食店事業は大きな利益を生み出してこなかったものの，安定した経営が行われ，ここ数年は業績が伸び始めていた。平成27年2月末時点で，甲社の資産は1億円，負債が8000万円（金融機関に対する負債が5000万円，取引先などに対する負債が3000万円）であった。しかし，平成28年1月20日，甲社の運営する飲食店において，特定の国の外国人観光客に対して差別的な扱いをしてきたことがインターネット上で発覚し，炎上した。これを受けて，外国人を中心に広く利用されている旅行用の口コミサイトで大量の低評価がつけられる，外国人向けの観光ガイドから情報を削除されるなどして，外国人客が皆無になった。また，これをきっかけに客足全体が落ち，大きな損失を出すようになった。それでも，甲社は，食品の製造販売業の利益に加えて，従来取引のなかった金融機関から借入れも行うなどして運転資金や店舗の改装資金を調達し，飲食店事業を継続していた。しかし，平成29年1月には金融機関に対する返済も危ぶまれるようになり，Aは，利益をあげている食品の製造販売業を分離する形で再建できないかと考えるようになった。

　(4)　そこで，甲社は，平成29年1月10日，食品の製造販売業を乙株式会社に新設分割により承継させる新設分割計画を作成した。この時点で，甲社の資産は8000万円，負債は1億5000万円（金融機関に対する負債が1億2000万円，取引先などに対する負債が3000万円）であった。この会社分割計画では，①甲社の有する食品の製造販売業に関する一切の権利義務を乙社に承継させる，②食

品の製造販売業以外に関する債権者のうち金融機関を除く者に対する債務も乙社に承継させる（甲社もこの債務を重畳的に負うこととする），③乙社が承継する資産は 4000 万円，負債は 3000 万円（全て取引債権者などに対するもの）とすることとなっていた。なお，この会社分割計画には 763 条 1 項 12 号の事項は定められていない。上記新設分割計画の作成と同時に，甲社は会社法所定の書類を本店に備え置いた。同年 2 月 1 日，甲社株主総会はこの新設分割計画を承認した。同日，この新設分割について株主に株式買取請求権を行使できる旨の通知が行われた。翌日，この新設分割に関する登記がなされ，効力が生じた。

(5) 本件の会社分割直後には，乙社の全株式（10 株）は甲社が保有していたが，平成 29 年 2 月 2 日，甲社はこれを全て中小企業の再生支援などを業とする丙₁ 株式会社の完全子会社丙₂ 株式会社に譲渡した。譲渡価格は 1000 万円であった。これに続いて，同年 2 月 3 日，乙社は株主総会を開催して，定款の発行済株式総数を 10 株から 1010 株に変更した上で，丙₂ 社に対して 1 株 1 万円の払込金額により，1000 株の株式を発行する旨の決議を経た（以下，甲社の新設分割とそれに続く乙社株式の譲渡および新株発行を総称して「本件再生スキーム」という）。なお，丙₁・丙₂ 社は甲社と資本関係はなく，役員の兼任関係もない。

(6) 丙₂ 社が全株式を有することとなった乙社では，従来から甲社において食品の製造販売業を担当していた B が代表取締役になり，A・C も取締役を務めている。また，乙社は甲社の商号は用いていない。

(7) 甲社に対して融資を行っていた H 銀行は，平成 28 年 8 月頃から，A らより返済の猶予などについて相談を受けていた。しかし，H 銀行では，甲社の再生のためには不採算事業となった飲食店事業を売却するか，同事業を中止して関係する資産を売却する必要があり，これらに応じないのであれば返済猶予もできないと考えており，交渉は進展しなかった。同年 12 月 10 日，H 銀行の担当者は A に対して，上記の H 銀行の要求を受け入れれば返済猶予を検討するが，受け入れずに返済が滞れば，担保の処分や倒産手続を含む回収に入る旨を伝えた。A はその後すぐに H 銀行の意向を B・C に伝えて，丙₁ 社に相談した上で，H 銀行が回収に入る前に本件再生スキームを実行することを決めた。そして，上記のとおり翌年 1 月から本件再生スキームが実行されていった。H 銀行は，この過程で，本件再生スキームについては甲社関係者から一切相談されず，事前に知ることはできなかった。

(8)　上記の新設分割計画の作成時以降，新設分割自体で変動したものを除き，甲社の財産状態は変化していない。また，乙社の財産状態は新設分割により設立されて以来，本件再生スキームの新株発行によるもの以外に変動がないものとする。

(9)　平成 29 年 2 月末現在，H 銀行が甲社に対して有する債権は 8000 万円であり，H 銀行が担保を有している甲社の資産の額は 4000 万円である（残りは担保が付されていない状態）。

問1　H 銀行が甲社に対して有する債権について，乙社に支払を求めることはできるか。できるとして，金額はいくらか。

問2　上記の事実(5)のうち，甲社が丙$_2$社から受け取った乙社株式の対価が 3200 万円であった場合には，問1 と比べて違いが生じるか。

問3　上記の事実(6)に次の事実を加えた場合，H 銀行が乙社に対して支払を求めるための法的な構成や金額に変化はあるか。

　　乙社は甲社の商号は用いていないものの，甲社が食品の製造販売業において従来から用いてきた「S」ブランドを使用していた。乙社が製造販売をしている食品は，甲社で製造販売していたものと同一の商品名（パッケージには，「S」ブランドを付した上で同じ商品名が印刷されていた）であり，製造方法なども同じであった。また，乙社の本社は甲社と同じ建物にある。なお，乙社は，従業員・工場も新設分割により甲社から承継したため，甲社の時と同一である。

問4　H 銀行が甲社による会社分割の無効を求めることはできるか。なお，問2・問3 による変化は加えず，事実(5)(6)は問題文のままとする。

問5　甲社株主 G は，金融業者であり，平成 29 年 1 月に甲社から依頼を受けて 1000 万円の融資を行うと同時に A から甲社株式 100 株を取得し，譲り受けていた。G は，本件再生スキームの新設分割計画を承認する株主総会の招集通知を受け取った後，甲社本店で新設分割計画などを閲覧したところ，G の有する債権は乙社に承継されないことを知った。そのため，甲社株主としてはともかく，債権者としての利益は害されるのではないかと考えて，融資した 1000 万円の大部分を回収できなくなることを懸念していた。G は，この会社分割を阻止するため，何らかの手段をとりたいと考えている。新設分

割の効力発生前後に分けて，とりうる手段と（それがあるとして）請求が認められるかどうかを検討せよ。なお，**問2・問3**による変化は加えず，事実(5)(6)は問題文のままとする。

〔松中　学〕

Hint

問1：問2：会社法（の条文）上，承継会社が分割会社に残された債権者（残存債権者）に対して責任を負うのはどのような場合か。また，他には責任追及の手段はあるだろうか。いずれの手段にせよ，詐害性が要件となる場合，会社分割における残存債権者にとっての「詐害性」とは何だろうか（民法改正との関係も含め，得津晶「会社分割等における債権者の保護」神田秀樹編『論点詳解平成26年改正会社法』（商事法務，2015）237頁，247〜286頁参照）。詐害性の判断にあたって丙₂社に対する株式の譲渡額を考慮すべきだろうか。他には詐害性の考慮要素として何があるだろうか。

問3：本問では，会社法に規定されているが，問1・2で用いることができない方法でH銀行が乙社の責任を追及できる可能性がある。追加された事実に注目してどのような方法があるか検討せよ。組織再編以外の規定にも注意しよう。

問4：会社分割（組織再編）の無効を求める場合，問題となるのは無効事由だけではない。提訴権者も含めて手続にも注目しよう。立法論上の問題も含め，小出篤「『組織に関する訴え』における原告適格の法定」神作裕之ほか編『会社裁判にかかる理論の到達点』（商事法務，2014）172頁，190〜193頁参照。

問5：事前の段階で差止めを求めるとして，どの条文にもとづいたどのような請求がありうるだろうか。差止事由にも注意すること。会社法上，差止めができないようにみえる場合についても，株主総会決議取消しを本案とすれば，民事保全法23条2項にもとづく差止めを求められる可能性も考える必要がある（差止めに関しては，田中亘「各種差止め請求権の性質，要件および効果」神作裕之ほか編『会社裁判にかかる理論の到達点』（商事法務，2014）2頁，齊藤真紀「不公正な合併に対する救済としての差止めの仮処分」同87頁，117〜139頁参照）。また，〔Stage 3-6〕も参照。

　　また，無効を求める場合，何を無効事由として主張することが考えられるだろうか（対価，何らかの手続的事情，など複数のものを考えよう）。組織再編の差止めと無効については，笠原武朗「組織再編行為の無効原因」落合誠一先生古稀記念『商事法の新しい礎石』（商事法務，2014）310頁，同「組織再編行為における対価の不均衡と無効の訴え」江頭憲治郎先生古稀記念『企業法の進路』（有斐閣，2017）469頁参照。なお，問4のHintも参照。

　甲株式会社は食品製造業を営む株式会社であり，種類株式発行会社ではない。甲社の発行する株式には，その発行する全部の株式の内容として，甲社株式の譲渡について，取締役会の承認を要する旨が定められている。

　甲社は1万株を発行していたが，その全てを，創業者である取締役Aが保有していた。甲社の役員構成は，監査役である妻B，代表取締役である長男C，取締役である次男D，取締役である三男E，の合計5人である。

　平成28年3月24日にAが死亡し，B・C・D・E・F（Aの四男）・G（Aの長女）の6人が甲社株式を共同相続したため，Aが保有していた株式は全て6人により共有されている。

　B・C・D・E・F・Gの間で，遺産分割協議を繰り返していたが，前年に生じたCの解職騒動の遺恨から協議が調わず，DとCとの間に会話すらままならないほどの険悪な関係が続いていたことから，Aから相続した株式について，誰が権利を行使するかの通知や，名義書換手続が行われていない。

　平成29年2月23日，Bが死亡し，C・D・E・F・Gの5人が株式を共同相続した。その翌日である平成29年2月24日に，臨時株主総会が開催され，平成29年3月11日付けで，A，Bについては死亡により退任した旨が，Cについては代表取締役から解職された旨と取締役を解任された旨が，Dについては代表取締役に選定された旨が，Fについては取締役として選任された旨が，Gについては監査役として選任された旨が，それぞれ登記された。

問　平成29年3月22日に登記に気付いたCが，弁護士であるあなたが働いている事務所に相談にきた。Cによると，今まで甲社株主総会と称するものは，家族が集まり開催されていたものであるが，今回Cは臨時株主総会の招集通知なるものを受け取っておらず，話し合いがなされたことも知らなかったし，そもそも集まったかどうかも不明であるという。

　①Cを代理するならば，どのような争い方をすることが考えられるか，そ

の方策を挙げ，②甲社やＤの弁護士がどのように反論するかを予想したうえ
で，③裁判官が，訴え却下・請求認容・請求棄却のいずれの判決を下すかの見
通しをまとめなさい。

〔榊　素寛〕

 Hint

　本問は難問であり，思考の流れや予想される難所に対応して２パターンのヒン
トを用意した。

1：甲社（Ｄ）は，最終的に何を求めたいか。そのためには，どのような主張
　　を本案で提出すると考えられるか。その甲社の主張を前提として，Ｃはど
　　のような攻撃方法で株主総会決議を攻撃することになるか。甲社の予想される
　　主張に従うと，Ｃが招集通知を受け取っていないことは，招集手続の法令違
　　反とはならないし，実際にＣが株主総会に出席しておらず，開催されたか
　　わからないから不存在であるとの主張も困難である。それはなぜか。

　　　このような訴訟当事者の主張を前提とすると，参照すべき最高裁判決はど
　　れになるか。

2：ヒント１で思考がまとまらなかった場合，次の流れで考えよ。
　⑴　Ｃが株主総会決議不存在・取消しを主張する根拠は何か。複数考えよ。
　⑵　Ｃの主張に対し，甲社（Ｄ）は，本案前・本案のそれぞれでどのような
　　　主張をして，Ｃの請求を争うことになるか。甲社は，この裁判に勝ちたい，
　　　というだけではなく，甲社の望む法律関係が成立していることを主張した
　　　いことを念頭に置くこと。
　⑶　甲社の⑵の主張に対して，Ｃはどのような反論をして，甲社の主張を否
　　　定するのか。
　⑷　結局，本件での真の争点は何になることが予想されるか。
　⑸　⑴〜⑷で検討したことを，訴訟要件と本案に振り分け，問いに対応する
　　　形に整理して，答案を書くこと。

甲株式会社は，Ａが個人事業として経営していた電子部品製造業を平成 18 年 5 月に法人化したものである。甲社は公開会社ではないが，取締役会を設置する旨の定款の定めがある。また，定時株主総会を毎年 7 月に開催する旨，取締役の任期を選任後 5 年以内に終了する事業年度のうち最終のものに関する定時株主総会の終結の時とする旨，および取締役の選任・解任につき株主総会の定足数を全議決権の 3 分の 1 とする旨の定款の定めがある。甲社は譲渡制限付の普通株式のみを発行しており，甲社設立当時の議決権保有割合はＡが 75％，Ａの弟であるＢが 25％ であった。また甲社設立時，取締役をＡ，Ａの長男Ｃ，従業員出身のＤの 3 人とすることについて，ＡもＢも同意していた。

　甲社成立後，株主総会や取締役会が開催されることはなかった。ただ，Ａはワンマンながら有能な経営者であり，Ａの信頼を得ていたＤも経理面でよくＡを支えたため，甲社は順調に成長していた。

　平成 25 年 6 月，Ａが交通事故により急逝した。同年 8 月，Ａの四十九日の法要の際にＡの相続人の全員であるＣ，次男Ｅ，長女Ｆは，Ｂも交えて甲社の今後について話し合った。その結果，Ｃ・Ｄに加えてＥも取締役とすることで全員が合意した。その後の遺産分割により，Ａが有していた甲社株式はＣ・Ｅ・Ｆが均等に相続することになった。

　Ａ亡き後の甲社において代表取締役となったのはＣだったが，彼は凡庸で気弱な人物であった。Ｃは奔放な性格のＥを押さえきれなかったほか，Ｃの妻Ｇにも頭が上がらなかった。Ｅは甲社の経営に際しては極端な拡張政策をとりたがった。またＧは高価な化粧品やアクセサリーを好む贅沢な人間であり，Ｃが甲社から受け取る報酬をもっと増やせばよいといつも考えていた。しかし，甲社の経営に通じたＤが睨みを利かせており，Ｅがたびたび打ち上げる無茶な営業企画をその都度理詰めで論破して阻止していたほか，Ｇが甲社経理部の若手社員を籠絡して会社の資金に手を付けようとした際に，これを強く諫めていた。

　たびたびDに頭を抑えられたEやGは次第にDを疎んじるようになり，C
に対してDを辞めさせるよう圧力をかけるようになった。Cは甲社発展の功
労者であるDをないがしろにはできないと考えていたが，Gが「Dを辞めさ
せないなら離婚する」「私を選ぶかDを選ぶか，どちらかひとつ」などと強く
迫ったため，Cは抗いきれなくなった。そこで，株主であるBやFを交えて
何とかEやGを抑えようと考えた。CはEと打ち合わせたうえ，平成29年8
月11日，BとFに対して電子メールを送り，甲社の経営について相談したい
ことがあるので，同月15日にC宅に集まってほしい旨を伝えた（メールの中で
は，Dの解任については触れていなかった）。Fからは特に返事がなく，またBか
らは，体調を崩しておりC宅に行くことはできないので息子のHを代わりに
行かせる旨の返信があった。

　8月15日，C宅にC，E，F，Hが集まり，Gもお茶を出したあとそのまま
話し合いの場に残った。この席でCは，E・GがDを解任したがっているが，
Cとしては功労者であるDをこのような形で首切るのはしのびないと考えて
おり，どうしたらよいだろうか，と切り出した。FはDがAをよく助けてい
たことを知っており，解任に強硬に反対した。EやGとFとの対立は解消す
ることなく，話し合いは長時間にわたった。そのうちにFは所用のために帰
らざるを得なくなり，「とにかくDの解任には絶対に反対である。この件につ
いては私の帰った後で勝手に決められては困る。今日のところは打ち止めにし
てほしい」と述べて，帰宅した。しかし，Fの退出後，EとGはCに「Fは帰
ったが，ここにはまだ定足数以上の株主がいる。ここでD解任の決定はでき
るはずだ」と迫り，気圧されたCはこれに同意した。同様に意見を求められ
たHは「詳しい事情を知らず，また父から特に指示も受けておりませんので，
何とも申し上げられません」とのみ述べ，あとは終始沈黙を保っていた。結局
EとGは，Dを解任し代わりにGを取締役にするということで押しきった。

　お盆休み明けの8月17日，出勤してきたDに対して，Eが「もうお前は解
任された。出社する必要はない」といって，甲社の建物に入ることを拒否した。
Dは「そんな話はない。辞めさせられるような理由はないはずだ」といって抗
議した。しかし，Eから15日の話し合いについて聞かされ，さらに段ボール
箱に詰めた自分の文房具類を無造作に渡されたDは激昂し，「そうまで甲社を
ダメにしたいなら，なさればよろしいでしょう。私はお暇を頂戴して，お手並

みを拝見したいと思います」と述べ，それ以降出社しなくなった。Dから事情を告げられたFは自分が無視されたことに激怒し，9月13日，Dを取締役から解任する決議およびGを取締役に選任する決議について株主総会決議取消しの訴えを提起した。

　EとGは，Dという目の上の瘤がなくなったため，好き勝手なことをやるようになった。平成29年11月，EはDに止められていたIT関係の新事業に進出する計画を実行に移した。Gは積極的にEの行為に賛意を示した。またGは自ら常務と称し，従業員にもそのように呼ばせたほか，交際費と称して会社の業務とは関係のない化粧品や高級アクセサリー，さらにはブランド品の衣服を買い漁り，その購入代金を会社に支出させるようになった。その額は平成30年6月までに2500万円に及んだ。CはEやGの行為に対してたびたび注意を与えていたが，EやGは聞く耳を持たず，次第にCはやる気を失って会社の業務を疎かにするようになった。会社の雰囲気の悪化から次々と従業員が辞めていったほか，Eの新事業進出計画が素人目にも破綻必至の稚拙なものであったこともあり，甲社の業績は急速に悪化した。

　平成30年5月，製品の初期不良品率の上昇を理由に大手取引先から契約を打ち切られたため甲社の資金繰りがつかなくなった。そこでEは知人のIに言葉巧みに言い寄り，平成30年6月上旬に甲社に対して無担保で1億円の貸付けをさせた。しかしこの貸付けがなされた時点で甲社は倒産必至であり，Eはそのことに気付いていた。

　平成30年7月15日，甲社は振り出した約束手形について2回目の不渡りを出し，事実上倒産した。その日は，奇しくもFが提起していた訴えについて判決が言い渡された日でもあった。

　なお，私的整理の任務に当たることになった弁護士によれば，甲社には目ぼしい財産が残っておらず，無担保債権者が返済を受ける見込みはほとんどないとのことである。また，Dについて取締役退任の登記がなされておらず，Gについて取締役就任の登記もされていなかった。

問1　Fの訴えに対する判決は，どのようなものになると考えるか。あなたの考えを答えなさい。

問2　平成24年に甲社工場の設備投資資金として10億円を貸し付けた乙銀行

は，残債権 4 億円のうち 1 億円が無担保状態である。**問 1** でのあなたの考え
が確定判決になったことを前提にして，乙銀行および I が C, D, E および
G に対して何らかの責任を追及することができるか，答えなさい。

問 3　B は，自己の持株が無価値になったのは C らの任務懈怠が原因だとし
て，C, E および G に対して会社法 429 条 1 項の責任を追及したいと考えて
いる。認められるか。

〔久保大作〕

Hint─────────────────────────────

問 1：本文中の事実を見る限り，法が定める招集手続は履践されていない。他
方で，8 月 15 日の話し合いには代理人を含めた株主の全員が集まっている。
さて，この場で行われたとされる決定は株主総会決議としての効力を持ちう
るだろうか。全員出席総会による決議の効力について最判昭和 60 年 12 月
20 日民集 39 巻 8 号 1869 頁が示した定式を当てはめてみると，どうなるか。

問 2：(1)　取締役の責任を追及する前提として，まず誰が取締役であるかを確
認する必要がある。誰が取締役であるかは，問 1 でどのような答えをするか
によって変わりうる。取締役である者について，どのような任務懈怠がある
か。それは悪意・重過失によるといえるか。また，取締役ではない者につい
て，その者はなお取締役としての責任を負うべき立場にいるといえるだろう
か。参考になる裁判例として，退任した取締役の登記が残存していた場合に
つき最判昭和 62 年 4 月 16 日判時 1248 号 127 頁〔商判 I-151・百選 72 事
件〕。取締役ではないものの事実上の主宰者として会社の経営に関与してい
た場合につき名古屋地判平成 22 年 5 月 14 日判時 2112 号 66 頁など。もっと
も，G は取締役然としているが，主宰者とまではいえそうにない。このよう
な場合に，取締役としての責任を認めるかどうかは，悩みどころである。

　　(2)　乙銀行や I が損害を被ったのは，何が原因だろうか。その原因となる
事実について，取締役（または取締役としての責任を負うべき者）に何らか
の任務の懈怠はあるだろうか。

問 3：B が被った損害は，どのような損害か。それは，株主たる B が 429 条 1
項によって追及できるものだろうか。甲社が公開会社ではないことは，この
判断に影響するか。東京高判平成 17 年 1 月 18 日金判 1209 号 10 頁〔商判
I-147・百選 A22〕（雪印食品事件）を参照。

(1)　甲株式会社は，オンラインゲームをはじめとするスマートフォン向けゲームの開発・販売を業とする会社である（監査役会設置会社・会計監査人設置会社）。甲社は，平成 26 年 6 月から新興市場に上場していた。甲社は普通株式のみを発行しており，発行済株式総数は 1000 万株，発行可能株式総数は 4000 万株，1 単元は 100 株である。甲社の取締役は A（代表取締役社長），B（代表取締役副社長），C，および社外取締役 D であり，監査役は E（常勤），F・G（いずれも社外監査役）である。A は，同社の創業者かつ上場後も議決権の 20% を保有する株主である。社外役員を除く他の役員は，合計 5% の甲社株式を保有している。

(2)　甲社は，創業直後に開発したゲームが多くの有料ユーザを獲得し，創業から数年で上場に至った。IPO（新規株式公開）では 1 株 1000 円で売り出され，上場直後にはそれを超える価格がつくこともあった。しかし，最初のヒット作に続くゲームの人気はいまひとつであり，人気作の開発に苦心していたため，平成 27 年末には，株価は 700 円付近を推移していた。さらに，平成 28 年 4 月には，当初のヒット作で有料ユーザを多く獲得する際に用いていた仕組みが射倖的であるなどと批判され，大手ゲーム会社や甲社を含む上場会社は使用を止めざるを得なくなった。これによって甲社は収益の柱を失い，同年 6 月には株価は 500 円まで落ち込み，「上場ゴールではないか」などと揶揄された。

(3)　A は，平成 28 年 5 月上旬に PE ファンドである乙₁ ファンドから「新製品の開発や新体制の構築のために MBO を行ってはどうか。あなた以外の経営陣にもその方が緊張感が出る。今なら株価が不当に低迷しているし，タイミングとしても良いのではないか」などと提案を受けた。A は迷っていたが，平成 28 年末，前年 6 月に発表した新しい通信サービスが顧客をあまり獲得できず，損失を出し続けていることから打ち切ることを決めたのを機に，MBO について本格的に検討するようになった。

(4)　平成 29 年 2 月，A および甲社取締役は乙₁ ファンド関係者と会談し，

MBO を行う旨を告げた。その後の打合せにより，乙$_1$ファンドが組成する買収ファンド乙$_2$を買付者として公開買付けを行い，残存株主を締め出すことで MBO を行うものとなった。社外役員以外は全員，MBO 後も役員として残ることとなった。

(5)　平成 29 年 6 月 19 日，乙$_2$ファンドは公開買付届出書を提出するとともに，甲社は MBO を行う旨の適時開示を行った。MBO の具体的なスキームは(6)，(7)のとおりである。なお，前日の甲社株式の終値は 400 円であった。甲社の株価は，前年 6 月に 500 円まで落ち込んでから，多少の変動を繰り返しながら次第に 400 円付近まで落ち，ここ 2 か月は 400 円付近で推移していた。

(6)　公開買付けの条件等は次のとおりであった。公開買付価格は 450 円である。これは前日比では 12.5％，1 か月前平均比でも同様に 12.5％ のプレミアムを付したものであった。また，プレミアムの比率は，3 か月前平均比では 11％，6 か月前平均比では約 5.4％ であった。また，公開買付期間は 1 か月であった。さらに，公開買付けによる買付数は上限を付さず，下限として 62.5％を超える議決権の取得を設定していた。これは，A ら役員（持株比率 25％）が保有する全株式を応募し，かつ，A らを除いた株主の過半数が応募した場合に相当する。公開買付けには A を含め役員の持株も全て応募し，買収完了後に役員が乙$_2$ファンドに出資することとなっていた。甲社は，公開買付けに賛同し，株主に対して応募を推奨する旨の意見表明報告書を提出した。

(7)　締出しの方法は，乙$_2$ファンドが公開買付けによって議決権の 90％ 以上を取得できた場合には特別支配株主による株式等売渡請求制度を用い，90％に達しなかった場合には，株式併合を用いることとした。締出しの際に残存株主に交付される価格は，いずれの場合も公開買付価格と同額の 450 円であった。

(8)　以上の条件は，平成 29 年 2 月に MBO を行うと決めた直後に作った独立委員会と買収者・経営陣側の交渉によって決まった。この独立委員会は，社外取締役 D および社外監査役 F・G（いずれも MBO 後は退任）によって構成され，A ら経営陣および乙ファンド側とは別の弁護士およびフィナンシャル・アドバイザーを任用する権限を有していた。また，独立委員会は，買収者側と価格交渉を行い，価格について合意できない場合は取締役会に対して乙$_2$ファンドの公開買付けに対する意見表明報告書において「応募を推奨しない」旨の意見を表明するよう勧告する権限を有していた。

(9)　当初，Aらが独立委員会に提示した買収価格はその時点の甲社の株価と同じ 410 円であった。独立委員会では，丙証券をフィナンシャル・アドバイザーとして任用し，株価算定を依頼したところ，複数の算定方法により 450 円から 600 円が公正な価格であるとの結果が示された。また，独立委員会が依頼した法律事務所から，価格交渉を行うべきであるとのアドバイスを受けた。そこで，Dが中心となり，Aらに対して一定額のプレミアムを付すように求めた。仮にプレミアムが付されなければ，独立委員会として上記(8)の勧告を行った上で，甲社の意見表明の内容を決定する際に，D自身も取締役会において応募を推奨しないものとすべきと主張するつもりである旨を表明していた。数度の交渉の結果，公開買付価格および締出しの対価を 450 円とし（この時点の株価は 400 円であった），Dも公開買付けに対する意見表明に際して賛成・応募推奨の意見に賛同することとなった。なお，A側の算定では，650 円までであればMBO によって買収者側が利益を得られるという結果であった。

(10)　Hは，IPO の際に甲社の株式 1 万株を取得した株主であった。キャピタルゲインをあげようと思っていたところ，株価が一向に上がらないため，不満を持っていた。Hは，MBO を行うのはよいとしても，この買収価格（450 円）では 1 株 1000 円で取得した自分には低すぎると思い，反対の立場であった。

問1　公開買付けの後の二段階目の締出しの手法は他にどのようなものがあるか。議決権の 90％以上が必要なものとそうでないものに分けて答えよ。

問2　この公開買付けにより乙₂ファンドが甲社の議決権の 80％を取得したとする（公開買付けは下限を満たして成功）。公開買付けに応募しなかったHが，締出しのための株式併合に対して適法に株式買取請求を行い，裁判所に価格決定申立てをしたとする。「公正な価格」は，甲社の提示した 450 円という買収価格より高い価格となるか。

問3　Hが，公開買付後の締出しの効力が生じる前の段階でそれを止めるにはどのような手段があるか。また，Hの請求は認められるだろうか。二段階目の締出しの手法に応じて検討せよ。

問4　事実(7)を次のように変更する。

　　公開買付けによって乙₂ファンドが議決権の 90％以上を取得できた場合

には特別支配株主による株式等売渡請求制度を用いて行い，90％ に達しなかった場合，甲社は発行可能株式総数の範囲で募集株式の発行等を行って乙₂ ファンドに甲社の議決権の 90％ を取得させた上で，特別支配株主による株式等売渡請求を用いることとした。

　公開買付けにより 80％ の議決権（800 万株）を公開買付者乙₂ ファンドが取得した後，甲社が第三者割当てにより乙₂ ファンドに 1 株 100 円で 1000 株を発行し，乙₂ ファンドが特別支配株主による株式等売渡請求を用いて締出しを行ったとする。H はこの募集株式の発行の差止めを求めることができるか。

〔松中　学〕

Hint

問 1：締出しをはじめ，会社法には同じ目的を達成するために複数の手段を選択できる場面がある。総議決権の 90％ 以上の要否という分け方でピンとこなければ，株主総会が必要な手段とそうでないものという観点で複数のものを考えてみるとわかる人もいるだろう。

問 2：まず，H が求める「公正な価格」がどのようなものかを考えよう。H は，本件 MBO がなかった場合の甲株式の価格を求めているのだろうか，それとも，本件 MBO が何らかの点で不公正であるために価格が低くなりすぎているとして，公正な MBO が行われた場合の価格を求めているのだろうか。次に，株式買取価格決定手続の中で，取引の公正さがどのような観点から判断されるのかを考える（最決平成 28 年 7 月 1 日民集 70 巻 6 号 1445 頁を参照すること。同事件については，高原知明「判解」ジュリ 1503 号（2017）87 頁，同「最高裁平成 28 年 7 月 1 日決定民集 70 巻 6 号 1445 頁における経済産業省『企業価値の向上及び公正な手続確保のための経営者による企業買収

（MBO）に関する指針』の位置付け」法政論集（名古屋大学）270 号（2017）299 頁参照）。本問では事実(6)ないし(9)に注目してみよう。なお，公正さの判断に関しては，次の文献を参照。

1　利益相反のある取引以外の場面を含む基本的な考え方について：飯田秀総＝白井正和＝松中学『会社法判例の読み方——判例分析の第一歩』（有斐閣，2017）368 頁，372〜375 頁〔白井〕

2　利益相反のある取引について：飯田＝白井＝松中・前掲 59 頁，66〜70 頁〔松中〕

3　より詳細な公正さの判断の方法について：田中亘「総括に代えて——企業再編に関する若干の法律問題の検討」土岐敦司＝辺見紀男編『企業再編の理論と実務——企業再編のすべて』（商事法務，2014）205 頁，214〜237 頁

問3：問1でみたとおり，締出しには複数の手法がある。まずは，（問1のヒントに掲げた）株主総会決議を要する手法かどうかによって，会社法の文言上差止事由が異なることに注意しよう。その上で，会社法の明文上は差止めを求められないようにも思える手法についても，何らかの方法で差止めを求められないかを考えてみよう（もちろん，結論はどちらでも構わない）。差止めをめぐる規律と様々な議論については，松中学「子会社株式の譲渡・組織再編の差止め」神田秀樹編『論点詳解平成 26 年改正会社法』（商事法務，2015）191 頁，198〜211 頁とそこで引用されている文献参照。

問4：このような形で新株・新株予約権を使うことはトップ・アップ・オプションと呼ばれる。差止事由として，さしあたりは，不公正発行と総会決議なき有利発行の2つを考えてみよう。不公正発行については，従来の裁判例との関係で，支配権維持を主な目的にしているかのようにみえる点が問題になろう。また，有利発行については，市場価格との関係を通常の新株発行と同様に考えてよいのかに注意しよう。トップ・アップ・オプションをめぐる法的な問題については，次の文献を参照。

1　トップ・アップ・オプションの仕組みと様々な法的問題について：石綿学ほか「トップ・アップ・オプションの法的枠組みと我が国への導入可能性(上)(下)」金判 1481 号 2 頁，1482 号 2 頁（2016）

2　上記論文へのコメント：田中亘「トップ・アップ・オプションの会社法上の問題点」金判 1482 号（2016）12 頁

3　公開買付前後の第三者割当ての問題一般を含む分析：松中学「公開買付前後の第三者割当てをめぐる法的問題の検討」田中亘＝森・濱田松本法律事務所編『日本の公開買付け——制度と実証』（有斐閣，2016）113 頁，139〜150 頁

At the Peak──あるいは，あとがきに代えて

　山登りの三段階になぞらえて会社法のトレーニングをしてきたが，登りきることができただろうか。

　途中で挫折した人へ。私もそうだった。何度も間違え，ゼミで叩かれ，赤っ恥もかいてきた。それでも何度もトレーニングし，こんな偉そうなあとがきを書くに至ったのである。繰り返しトライしてほしい。わからなかったら解説を読んでもいいけど，それで終わりにせず，もう一度自分で解くこと。解説を読んでもわからないことがあれば，教員に聞いてみるといい。いい教員なら答えてくれる（答えない教員はただの教員だ）。そのとき「自分はこう考えたのですが」と自分なりの答えを用意すると，相手もノッてくれることが多い。

　登りきった人へ。まずはお疲れさま。中級を登りきったなら「この制度の条文は何条？」という質問に六法を引いて答えることができ，典型的な事例や著名な判例に似た事例では条文を示して事実に当てはめ，結論を出すことができるはずである。上級もこなした猛者なら，もう少し複雑な事例についても同じ作業ができるはずだ（なお，上級の解説については，このあとがきの後のお知らせを参照）。

　ただ，本書はほんの入口である。学部試験でいい成績がほしい，あるいは法科大学院入試や司法試験予備試験，司法試験合格を目指しているというのであれば，受験勉強の時と同様，たくさんトレーニングを積んだほうがいい。

　そこで，本書の次の山となりそうな問題集をいくつか提示しておこう。

①初級〜中級（一部上級）に相当する問題集
　前田雅弘＝洲崎博史＝北村雅史『会社法事例演習教材〔第3版〕』（有斐閣，2016年）
　　もともとは京都大学法科大学院で教材として用いるために作成されたもの。設例について，ソクラティック・メソッドを意識した細かい小問が付されており，知識の再確認に役立つ。また，設例とは別に演習問題もあり，問題数としてはかなり充実。ただし，設例に解答例は付されておらず（ヒントのみ），演習問題の解説もあっさり目なので，グループ学習向きかもしれない。独習に用いるときも，よい先達がいたほうがいい。なお，巷には「解答」なるものが出回っているようだが，前に見たものには

誤りもあったので，要注意。

②本書の初級のうち難しいもの〜中級（一部上級）に相当する問題集

　ⅰ）黒沼悦郎編著『Law Practice 商法〔第3版〕』（商事法務，2017年）

　ⅱ）中村信男＝受川環大編『ロースクール演習会社法〔第4版〕』（法学書院，2015年）

　ⅲ）小林量＝北村雅史編著『事例研究会社法』（日本評論社，2016年）

　　いずれも，判例をベースにした事例問題を多く収録している。ⅰ）は会社法以外の商法分野の問題もカバーしている。ⅰ）よりⅱ）やⅲ）のほうがほんの少し難度が高い。また，ⅲ）は事例問題がⅱ）よりも長文であり，解説も充実している。

③本書の上級，あるいはそれ以上

　伊藤靖史ほか『事例で考える会社法〔第2版〕』（有斐閣，2015年）

　　なんでこれが法学教室の連載なのか，と思うくらい手ごわい問題が多い。本書はもともとこの問題集への架橋を目的に企画された，という面があるくらい。この問題集をすらすら解けるなら，司法試験もこわくない（かもしれない）。

　さて，本書の執筆もまるで山登りのようであった。2012年5月に名古屋の某鳥鍋屋に集まって（喫茶『マウンテン』に，ではない。決して。）本書の構想を練り始めて以来，名古屋で神戸で大阪で，何度も何度も会合を重ねた。しかし会合での議論は脱線ばかりであった。とりわけ，執筆陣中唯一の良心である森さんが産休に入ってからは，残りの3人が暴走させる議論を困惑しながら眺める編集者，という構図がお決まりになってしまった。「初級・中級・上級」の名称を決める話し合いでは3人の毒吐きっぷりが遺憾なく発揮され，編集者を呆れさせてしまった（もちろん全部ボツ）。そして原稿をまとめる段は胸突き八丁，青息吐息。

　こんな我々にもかかわらず本書がこうして形になったのは，ともすれば脇道・隘路に入り込む我々をそのつど本道に引き戻し，絶妙のタイミングで「先生，お原稿は……」という励まし（？）をくださった有斐閣書籍編集部の藤本依子さん，吉田小百合さん，中野亜樹さんという名ガイドたちのおかげである。とりわけ藤本さんは，企画当初から最後までお付き合いくださり，名ガイドぶりを遺憾なく発揮してくださった。ここに記して御礼を申し上げる。

　また，炭谷祐司くん，木村健登くん，熊代拓馬くん，安曇大智くん，津田耕平くん（以上神戸大学学生（当時）），小西総一郎くん（大阪大学学生（当時）。なおいずれも順不同）の各氏には，草稿段階でモニターとして問題を解いていただき，有益かつ鋭いコメントを多数いただいた。これまた御礼を申し上げる。

　くどいようだが最後に一言。会社法に限らず，実定法は「1に条文，2に条文，3・4がなくて5に条文」である。判例だって，つまるところは条文の解釈をしているのだ。六法を開け。条文を引け。目の前の作業が条文のどの文言の解釈なのかを意識しろ。解釈は制度趣旨を意識して行え。条文とその解釈から構成した規範に事実を当てはめろ。本書はこれを叩き込むために作ったつもりである。もう一度，意識してみてほしい。

　2018年2月

執筆者を代表して，待兼山にて

久 保 大 作

【お知らせ】

　紙幅の都合により，上級問題の解説を本書に載せることができませんでした。そこで，編集部のみなさんとも相談した結果，ウェブ・サポートの形により解説を提供することとなりました。詳細については，有斐閣ホームページにて告知する予定です。

事 項 索 引

あ

預合い ………………………………………168
　——罪 ………………………………………170
委任状勧誘 …………………………………210
違法行為の差止め ……………………76, 80

か

開業準備行為 ………………………………174
会計監査人
　——の選解任 ………………………………85
会計参与 ……………………………………105
会計帳簿 …………………………104, 248
会計帳簿閲覧謄写請求権 ………82, 246
　——［行使要件］ …………………………245
会社訴訟 ……………………………………51
会社不成立時の発起人の責任 ………179
会社分割 ……………………………………276
　——［簡易分割］ …………………………281
　——［吸収分割］ …………………………160
　——［吸収分割契約］ ……………………161
　——［新設分割］ …………………161, 276
　——［人的分割］ ………161, 277, 283
　——［略式吸収分割］ ……………………282
買取口座 ……………………………………199
仮装払込み　→出資の履行の仮装
合　併
　——の差止め ………………………271, 288
　——無効の訴え ……………………289, 290
　——［簡易合併］ …………………………270
　——［吸収合併］ …………………………156
　——［吸収合併契約］ ……………………266
　——［新設合併］ …………………………157
　——［略式合併］ …………………………270
株式移転 ……………………………………163
　共同—— ……………………………………163
株式会社の成立 ……………………………9
株式買取請求権 ……………267, 275, 281
　振替株式の—— ……………………………199

株式交換 ………………………………162, 284
株式譲渡の対抗要件 ……………………36, 197
株式の一般承継 ……………………………37
株　主
　——の代理人の資格制限 ………………207
株主総会
　——決議取消事由 ………40, 44, 50, 210
　——決議不存在事由 ………………………51
　——決議無効事由 …………………………51
　——における採択の方法 …………………46
　——の議題と議案 …………………………41
　——の議長 …………………………………44
　——の招集 …………………………………38
　——の招集手続の瑕疵 ……………………40
株主総会決議取消・無効確認・不存在確認訴訟
　——の原告適格 ……………………………51
　——の出訴期間 ……………………………52
　——の遡及効 ………………………………53
　——の対世効 ………………………………53
株主代表訴訟 ……………………………70, 81
　——と監査役の権限 ………………………85
株主提案（権） ………………………41, 210
株主平等原則 …………19, 20, 123, 129
株主名簿（→名義書換もみよ） ……………36
株主有限責任 ………………………………116
株主割当て …………………………………138
簡易事業譲渡等 ……………………………276
簡易の事業譲受け …………………………276
監　査 …………………………………84, 105
監査等委員会 ………………………………99
監査等委員会設置会社 ………………94, 98
監査報告 ……………………………………105
監査役
　——の解任 …………………………………86
　——の差止権限 ……………………………76
　——の選任 …………………………………87
　——の地位 …………………………………84
　——の同意権 …………………………85, 87
　——の独任制 ………………………………86
　補欠—— ……………………………………87
監視義務（違反）………73, 76, 186, 227, 253

──と内部統制システム …………………241
間接金融 ………………………………………148
間接取引 ………………………………………224
議案要領通知請求権 ……………38, 41, 199
議決権行使書面 ………………………………208
議決権行使の結果の開示 ………………………47
議決権制限株式 …………………………………26
基準日 …………………………………………197
議題提案権 ………………………………38, 41
競業取引 …………………………………65, 70
業務執行取締役 …………………………………60
業務執行の決定 …………………………59, 61
業務の執行 ……………………………………59
クラスボーディング
　→役員選任のための種類株式
経営判断原則 ……………73, 233, 237, 242
計算書類 ………………………………………103
　──の承認 …………………………………106
計算書類・事業報告
　──の開示 …………………………………107
　──の提供 …………………………40, 106
検査役
　　株主総会の── ……………………………39
　　変態設立事項の── ………………12, 13
　　募集株式の発行等の現物出資の── ……136
現物出資 …………………………………11, 135
　──［財産価額の不足額填補責任］…73, 178
公告（貸借対照表・損益計算書）………………107
個別株主通知………………………………198, 201

さ

財源規制……………………………………127, 251
債権者異議手続
　──［資本金・準備金減少］………………117
　──［組織再編］
　　…158, 161, 163, 164, 266, 268, 282, 284
財産引受け ………………………………11, 173, 180
　──［無効な財産引受けの追認］…………176
三角合併 ………………………………………157
事　業 ……………………………………160, 274
事業譲渡………………………………………158, 274
　──［事業の重要な一部の譲渡］…159, 276
　──［事業の全部の譲渡］………159, 274
事業譲渡等………………………………………275

──［簡易事業譲渡等］………………………276
──［略式事業譲渡等］………………………275
事業報告 ………………………………………104
事業譲受け
　──［簡易事業譲受け］……………………276
　──［事業の全部の譲受け］…………………274
自己株式の取得 ………………………………127
　──［株主との合意による取得］…………127
　──［特定の株主のみからの取得］………129
自己取引　→直接取引
失　権 …………………………………………169
執行と監督の分離 ………………………………92
執行役 …………………………………………94, 97
支配権の異動を生じさせる新株発行………260
支配権の異動を生じさせる新株予約権発行
　……………………………………………………145
資本金 …………………………………………115
　──の額 ……………………………………112
　──の減少 …………………………………115
資本準備金………………………………………112, 115
指名委員会等設置会社 ……………61, 93, 95
締出し合併（cash out merger）…………157
社外取締役 ……………60, 92, 94, 95, 98
社債株式振替法 ………………………………196
社債管理委託契約 ………………………………150
社債管理者 ……………………………………150
　──の権限 …………………………………151
　──の公平誠実義務 ………………………150
　──の善管注意義務 ………………………150
社債権者 ………………………………………149
社債権者集会 …………………………………150
　──の決議 …………………………………151
　──の招集権 ………………………………151
出資の履行 ………………………………………7
　──の仮装 …………………………………168
　──の仮装による責任 ……………73, 169
取得条項付株式 …………………………………26
取得請求権付株式 ………………………………25
主要目的ルール ………………………………259
種類株主総会 ……………………………29, 30
準備金
　──の減少 …………………………………115
　──の積み立て ……………………………123
譲渡制限株式 ……25, 28, 33, 130, 135, 190
　──譲渡承認を得ていない──の譲渡の効力

　　　　 ……………………………190, 192
　　──の譲渡承認手続　………………33
剰余金
　　──の額 ……………………………121
　　──の配当 ……………20, 122, 161
　　──の分配 …………………………118
　　──［違法な剰余金の配当による責任］
　　　　 ……………………………72, 251
　　──［違法な剰余金の配当による責任の免
　　　除］……………………………255
　　──［財源規制］…………127, 251
剰余金の配当・残余財産分配に関する種類株式
　　　　 ……………………………20, 27
書面投票　………………39, 46, 208, 209
新株発行（→募集株式の発行等もみよ）
　　──における募集株式の割当て …………135
　　──の公示 …………………………137
　　──の差止め …………137, 259, 261
　　──の総数引受け …………………137
　　──の募集事項 …………………134
新株発行無効事由 …………169, 261, 262
新株予約権
　　──の権利行使価額 …………………141
　　──の譲渡制限 ……………………144
　　──の内容 …………………………143
　　──の払込金額 ……………………141
　　──の募集事項 …………………143
　　──の有利発行 ……………………145
　　──［新株予約権買取請求権］……267, 277
新株予約権付社債 ……………………150
信頼の権利……………………236, 243
説明義務
　　──［株主総会における一般的な説明義務］
　　　　 ………………………………44
　　──［合併の場合］………………268
設立時株主 ……………………………18
設立時取締役による調査 ……………8
設立時発行株式 ………………………6
　　──に関する決定事項 ……………7
　　──の失権 …………………………8
設立時募集株式 ………………………16
　　──に関する事項の決定 …………16
設立時役員等の選任 …………………8
設立中の会社 …………………………173
設立費用 ………………………………14

選定業務執行取締役 ………………………60
全部取得条項付種類株式 …………………28
総株主通知 …………………………………197
創立総会 ……………………………………17
組織再編の対価の柔軟化…………157, 161
その他資本剰余金 ………………………115
　　──の額 ……………………………121
その他利益剰余金…………………114, 115
　　──の額 ……………………………121
損益計算書……………………………104, 113
損　害
　　著しい── ………………………81
　　回復することのできない── …………80

た

貸借対照表…………………………103, 111
退職慰労金…………………………………55
代表権 ………………………………………59
　　──の濫用 …………………62, 217
代表執行役 …………………………………61
代表取締役の選定・解職 ………………76
多額の借財 …………………………………220
担保付社債 ………………………………149
担保付社債信託法 ………………………149
直接金融 ……………………………………148
直接取引 ……………………………………224
定　款
　　──の絶対的記載事項 ………………5
　　──の相対的記載事項 ………………5
　　──の任意的記載事項 ………………5
　　──の認証 …………………………6
電子投票 ……………………………………39
特別支配会社 …………………270, 275, 282
取締役会
　　──議事録の閲覧請求権 ……………82
　　──決議のない行為の効力 …………60, 219
　　──における特別利害関係人 …………226
　　──の権限 ………………………93

な

内部統制システム構築義務……………240, 253
任務懈怠責任…65, 70, 185, 225, 233, 241, 252
　　──の免除・一部免除 ………73, 82, 85, 254

──〔意義〕 ……………………………6

ま

見せ金 ……………………………168
──と公正証書原本不実記載罪 ………170
無記名社債 ………………………151
無担保社債 ………………………148
名義書換 …………………………36
──の不当拒絶 …………………193
──未了の株式 …………………191
名目的取締役 ……………………78
免責的債務引受け………………158, 161
持株会社 …………………………162
モニタリング・モデル………………92, 94

や

役員選任のための種類株式 …………27
有価証券報告書 …………………107
優先株式 …………………………27
有利発行…………………………137, 258

ら

利益供与 ………………19, 22, 71, 183
利益準備金 ………………………115
利益相反取引 ……………65, 71, 224
臨時報告書 ………………………47
劣後株式 …………………………27

は

払込取扱期間 ……………………7
引受けの意思表示の瑕疵 ……………9
非公開会社………………………25, 33
──における属人的な定め …………22
表見代表取締役 …………………62, 218
不公正発行………………………259
不設置債 …………………………150
ブックビルディング ………………137
振替株式 …………………………196
粉飾決算 ………………………77, 251
分配可能額 …………103, 121, 127, 251, 283
変態設立事項 ……………………11
（取締役の）報酬の減額 ……………55
募集株式の発行等（→新株発行もみよ） …134
募集社債
──の総額引受け ………………149
──の発行 ………………………146
──の募集事項 …………………148
募集新株予約権の発行 ……………143
募集設立 …………………………16
発起設立の手順 …………………5
発起人
──組合 …………………………173
──の権限 ………………………173
──の責任（会社不成立時）………179
──の責任（任務懈怠責任）………175, 178
──の特別利益 …………………13

判例索引

大判明治 41 年 1 月 29 日民録 14 輯 22 頁 ································6
大判昭和 14 年 4 月 19 日民集 18 巻 472 頁 ························179
最判昭和 28 年 12 月 3 日民集 7 巻 12 号 1299 頁 ··············176
最判昭和 30 年 10 月 20 日民集 9 巻 11 号 1657 頁 ··············191
最判昭和 33 年 10 月 24 日民集 12 巻 14 号 3228 頁［商判 I -17］［百選 5］ ···175
最判昭和 35 年 10 月 14 日民集 14 巻 12 号 2499 頁 ············218,219
最判昭和 35 年 12 月 9 日民集 14 巻 13 号 2994 頁［商判 I -16］［百選 A1］ ···175
最判昭和 38 年 9 月 5 日民集 17 巻 8 号 909 頁 ··············62,217
最判昭和 38 年 12 月 6 日民集 17 巻 12 号 1633 頁［商判 I -20］［百選 8］ ···169
最大判昭和 40 年 9 月 22 日民集 19 巻 6 号 1600 頁［商判 I -169］［百選 85］ ···274
最判昭和 40 年 9 月 22 日民集 19 巻 6 号 1656 頁［商判 I -99］［百選 64］ ···60,220
最判昭和 41 年 7 月 28 日民集 20 巻 6 号 1251 頁［商判 I -27］［百選 15］ ···193
最判昭和 41 年 11 月 10 日民集 20 巻 9 号 1771 頁 ··············219
最判昭和 42 年 9 月 28 日民集 21 巻 7 号 1970 頁［商判 I -80］［百選 36］ ···45,50,193
最判昭和 43 年 11 月 1 日民集 22 巻 12 号 2402 頁［商判 I -74］［百選 32］ ···50,207
最大判昭和 43 年 12 月 25 日民集 22 巻 13 号 3511 頁［商判 I -104］［百選 58］ ···224,228
最判昭和 44 年 3 月 28 日民集 23 巻 3 号 645 頁［商判 I -117］［百選 66］ ···226
最大判昭和 44 年 11 月 26 日民集 23 巻 11 号 2150 頁［商判 I -142］［百選 70］ ···77
最判昭和 46 年 3 月 18 日民集 25 巻 2 号 183 頁［商判 I -86］［百選 40］ ···41,50
最判昭和 46 年 7 月 16 日判時 641 号 97 頁［商判 I -50］［百選 24］ ···169
最判昭和 48 年 5 月 22 日民集 27 巻 5 号 655 頁［商判 I -144］［百選 71］ ···73,76
最判昭和 48 年 6 月 15 日民集 27 巻 6 号 700 頁［商判 I -35］［百選 18］ ···33,190
最判昭和 50 年 4 月 8 日民集 29 巻 4 号 350 頁［商判 I -52］ ···258
最判昭和 51 年 12 月 24 日民集 30 巻 11 号 1076 頁［商判 I -82］［百選 37］ ···53,207
最判昭和 52 年 10 月 14 日民集 31 巻 6 号 825 頁［商判 I -100］［百選 48］ ···63,219
新潟地判昭和 52 年 12 月 26 日下民集 32 巻 5〜8 号 492 頁 ···175
最判昭和 54 年 11 月 16 日民集 33 巻 7 号 709 頁［商判 I -90］ ···53
最判昭和 60 年 3 月 26 日判時 1159 号 150 頁 ··············96
東京高判昭和 61 年 2 月 19 日判時 1207 号 120 頁［商判 I -76］［百選 35］ ···44,45,46,50
最判昭和 63 年 3 月 15 日判時 1273 号 124 頁 ··············190
東京高決平成元年 5 月 23 日判時 1318 号 125 頁 ··············34
東京地決平成元年 7 月 25 日判時 1317 号 28 頁 ··············259
東京高判平成 2 年 1 月 31 日資料商事 77 号 193 頁［商判 I -176］［百選 91］ ···289
最判平成 2 年 4 月 17 日民集 44 巻 3 号 526 頁［商判 I -89］［百選 41］ ···51
最決平成 3 年 2 月 28 日刑集 45 巻 2 号 77 頁［商判 I -186］［百選 103］ ···170
横浜地判平成 3 年 4 月 19 日判時 1397 号 114 頁［商判 I -157］［百選 A30］ ···102,104,248
最判平成 4 年 12 月 18 日民集 46 巻 9 号 3006 頁［商判 I -110］［百選 62］ ···55
最判平成 5 年 3 月 30 日民集 47 巻 4 号 3439 頁［商判 I -34］ ···192
最判平成 5 年 12 月 16 日民集 47 巻 10 号 5423 頁［商判 I -59］［百選 101］ ···80
最判平成 6 年 1 月 20 日民集 48 巻 1 号 1 頁［商判 I -113］［百選 63］ ···60,220
最判平成 6 年 7 月 14 日判時 1512 号 178 頁［商判 I -60］［百選 102］ ···262

最判平成 9 年 1 月 28 日民集 51 巻 1 号 71 頁[商判 I -51]［百選 27］ ……………………………137
札幌高判平成 9 年 1 月 28 日資料商事 155 号 107 頁 ……………………………………………209
最判平成 9 年 9 月 9 日判時 1618 号 138 頁 ……………………………………………………………190
福岡高那覇支判平成 10 年 2 月 24 日金判 1039 号 3 頁 ……………………………………………221
東京地判平成 10 年 6 月 29 日判時 1669 号 143 頁 …………………………………………………220
東京高判平成 11 年 1 月 27 日金法 1538 号 68 頁 ……………………………………………………220
浦和地判平成 11 年 8 月 6 日判タ 1032 号 238 頁[商判 I -72] …………………………………51,80
神戸地尼崎支判平成 12 年 3 月 28 日判タ 1028 号 288 頁[商判 I -75] …………………50,207,208
最判平成 12 年 7 月 7 日民集 54 巻 6 号 1767 頁[商判 I -124]［百選 49］ …………………………184
大阪地判平成 12 年 9 月 20 日判時 1721 号 3 頁[商判 I -128] ………………………………………78
東京地判平成 14 年 2 月 21 日判時 1789 号 157 頁 ………………………………………………47,50
宮崎地判平成 14 年 4 月 25 日金判 1159 号 43 頁 ……………………………………………207,208
東京地判平成 16 年 5 月 13 日金判 1198 号 18 頁[商判 I -77] …………………………………45,50
東京地決平成 16 年 6 月 1 日判時 1873 号 159 頁[商判 I -56]［百選 22］ ………………………258
最判平成 16 年 7 月 1 日民集 58 巻 5 号 1214 頁[商判 I -156]［百選 77］ ………………………245
東京高決平成 16 年 8 月 4 日金判 1201 号 4 頁[商判 I -54]［百選 98］…………………………259
東京地判平成 16 年 9 月 28 日判時 1886 号 111 頁 ……………………………………233,234,237
東京地判平成 17 年 7 月 7 日判時 1915 号 150 頁 …………………………………………………211
最判平成 18 年 4 月 10 日民集 60 巻 4 号 1273 頁[商判 I -127]［百選 14］ ………………………183
大阪高判平成 18 年 6 月 9 日判時 1979 号 115 頁 …………………………………………………184
東京高判平成 19 年 3 月 29 日金判 1266 号 16 頁 …………………………………………………262
東京地判平成 19 年 9 月 20 日判時 1985 号 140 頁[商判 I -158] …………………………………247
東京地判平成 19 年 12 月 6 日判タ 1258 号 69 頁[商判 I -79]［百選 34］ …………………………50
東京高決平成 20 年 4 月 4 日判タ 1287 号 273 頁 ……………………………………………………34
東京高判平成 20 年 5 月 21 日判タ 1281 号 274 頁 …………………………………………………78
最決平成 21 年 1 月 15 日民集 63 巻 1 号 1 頁[商判 I -159]［百選 78］ …………………247,248
最決平成 21 年 5 月 29 日金判 1326 号 35 頁[商判 I -39] …………………………………………29
最判平成 21 年 7 月 9 日判時 2055 号 147 頁[商判 I -129]［百選 52］ …………………78,242,253
東京高決平成 22 年 1 月 20 日金判 1337 号 24 頁 …………………………………………………201
最判平成 22 年 7 月 15 日判時 2091 号 90 頁[商判 I -125]［百選 50］ …………………233,235
東京高判平成 22 年 11 月 24 日資料商事 322 号 180 頁 …………………………………207,208
最決平成 22 年 12 月 7 日民集 64 巻 8 号 2003 頁[商判 I -42]［百選 17］ ………………199,201
大阪地判平成 24 年 2 月 8 日判時 2146 号 135 頁 …………………………………………………199
最決平成 24 年 3 月 28 日民集 66 巻 5 号 2344 頁[商判 I -43] …………………………………201
最判平成 24 年 4 月 24 日民集 66 巻 6 号 2908 頁[商判 I -63]［百選 29］ ………………………262
東京地判平成 24 年 9 月 11 日金判 1404 号 52 頁[商判 I -87]［百選 A28］ ………………………50
最判平成 27 年 2 月 19 日民集 69 巻 1 号 51 頁[商判 I -58]［百選 23］………………………258
最判平成 28 年 1 月 22 日民集 70 巻 1 号 84 頁 ……………………………………………………226
東京高判平成 28 年 2 月 10 日金判 1492 号 55 頁 ……………………………………………………51
最判平成 28 年 3 月 4 日民集 70 巻 3 号 827 頁[商判 I -85] ……………………………………212

ひとりで学ぶ会社法

2018 年 4 月 20 日　初版第 1 刷発行
2024 年 9 月 20 日　初版第 2 刷発行

著　者	久森榊松	保ま中	大ど素	作か寛学治
発　行　者	江草	貞	治	
発　行　所	株式会社 有	斐	閣	

郵便番号 101-0051
東京都千代田区神田神保町 2-17
https://www.yuhikaku.co.jp/

印刷・大日本法令印刷株式会社／製本・大口製本印刷株式会社

★定価はカバーに表示してあります。

ISBN 978-4-641-13781-3